魏礼群近照

中国改革与发展热点问题研究

全面深化改革与中国式现代化

魏礼群 ◎ 主编

2025

中国出版集团
中译出版社

图书在版编目（CIP）数据

全面深化改革与中国式现代化：中国改革与发展热点问题研究：2025 / 魏礼群主编 . -- 北京：中译出版社，2024.12. -- ISBN 978-7-5001-8031-9

Ⅰ.F121；D61

中国国家版本馆 CIP 数据核字第 202418QM53 号

全面深化改革与中国式现代化：中国改革与发展热点问题研究 2025
QUANMIAN SHENHUA GAIGE YU ZHONGGUOSHI XIANDAIHUA:
ZHONGGUO GAIGE YU FAZHAN REDIAN WENTI YANJIU 2025

主　　编：	魏礼群
策划编辑：	于　宇　薛　宇
责任编辑：	于　宇
文字编辑：	薛　宇
营销编辑：	钟筱童
出版发行：	中译出版社
地　　址：	北京市西城区新街口外大街 28 号 102 号楼 4 层
电　　话：	（010）68002494（编辑部）
邮　　编：	100088
电子邮箱：	book@ctph.com.cn
网　　址：	http://www.ctph.com.cn
印　　刷：	固安华明印业有限公司
经　　销：	新华书店
规　　格：	710 mm×1000 mm　1/16
印　　张：	22
字　　数：	296 千字
版　　次：	2024 年 12 月第 1 版
印　　次：	2024 年 12 月第 1 次印刷

ISBN 978-7-5001-8031-9　　　　定价：79.00 元

版权所有　侵权必究
中　译　出　版　社

中国改革与发展热点问题研究编委会

编委会主任

魏礼群

编委会副主任

刘青松　冯俏彬　蒲　实

编委会委员（按姓氏音序排序）

安森东　巢小丽　何　奎　焦长权　李　娣　李　芳

刘　磊　刘文靖　苗　芃　石　伟　孙金阳　吴长军

杨华峰　余　佳　张抗私　张茉楠　朱　瑞

目 录

序 言
在进一步全面深化改革中推进社会治理现代化 / 魏礼群　　001

第一章
全面深化改革与推进中国式现代化

改革开放以来关于政府与市场关系理论认识的重大飞跃 / 马建堂　　015

理解推进国家治理现代化的四个维度 / 龚维斌　　022

新形势下加快科技创新引领现代化产业体系建设 / 王一鸣　　034

健全宏观经济治理体系是进一步全面深化改革的重要任务 / 刘　伟　　051

关于加快发展新质生产力若干重大问题的思考 / 张占斌　　065

加快构建高水平社会主义市场经济体制 / 迟福林　　084

深刻把握进一步全面深化改革的时代方位 / 胡　敏　　093

第二章
深化经济领域改革的重点难点

新一轮财税体制改革的战略谋划 / 高培勇　　109

财政转移支付制度的国际经验与我国实践 / 冯俏彬　　121

我国区域利用外资现状、问题及对策 / 李　娣　　131

民营经济向好发展趋势持续稳固 / 朱　玉　　　　　　　　　　　152

完善高水平对外开放体制机制的战略部署 / 孙文营　　　　　　163

新质生产力赋能银发经济高质量发展 / 李　芳　赖红月　　　　174

供销合作社：马克思主义合作经济思想中国化的制度成果 / 艾永梅　　192

第三章
推进行政体制改革的重要领域

加快推进质量强国建设 / 安森东　李　萌　　　　　　　　　　205

数字时代政府公信力的构建 / 黎娟娟　　　　　　　　　　　　212

生成式人工智能：效能、风险及其治理 / 杨华锋　丁　涵　　　222

加快提升干部群众工作能力 / 杨　超　巢小丽　　　　　　　　232

知识产权服务海洋科技创新的路径研究 / 胡　颖　栗　楠　　　244

"中国共产党人精神谱系"对科技创新体制改革的启示 / 王宏亮　253

第四章
推进社会建设现代化的重要任务

深化教育和培训体制改革，促进高质量充分就业 / 丁元竹　　　265

我国上市公司违法违规风险分析及治理对策 / 吴长军　赵津雪　275

县域社会治理的发展现状、挑战与建议 / 朱　瑞　孙明阳　　　283

关于社会治理现代化的几点认识 / 李振锋　王翔君　　　　　　294

老龄化社会公共服务如何实现价值共创 / 曹鸣玉　　　　　　　302

"新国风"赋能文旅产业：误区及建议 / 余　佳　　　　　　　　312

公众慈善参与：制约因素与提升路径 / 苗　苨　　　　　　　　323

中部县域推进新型城镇化的路径探索 / 谢梅婕　刘绪明　　　　332

后　记　　　　　　　　　　　　　　　　　　　　　　　　　343

序　言

在进一步全面深化改革中推进社会治理现代化

魏礼群

社会治理工作是党和国家工作的重要组成部分，事关党长期执政和国家长治久安，事关社会和谐稳定和人民幸福安康。推进中国式现代化必须推进社会治理现代化。2024年7月，党的二十届三中全会通过的《中共中央关于进一步全面深化改革、推进中国式现代化的决定》，适应新的形势任务，从推进国家治理现代化、维护国家安全和社会稳定、推进和拓展中国式现代化的战略高度，对推进社会治理现代化作出安排部署。我们要深入理解，全面贯彻落实。

2024年11月5—6日，首次中央社会工作会议在北京召开，习近平总书记对社会工作作出重要指示，强调坚定不移走中国特色社会主义社会治理之路，推动新时代社会工作高质量发展。这不仅反映了党和国家对社会工作的高度重视，也对推进社会治理现代化提出了明确要求。我们要坚定不移走中国特色社会主义社会治理之路，不断推进新时代社会治理现代化。

一、党的十八大以来我国推进社会治理现代化取得重大成就

党的十八大以来，世界百年未有之大变局加速演进，国内改革发展稳定中的一些新情况新问题不断显现，对社会治理体系和治理能力提出更高要求。以习近平同志为核心的党中央着眼于全面推进强国建设、民族复兴伟业，对加强和创新社会治理作出一系列重大决策部署，大力推进社会治理理论创新、实践创新、制度创新、工作创新，着力推进社会治理现代化，我国社会建设全面加强，社会治理效能不断提升，中国特色社会主义社会治理的优势和效能日益彰显，书写了经济快速发展和社会长期稳定"两大奇迹"的新篇章。

习近平总书记围绕新时代坚持和发展中国特色社会主义、推进和拓展中国式现代化，提出了一系列加强和创新社会治理的新思想新观点新论断，为推进社会治理现代化指出了明确方向、提供了根本遵循。主要包括：更加明确提出全面加强党的领导，确保我国社会治理现代化的正确方向和强大凝聚力。强调党对社会治理的领导"必须是全面的、系统的、整体的"，使党的领导体现在社会治理现代化的全过程、各方面、各环节。更加明确提出"坚持人民至上"理念，以人民为中心创新和推进社会治理。强调社会治理要牢记为人民服务的根本宗旨，必须贯彻群众路线，社会治理成效要由人民来评判。更加明确提出总体国家安全观，建设高水平平安中国。强调将国家安全与社会治理凝结在一起，一体推进。更加明确提出加强社会治理体系建设。强调构筑共建共治共享的社会治理制度，"实现活而不乱、活跃有序的动态平衡"。更加明确提出深化社会治理体制改革，创新社会治理机制方式。强调加强系统治理、依法治理、综合治理、源头治理，提高社会治理效能和水平。更加明确提出注重弘扬中华优秀传统文化，彰显我国社会治理现代化的文化底蕴和精神标识。强调重视把马克思主义思想精髓同中华优秀传统文化精神贯通起来，实现中华优秀传统文化的创造

性转化、创新性发展。更加明确提出"基层强则国家强,基层安则天下安"。强调把社会治理现代化的重点放在基层,健全党组织领导的基层群众自治机制。习近平总书记关于加强和创新社会治理的一系列重要论述,实现了马克思主义社会治理理论中国化时代化的新飞跃。

在习近平总书记关于加强和创新社会治理重要论述的指引下,我国社会治理实践取得多方面重大进展。

(一)党对社会治理领域的领导全面加强

在社会治理领域,党的政治建设、思想建设、组织建设、作风建设、纪律建设、制度建设持续推进。从中央到地方全面加强了党对社会工作的组织服务和全面协调。2023年2月,党的二十届二中全会决定组建中央社会工作部,作为党中央职能部门,省、市、县党委组建社会工作部门。从中央到地方全面加强了党对社会工作的组织领导和统筹协调。以党建引领基层治理的制度普遍建立,党组织领导的自治、法治、德治相结合的城乡基层治理体系不断完善。各地积极探索加强新兴领域党建工作的有效形式和途径,普遍建立起党委统一领导、"两新"工委统筹指导、行业管理部门具体指导、行业党组织直接负责的工作体系,党的组织覆盖和工作覆盖不断扩大。

(二)在加强和创新社会治理中着力保障和改善民生

各地把加强和创新社会治理与保障和改善民生密切结合,在幼有所育、学有所教、劳有所得、病有所医、老有所养、住有所居、弱有所扶上持续用力,全体人民生活品质不断提升。全国已如期实现全面建成小康社会的目标。我国建成了世界上规模最大的教育体系、社会保障体系、医疗卫生体系、住房保障体系和公共服务体系。这些为新时代推动社会治理现代化和维护社会和谐稳定局面奠定了坚实基础。

（三）持续深化社会领域基础性制度改革创新

深化教育领域综合改革和医疗卫生体制改革，大力促进教育公平制度建设，不断完善基本医疗保障制度。就业、社会保障、老年人照料、土地管理、环境保护等方面的基础性制度不断创新完善。坚持推进行业协会商会改革和发展。2015年6月，行业协会商会与行政机关脱钩改革启动以来，全国共有7万余家行业协会商会完成脱钩，初步建立起政社分开、权责明确、依法自治的现代社会组织体制。

（四）构筑共建共治共享社会治理制度取得明显进展

全国各地方基本形成了党委领导、政府负责、民主协商、社会协同、公众参与、法治保障、科技支撑的社会治理制度体系。社会组织和广大群众参与社会治理的方式和途径不断丰富，法治社会建设持续推进。广泛运用现代信息技术，普遍推行"互联网+"服务管理，为群众提供更多方便及普惠服务。2014年，我国正式成立国家安全委员会，建立了集中统一、高效权威的国家安全领导体制和维护国家安全制度。大力加强社会治安综合治理，有效防范化解了许多重大安全风险。

（五）城乡基层社会治理得到明显加强

各地坚持和发展新时代"枫桥经验"，更加重视社会矛盾纠纷的调解。普遍推行智能化、网络化、网格化服务与管理。许多地方积极落实"四下基层"制度（宣传党的路线方针政策下基层、调查研究下基层、信访接待下基层、现场办公下基层）。近年来，北京市探索形成的"街乡吹哨、部门报道""接诉即办"等经验在全国广泛推广。社会工作者和志愿服务者队伍不断壮大。社会工作专业人才广泛分布在儿童福利、养老服务、社会救助、社区矫正等领域，开展专业服务。截至2024年10月，全国共有2.37亿名注册志愿者，135万支志愿服务队。

各地大力开展乡风、村风、家风建设,弘扬中华优秀传统文化和社会主义先进文化。积极推动市域社会治理现代化,市域社会治理现代化试点工作取得重要进展和明显成效。

完全可以说,经过多年的努力特别是党的十八大以来的理论创新、实践创新、制度创新、工作创新,我们走出了一条符合中国特色社会主义要求的社会治理新道路,为人类贡献了社会治理现代化新方案。

二、深刻把握党的二十届三中全会对健全社会治理体系的重要部署

党的二十届三中全会对进一步全面深化改革中健全社会治理体系作出了专门部署。我们要坚持以习近平新时代中国特色社会主义思想为指导,准确把握健全社会治理体系的重要意义、重点任务和工作要求,全面提升社会治理现代化水平、夯实国家长治久安的坚实基础。

党的十九届四中全会提出"必须加强和创新社会治理",并首次提出了完善社会治理体系的任务要求。党的二十大在"推进国家安全体系和能力现代化,坚决维护国家安全和社会稳定"的使命任务中,从贯彻总体国家安全观、确保国家安全和社会稳定的战略高度,进一步提出"完善社会治理体系"的任务,并作出重要部署。二十届三中全会将"健全社会治理体系"放在"推进国家安全体系和能力现代化"的进一步全面深化改革的重要部署中,更加强调了社会治理体系建设对于实现高质量发展和高水平安全良性互动、切实保障国家长治久安的重大意义。

在进一步全面深化改革中健全社会治理体系,是继续推进国家治理体系和治理能力现代化的必然要求。社会治理现代化是国家治理现代化的有机组成部分,只有进一步健全社会治理体系,提高社会治理效能和水平,才能以社会治理现代化助推国家治理体系和治理能力现代化。正如习近平总书记指出:"纵观各国治理实践,如果社会治理跟

不上经济发展步伐，各种社会矛盾和问题得不到有效解决，不仅经济发展难以为继，整个社会也可能陷入动荡。"

在进一步全面深化改革中健全社会治理体系，是不断满足人民美好生活需要的必然要求。随着时代发展和社会进步，人民对美好生活的向往更加全面，对民主、法治、公平、正义、安全、环境等方面的要求日益增长，对基本生活需求的供给质量要求越来越高。只有健全社会治理体系，才能让人民群众的获得感、幸福感、安全感更加充实、更有保障、更可持续。

在进一步全面深化改革中健全社会治理体系，是防范化解重大风险的必然要求。在新征程中推进中国式现代化，具有许多有利因素和条件，但国际环境更加复杂严峻，国内多种矛盾更加交织显现，必须随时有效应对许多可以预见和难以预见的安全风险挑战。只有加快健全社会治理体系，才能更好维持国家安全和社会大局稳定。

在进一步全面深化改革中健全社会治理体系，必须着力抓好以下重点任务。

（一）进一步加强党对社会治理的全面领导

中国特色社会主义社会治理的本质要求和鲜明标志，是坚持中国共产党的全面领导。新征程推进社会治理现代化，必须继续把加强党的领导贯穿到社会治理各领域、全过程，进一步提高党的政治领导力、思想引领力、群众组织力、社会号召力，真正把党的理论优势、政治优势、组织优势、制度优势、密切联系群众优势转化为社会治理的强大效能。各级党委要更加重视社会治理工作，把它纳入重要议事日程。要定期分析研判形势，研究解决重点难点问题，确保党中央关于社会治理工作的决策部署、方针政策落到实处。要充分发挥党委牵头抓总、统筹协调、督办落实作用，推动形成问题联治、工作联动、平安联创的良好局面。要健全党建引领的基层治理的体制机制，基层党组织要发挥战斗堡垒作用，构建起区域统筹、条块协同、共建共享的工作新格局。要适应我国社会结构的深刻变化，坚持把加强新兴领域党的建设作为重中之重，加强统筹协调、分类指导，突出抓好新经济组织、新社会组织、新就业群体党建工作，更好推进党的组织覆盖和工作覆盖，促进新兴领域健康发展。

（二）进一步健全社会治理体制机制

要进一步深化改革，建立健全上下贯通、统一归口、责任明晰、有机衔接的社会治理工作领导体制、工作体系和运行机制，推动各级各方增进协同配合，促进社会工作高效统筹协调。正确处理政府与市场、政府与社会的关系，该由政府负责的职权、事权必须更好地负起责任，充分发挥政府职能的作用，该由市场和社会力量起作用的事权、自主权坚决放给市场和社会决定，有效发挥市场和社会力量的作用。积极推动建立广泛的公众参与机制，提升社会组织服务能力，形成政府与社会的良性互动。进一步健全汇集民智、化解民忧的体制机制。健全社会组织管理制度，完善社会组织培育扶持机制，加强社会组织规范管理，扩大社会组织有序参与，不断提升其服务质效和社会公信力。继续深化行业协会商会改革，完善体制机制，推动行业协会商会转型发展，引导行业协会商会在社会治理中发挥积极作用。要健全加强社会工作者队伍和志愿服务体系建设的体制机制，更好地推动社会工作者队伍和志愿服务者体系建设。高度重视加快健全社会心理服务体系和危机干预机制，塑造自尊自信、理性平和、亲善友爱的社会心态。充分发挥家庭家教家风建设在基层治理中的作用。

（三）进一步完善社会治理方式手段

要继续推进社会治理方式和手段创新。尤其要推进社会治理的法治化、规范化，坚持以法治思维和法治方式解决各类社会问题，通过完善法律法规体系，强化法治宣传教育，提升公众法治意识，加强执法监督，确保社会治理在法律框架内有序运行。要坚持落实好《信访工作条例》，推进信访工作法治化，确保人民群众的每一项诉求都有人办理、每一项诉求都得到依法接应。要强化社会治安整体防控，完善社会治安整体防控体系，健全扫黑除恶常态化机制，依法严惩群众反映强烈的违法犯罪活动。坚持"人民城市人民建、人民城市为人民"的理念，特别是要创新城市治理方式，加强城市精细化的服务和管理。要推进社会治理的智能化，加强信息基础设施建设，推动数据共享，保障数据安全，防止信息滥用。提高网格化、专业化、智能化服务和监管水平，强化市民热线等公共服务平台功能，健全"高效办成一件事"重点事项清单管理机制和常态化推进机制，实现办事方式多元化、办事流程最优化、办事材料最简化、办事成本最小化。

（四）进一步健全基层社会治理体系

基层是社会治理的核心单元。必须坚持把"抓基层、打基础"作为长远之计、固本之策，突出抓好基层治理现代化这项基础工作。要牢固树立大抓基层、大抓基础的导向，持续推动人往基层走、钱往基层投、政策向基层倾斜，把更多资源、服务、管理下沉到基层。进一步健全党组织领导的自治、法治、德治相结合的城乡基层治理体系，构建人人有责、人人尽责、人人享有的社会治理共同体。着力坚持和发展新时代"枫桥经验"，提升基层社会矛盾纠纷预防化解能力，及时将各类矛盾纠纷化解在基层、解决在萌芽状态。要健全乡镇（街道）职责和权力、资源相匹配制度，建立健全基层权责清单，完善乡镇（街道）政法委员统筹综治中心、人民法庭、公安派出所、司法所工作机制，加强乡镇（街道）服务管理能力。加强社会工作者和志愿服务人员队伍建设。可以在基层推广"社区＋社工＋志愿者"的服务模式。要继续破解基层治理"小马拉大车"突出问题，更好地统筹推进为基层赋能和减负，为基层社会治理注入更大的动力和活力。

三、坚定走好中国特色社会主义社会治理现代化之路

贯彻落实党的二十届三中全会对社会治理体系建设的重要部署，继续走好中国特色社会主义社会治理现代化之路，还需要进一步抓好以下几个方面。

（一）深入学习研究和全面贯彻落实习近平总书记关于社会治理现代化重要思想

习近平总书记关于推进和创新社会治理的一系列新理念、新思想、新论断，深刻阐明了推进社会治理现代化的重大意义、根本原则、价值取向、发展方向、重点任务、方法手段等，是习近平新时代中国特色社会主义思想的重要组成部分。我们必须深入学习、深透领会、深刻把握，真正入脑入心，全面贯彻落实。只有坚持以科学的理论为指导，社会治理现代化才能确保正确的方向和目标，也才能行稳致远、不断提升效能和水平。

（二）在进一步全面深化改革中统筹协调推进与社会治理相关的各方面改革

社会治理现代化与全面深化改革的系统部署紧密相关，要在其他领域改革中，有机融入和推进社会治理改革。例如，在经济建设中，着力规范和维护市场秩序，营造良好的社会环境，实现更加公平、更有效率、更为安全、更可持续发展。在健全全过程人民民主制度体系中，着力确保人民广泛、直接参与国家事务和社会事务的决策与管理，构建党委社会工作部门指导、各方积极参与的人民建议征集工作机制，更好地听取人民群众的意见和建议。在完善城乡融合发展体制机制中，注重制定促进公平正义、协调有效的政策措施，使城市和乡村在基础设施、公共服务、产业发展等方面实现资源共享，着力打破二元结构，朝着逐步缩小城乡差距的方向扎实前进，确保全体人民共享发展成果、

走共同富裕道路。在健全保障和改善民生制度体系中，积极推进就业、教育、医疗、社会保障、收入分配等领域的改革，不断增进人民福祉，促进社会和谐等。只有各方面改革相向、协调推进，才能有效提升社会治理现代化水平。

（三）在推进和拓展中国式现代化进程中深化对社会治理现代化规律的研究

我国正处在以中国式现代化全面推进强国建设、民族复兴伟业的关键时期，我们要在推进中国式现代化进程中进一步探索符合中国特色社会主义社会治理内在要求的发展规律。国家治理包含社会治理，要把对国家治理现代化规律的研究和对社会治理现代化规律问题的研究有机结合起来。例如，我们要深入研究如何将社会治理现代化融入其他领域现代化建设之中，如何在加强和创新社会治理中更好地处理活力与秩序的关系，如何在新发展阶段中更好地处理政府与社会的关系，在新征程中法治建设如何为推进社会治理现代化提供保障，全过程民主制度建设如何为社会治理创新注入活力，现代科技手段的运用如何更有效地提升社会治理效能等。在深化社会治理规律和实现路径研究中，更好地助力社会治理现代化理论创新、实践创新、制度创新、工作创新。

（四）深入总结和推广社会治理现代化实践创新的鲜活经验

党的二十大和二十届三中全会都明确提出，坚持和发展新时代"枫桥经验"，说明党领导社会治理创新实践的源头活水在基层，来自基层实践探索基础之上的社会治理经验是富有生命力的。党的十八大以来，许多地方都创造了行之有效的社会治理的新鲜经验。例如，北京"接诉即办"改革是"坚持人民至上"宗旨的鲜明表达，是推动以人民为中心的社会治理变革的生动实践，打造了超大城市服务人民的"总客服"，是新时代超大城市社会治理高质量发展的新鲜经验。浙江省依托发达的数字经济,实现了社会治理的智能化和网络化,展现了"互联网+"在社会治理中的强大潜力。福建省则在弘扬中华优秀传统文化和引进社会资本的同时,强化了基层社会治理,体现了优秀传统文化与现代文化的融合。广东省作为改革开放的前沿,通过创新社会服务供给,激发社会活力,为社会治理现代化提供了新的路径。多年来,地方创造社会治理现代化的新案例、新典型、新事物、新经验层出不穷,不胜枚举。我们要深入实际、开展调查研究,认真梳理和总结各地在实践中创造的社会治理典型案例和新鲜经验做法,并大力宣介和推广,为新时代新征程更好地推进我国社会治理现代化提供智力支撑作出应有的贡献。

第一章

全面深化改革与推进中国式现代化

改革开放以来关于政府与市场关系理论认识的重大飞跃

马建堂[①]

十一届三中全会拉开了改革开放大幕。新中国成立到改革开放前夕，党领导人民完成了社会主义革命，奠定了开创中国特色社会主义的初步物质基础，但由于探索过程的严重曲折，特别是"文化大革命"十年劫难，人民生活贫困，国民经济比例严重失调，科技教育总体落后，经济体制保守僵化，国民经济几乎到了崩溃边缘。

在这样一个党和国家面临何去何从的重大历史关头，1978年12月13日，邓小平在中央工作会议上发表了《解放思想，实事求是，团结一致向前看》的重要讲话。他说："现在我国的经济管理体制权力过于集中，应该有计划地大胆下放，否则不利于充分发挥国家、地方、企业和劳动者个人四个方面的积极性，也不利于实行现代化的经济管理和提高劳动生产率。应该让地方和企业、生产队有更多的经营管理的自主权。"这实际上是20世纪80年代放权改革的动员令。"如果现在再不实行改革，我们的现代化事业和社会主义事业就会被葬送。"

以邓小平同志为代表的中国共产党人深刻认识到只有实行改革开放才是唯一出路。1978年12月召开的十一届三中全会果断结束"以阶级斗争为纲"的路线，实现了党和国家工作中心的战略转移，正确评价毛主席和毛泽东思想地位，重新确立了解放思想、实事求是的马

[①] 马建堂，第十四届全国政协常委、经济委员会副主任。

克思主义路线，实现思想路线的拨乱反正。划时代的十一届三中全会，实现了新中国成立以来党和国家历史上具有极其深远意义的伟大转折，拉开了中国改革开放的壮阔历史大幕，极大地改变了党、国家、人民的命运，开启了改革开放和社会主义现代化建设新时期。46 年的改革开放书写了中华民族几千年历史上最恢宏的史篇，深刻地改变了国家、民族、党和每个人的命运，中国大踏步地赶上了时代，并日益昂首进入世界舞台的中央。

1984 年 10 月召开的十二届三中全会通过了改革开放后我党第一个关于经济体制改革的决定——《中共中央关于经济体制改革的决定》。十一届三中全会在决定把全党工作重点转到经济建设上来并拉开改革开放大幕后，仅仅不到六年时间，中国的改革开放，尤其是农村改革就呈星火燎原之势。为将改革转向以城市为重点的改革，党中央于 1984 年 10 月召开十二届三中全会，制定全面改革蓝图，加快改革步伐，推动以城市为重点的整个经济体制改革。

十二届三中全会所通过的《中共中央关于经济体制改革的决定》（以下简称《决定》）最大的贡献有以下几点。

一是明确了"改革是为了建立充满生机的社会主义经济体制"。《决定》指出了传统计划经济的体制弊端："政企职责不分，条块分割，国家对企业统得过多过死，忽视商品生产、价值规律和市场的作用，分配中平均主义严重。"《决定》强调：为了从根本上改变束缚生产力发展的经济体制，进一步解放思想，走自己的路，建立起具有中国特色的、充满生机和活力的社会主义经济体制，促进社会生产力的发展。

二是明确了"增强企业活力是经济体制改革的中心环节"，通过改革使企业真正成为相对独立的经济实体，成为自主经营、自负盈亏的社会主义商品生产者和经营者。

三是强调"建立自觉运用价值规律的计划体制，发展社会主义商品经济"，突破了把计划经济与商品经济对立起来的传统观念，明确了我国实行的是公有制基础上的有计划的商品经济，实现了党对计划与市场关系认识的第一个飞跃。

四是强调"建立合理的价格体系，充分重视经济杠杆的作用"，拉开了价格改革大幕，为市场调节和配置资源创造基本条件，同时要求进一步完善税收制度，改革财政和金融体制。

五是强调"实行政企职责分开，正确发挥政府机构管理经济的职能"，将改革引入上层建筑和政府治理领域，简政放权自此成为我国经济体制改革的主要内容。

六是强调"进一步扩大对外和国内的经济技术交流"，对外开放开始成为长期的基本国策。

首次确立我国经济体制改革的目标是建立社会主义市场经济体制的十四届三中全会。东欧剧变、苏联解体，20世纪90年代初，社会上关于改革问题的分歧加大。在这关系中国改革前进还是停顿的又一个历史关头，又是小平同志挺身而出：改革开放的步子要大一点，谁不改革就下台。改革春风又绿祖国大地。就在这个大背景下，1993年11月召开的十四届三中全会通过了《中共中央关于建立社会主义市场经济体制若干问题的决定》，里程碑式地指出我国改革的目标是建立社会主义市场经济体制，实现了我党关于计划与市场关系认识的一次飞跃。

这次全会的主要贡献有以下几点。

一是落实党的十四大任务，第一次全面规划了建立社会主义市场经济体制这一改革任务的重大举措。

二是强调社会主义市场经济体制是与社会主义基本经济制度结合在一起的，建立社会主义市场经济体制，就是要使市场在国家宏观调控下对资源配置起基础性作用。

三是强调必须坚持以公有制为主体、多种经济成分共同发展的方针。

四是首次提出国有企业改革的目标是建立产权明晰、权责明确、政企分开、管理科学的现代企业制度。

五是明确提出，"发挥市场机制在资源配置中的基础性作用，必须培育和发展市场体系"，当前要着重发展生产要素市场。

六是强调转变政府职能，建立健全宏观经济调控体系，首次明确了政府管理经济的主要职能和主要任务。

七是系统部署了财税体制和金融体制改革，初步明确了与社会主义市场经济相适应的财税体制和银行体制的主要改革方向。

十六届三中全会聚焦国有经济战略性调整。进入 21 世纪，随着我国加入世界贸易组织，我国经济进一步融入全球市场，我国改革开放不断深化，进入全面建设小康社会新阶段。为推动下一步的改革，中国共产党于 2003 年 10 月召开了十六届三中全会，全会通过了《中共中央关于完善社会主义市场经济体制若干问题的决定》，这是以社会主义市场经济体制为改革目标的又一个重要文件，它的突出贡献有以下几点。

一是提出了完善社会主义市场经济体制的目标和任务，更大程度地发挥市场在资源配置中的基础性作用，增强企业活力和竞争力，健全国家宏观调控，完善政府社会管理和公共服务职能，为全面建设小康社会提供强有力的体制保障。

二是强调"推行公有制的多种有效实现形式"，使股份制成为公有制的主要实现形式。

三是加快调整国有经济布局和结构，从搞活每个国有企业转向国有经济的战略性调整。

四是完善国有资产管理体制和监督体制，推进政府公共管理职能和国有资产出资人职能的分离。

十八届三中全会首次规划新时代全面深化改革宏伟蓝图。党的十八大以来，以习近平同志为核心的党中央领导全国各族人民团结奋斗，如期全面建成小康社会，党和国家事业取得历史性成就，中国改革开放和社会主义现代化事业进入新时代。在这一大背景下，中国共产党于 2013 年 11 月召开了十八届三中全会，这次全会在中国改革开放史上也是划时代的，它开启了新时代全面深化改革的新征程，全会通过的《中共中央关于全面深化改革若干重大问题的决定》，开辟了全面深化改革新局面。其主要贡献有以下几点。

一是明确了全面深化改革的总目标是完善和发展中国特色社会主义制度，推进国家治理体系和治理能力现代化，更加强调改革的系统性、整体性和协同性。首次从经济、政治、文化、社会、生态文明体制和党的建设制度改革诸多维度统一部署改革。

二是首次强调经济体制改革的核心问题是处理好政府和市场的关系，使市场在资源配置中起决定性作用和更好发挥政府作用。这是党对政府和市场关系理论认识的又一次革命性飞跃。

三是突出强调要坚持和完善公有制为主体、多种所有制经济共同发展的基本经济制度，强调公有制经济和非公有制经济都是社会主义市场经济的重要组成部分，都是我国经济社会发展的重要基础。

四是强调国家保护各种所有制经济产权和合法权益，保证各种所有制经济依法平等使用生产要素、公开公平公正参与市场竞争、同等受到法律保护，依法监管各种所有制经济。

五是部署建设统一开放、竞争有序的市场体系，着力清除市场壁垒，提高资源配置效率和公平性。

六是突出强调切实转变政府职能，深化行政体制改革，进一步简政放权，深化行政审批制度改革，创新行政管理方式，增强政府公信力和执行力，建设法治政府和服务型政府。

七是强调加快生态文明制度建设，形成归属清晰、权责明确、监管有效的自然资源资产产权制度。

二十届三中全会进一步全面深化改革、为中国式现代化顺利推进提供强大动力和坚强保障。经过十年奋力攻坚克难，以习近平同志为核心的党中央以伟大的历史主动、巨大的政治勇气、强烈的责任担当，奋力推进全面深化改革，各领域基础性制度框架基本建立，总体完成了党的十八届三中全会确定的改革任务。为顺利推进中国式现代化这一民族复兴伟业，中国共产党于 2024 年 7 月召开了划时代的二十届三中全会。全会通过的《中共中央关于进一步全面深化改革、推进中国式现代化的决定》，是以习近平同志为核心的党中央，集中全党智慧擘画的为中国式现代化提供强大动力和制度保障的改革开放新蓝图和纲领性文件。全会在经济建设领域的突出贡献有以下几点。

一是明确了进一步全面深化改革的指导思想、总目标、基本原则、着力点和重要举措。

二是全面总结了改革开放以来特别是新时代全面深化改革的六项原则：坚持党的全面领导、坚持以人民为中心、坚持守正创新、坚持以制度建设为主线、坚持全面依法治国、坚持系统观念。

三是系统提出构建高水平社会主义市场经济体制的重大举措，包括坚持和落实"两个毫不动摇"，构建全国统一大市场；完善市场经济基础制度。

四是系统提出健全推动经济高质量发展体制机制的重大举措，强调健全因地制宜发展新质生产力的体制机制。

五是首次从教育、科技、人才相互融合、互相配套的角度，提出构建支持全面创新的体制机制。

六是重申主要由市场供求关系决定要素价格，防止政府对价格形成的不当干预，推进水、能源、交通等领域价格改革。

七是强调完善城乡融合的发展体制机制，推行由常住地登记户口提供基本公共服务制度，推动符合条件的农业转移人口社会保险、住房保障、随迁子女义务教育等享有同迁入地户籍人口同等权利，加快农业转移人口市民化。

八是突出强调健全人口发展支持和服务体系，完善生育支持政策体系和激励机制，建立生育补贴制度，支持用人单位办托、社区嵌入式托育、家庭托育点等多种模式发展。创造适合老年人的多样化、个性化就业岗位，按照自愿、弹性原则，稳妥有序推进渐进式延迟法定退休年龄政策。

九是强调坚持党中央对进一步全面深化改革的集中统一领导,党中央领导改革的总体设计、统筹协调、整体推进。

改革开放以来,党的历届三中全会所描绘的改革蓝图都是在党中央的坚强领导下实现的。为将二十届三中全会确定的369项改革如期完成,我们必须从拥护"两个确定"的政治高度,更加自觉和坚定团结在以习近平同志为核心的党中央周围,乘势而上,奋力攻坚,夺取进一步全面深化改革的新胜利。

理解推进国家治理现代化的四个维度

龚维斌[①]

党的二十届三中全会通过的《中共中央关于进一步深化全面改革、推进中国式现代化的决定》(以下简称《决定》),是站在新的历史起点上对完善和发展中国特色社会主义制度、推进国家治理体系和治理能力现代化的又一次总动员、总部署。本文将从理论与实践、历史与现实、中国与世界、当前与未来、规划与落实等多个层面理解《决定》关于推进国家治理现代化的意义、方向、原则和特点,准确把握新部署、新任务、新要求,深刻领会蕴含其中的道理、学理、哲理。

一、国家治理及其现代化的意义

2013年,党的十八届三中全会提出全面深化改革的总目标是"完善和发展中国特色社会主义制度,推进国家治理体系和治理能力现代化"。"国家治理现代化"作为全新的理论命题,一经提出就引起学术界广泛关注和讨论,但是,目前仍没有能够整体地准确地把握中国国家治理体系和治理能力现代化的特定内涵和普遍意义。

(一)国家治理的内涵

一般来说,国家治理是指以国家机构为代表的各类主体对主权国

[①] 龚维斌,中央党校(国家行政学院)副校长(副院长)兼国家治理教研部主任、教授。

家范围内政治、经济、文化、社会、生态、军事等各个方面的治理。"治理"一词是既对中国传统治国理政智慧的运用，也是对 20 世纪 80 年代以来国际上治理理论和实践的借鉴。广义的"国家"是指各类组织机构以及公民个人在内的治理力量；狭义的"国家"是指政权机构，具有管理国家公共事务、维护社会秩序等多方面职能。作为客体的"国家"指国土空间及其范围内的国民、政权以及一切政治经济和社会文化等生产生活活动，是国家治理的对象和内容。

（二）国家治理的结构

国家治理范畴涉及面广、包容性强、层次分明、结构丰富、类型多样，是对国家统治、国家管理理论的拓展，突破了二元对立甚至非此即彼的思维局限。"国家"与"治理"结合，贯通从宏观到微观各个不同层次的治理实践，是对传统民主政治模式、单一治理方式、局部治理领域的突破，对国家能力建设、失败国家案例的回应和反思。

（三）国家治理现代化的指向

国家治理现代化是指国家制度体系的优化和治理能力的提升，是国家现代化的重要内容和重要保障。现代化意味着发展变化，发展变化需要改革，改革就要向着现代方向发力。其是对国家治理和现代化两种理论的丰富和发展，也是对政治体制、经济体制、文化体制、社会体制、生态文明体制改革以及党的建设的综合和超越。

（四）国家治理现代化的理论贡献和实践价值

国家治理这一范畴，立足中国国家治理历史和国情，借鉴吸收各国有益经验，既有中国道路的独特经验和价值，也有世界意义和人类共同价值。在中国，国家治理体系和治理能力现代化是指在党中央统一领导下，通过全面深化改革，使各方面制度更加完善，实现党、国家、社会各项事务治理制度化、规范化、程序化，构建系统完备、科学规范、运行有效的制度体系，使中国特色社会主义制度更加巩固、优越性充分展现[①]。推进其现代化是习近平新时代中国特色社会主义思想的重要内容，是中国特色、中国风格、中国气派的哲学社会科学范畴和理论，具有原创性理论意义和重要的实践价值。

二、推进国家治理现代化的方向

所谓方向，就是推进国家治理体系和治理能力现代化举什么旗、走什么路、朝什么方向努力的重要问题，是确保国家治理沿着正确方向推进的根本要求。

（一）完善和发展中国特色社会主义制度

推进国家治理现代化是有道路和制度规定性的，必须在中国特色社会主义这条康庄大道上向前推进。党的十九届四中全会指出，我国国家治理一切工作和活动都依照中国特色社会主义制度展开。这些制度既是马克思主义基本原理与中国具体实际相结合的产物，也是与中华优秀传统文化相结合的产物，被历史和实践充分证明具有显著优越性和强大生命力，深得人民拥护，必须长期坚持巩固、完善发展。中国特色社会主义制度的完善和发展，就是国家治理体系的完善和治理能力的提升，就是国家治理现代化。国家治理现代化能力和水平的提升必然有助于完善和发展中国特色社会主义。中国国家治理现代化是个性与共性的结合，可以为广大发展中国家提升国家能力、有效治理国家提供参考借鉴，为全球治理现代化贡献中国智慧、中国方案。

[①] 徐红、代琼：《论中国特色社会主义制度优势的集中体现与进一步发挥》，《社会主义研究》2020年第2期。

（二）紧紧围绕推进中国式现代化进一步全面深化改革

改革开放为中国式现代化提供强大动力，是党和人民事业大踏步赶上时代的重要法宝。《决定》指出，"全党必须自觉把改革摆在更加突出位置，紧紧围绕推进中国式现代化进一步全面深化改革"。推进国家治理体系和治理能力现代化是推进中国式现代化的应有之义，也是其重要保障。因此，推进国家治理体系和治理能力现代化要紧扣推进中国式现代化这一主题，进一步全面深化改革。

走中国特色社会主义道路是中国式现代化的独特方式和成功之路。中国式现代化是中国共产党领导的社会主义现代化，既有各国现代化的共同特征，更有基于自己国情的中国特色[①]。完善和发展中国特色社会主义是推进中国式现代化的必由之路。推进国家治理体系和治理能力现代化，既是完善和发展中国特色社会主义制度的必然要求，也是推进中国式现代化的必然要求[②]。因此，国家治理现代化必须紧紧围绕中国式现代化来展开，加强顶层、整体谋划，全面改革创新。

（三）推动国家治理和社会发展更好地相适应

制度改革和国家治理创新是一个永恒的课题。完善中国特色社会主义制度是一个动态过程，必然随着实践发展而不断发展，已有制度需要不断健全，新领域和新实践需要推进制度创新、填补制度空白。

为了应对世界百年未有之大变局，我们党准确识变，科学应变，主动求变，于变局中开新局、在危机中开新机，贯彻新发展理念，加快构建新发展格局，发展新质生产力，推动发展提质增效。这些都要求国家治理体系和治理能力随之相应，创造良好的内外部环境，为中

[①] 陈文玲：《中国式现代化在理论与实践上的创新突破》，《全球化》2023年第2期。
[②] 汪守军、万光碧、邓凌：《依法治国视野下社会主义协商民主建设有关问题的探讨》，统一战线与推进国家治理体系和治理能力现代化——2014统一战线前沿问题理论研讨会文集，2014，第156、164页。

国特色社会主义发展、为人民幸福安康提供稳定的社会环境，更好激发社会发展活力，推动中国式现代化行稳致远。贯彻落实党的二十届三中全会关于推进国家治理现代化的战略部署和改革任务，要准确理解每一项改革任务的目标要求，认真研究各项制度改革的背景原因、思路举措、实现路径和保障条件等，扎实完成改革任务，使国家治理适应社会发展。

三、推进国家治理现代化的原则

党的二十届三中全会提出了进一步全面深化改革需要坚持的六个原则。这些原则是改革开放以来特别是新时代全面深化改革的宝贵经验，也是新征程推进国家治理现代化需要坚持的重大原则。

（一）坚持党的全面领导

中国国家治理的鲜明特色和突出优势是坚持中国共产党领导。中国共产党代表中国先进生产力的发展要求，代表中国先进文化的前进方向，代表最广大人民的根本利益，是中国特色社会主义事业的领导核心，是最高政治领导力量。

在国家治理体系的大棋局中"党中央"是坐镇中军帐的帅，车马炮各展其长，一盘棋大局分明。因此，坚持党的全面领导，首先要坚决做到"两个维护"，坚决维护习近平总书记党中央的核心、全党的核心地位，坚决维护以习近平同志为核心的党中央权威和集中统一领导。发挥党总揽全局、协调各方的领导核心作用，把党的领导贯穿国家治理创新各方面全过程，确保国家治理现代化始终沿着正确政治方向前进[①]。建设一个强有力的执政党，全面领导国家治理，这是中国国家治

[①] 《中共中央政治局召开会议 讨论拟提请二十届三中全会审议的文件 中共中央总书记习近平主持会议》，《共产党员》2024年第13期。

理成功的经验之一。

（二）坚持以人民为中心

这是中国国家治理的本质要求和根本立场，是与资本主义国家治理的最大区别。中国共产党的宗旨是全心全意为人民服务。习近平总书记指出，"治国有常，利民为本。为民造福是立党为公、执政为民的本质要求①。""推进任何一项重大改革，都要站在人民立场上把握和处理好涉及改革的重大问题，都要从人民利益出发谋划改革思路、制定改革举措②。"正是由于坚持以人民为中心的国家治理理念，中国共产党在推进国家治理现代化过程中才能赢得人民群众的广泛支持和拥护，凝聚改革共识，建立最广泛的爱国统一战线，形成强大的改革发展合力。因此，党领导人民治国理政的一个重要经验是"从群众中来，到群众中去"，坚持以人民为中心。全面深化改革、推进国家治理现代化要把顶层设计与基层探索结合起来。

（三）坚持守正创新

守正与创新相辅相成，是"变"与"不变"、继承与发展、原则性与创造性的辩证统一。守正创新是习近平新时代中国特色社会主义思想世界观和方法论的重要内容，既与中华民族几千年来恪守正道、革故鼎新的文化传统相承袭，又与中国共产党一贯坚持的解放思想、实事求是、与时俱进、求真务实的品格相贯通③，是确保中国国家治理现代化道不变、志不改的思想路线和实践要求。

---

① 丁俊萍、陈婉婉：《"为民造福"理念：逻辑生成、科学内涵及实践进路》，《思想战线》2023年第5期。

② 陈鸿惠、王珍愚：《习近平关于改革开放重要论述的五个维度》，《邓小平研究》2020年第4期。

③ 刘砚青：《马克思主义政党的纯洁政治品质探析》，《学校党建与思想教育》2018年第15期。

中国国家治理现代化一定要坚定马克思主义信仰，坚定中华优秀传统文化和中国特色社会主义的自信，以习近平新时代中国特色社会主义思想为指引，坚定不移地沿着中国特色社会主义道路推进国家治理体系和方式的改革创新，在事关国家治理的立场、方向、原则、道路等根本性问题上必须旗帜鲜明、毫不含糊。

（四）坚持以制度建设为主线

纵观世界历史，国与国的竞争本质是制度优劣高下的竞争。国家治理体系体现为国家制度体系，国家治理现代化的本质在于国家制度现代化。国家治理体系是在党领导下管理国家的制度体系，包括经济、政治、文化、社会、生态文明和党的建设等各领域体制机制、法律法规安排，涉及改革发展稳定、内政国防外交、治党治国治军各个方面，是一整套各有分工又密切联系的国家制度。其中，涉及全局的有根本制度、基本制度、重要制度。《决定》再次强调要"筑牢根本制度，完善基本制度，创新重要制度"，体现了推进国家治理现代化在制度建设上既一以贯之又守正创新的要求。在制度建设中应加强顶层设计、总体谋划，防止零打碎敲，防止各自为政、画地为牢，以制度改革为名搞地方保护主义，还要区分制度类型、分类推进，破立并举、先立后破，有序推进制度改革完善。

（五）坚持全面依法治国

法治是国家治理体系和治理能力的重要依托，是国家治理最有效最稳定的方式。习近平总书记多次强调，法治兴则民族兴，法治强则国家强[1]。党的二十届三中全会《决定》要求在法治轨道上深化改革、推进中国式现代化，做到改革和法治相统一，重大改革于法有据，及

---

[1] 蒋传光：《习近平法治思想确立了治国理政的法治思维》，《当代法学》2022年第6期。

时把改革成果上升为法律制度。这也意味着要在法治轨道上推进国家治理现代化。《决定》就深化立法领域改革、深入推进依法行政、健全公正执法司法体制机制、完善推进法治社会建设机制、加强涉外法治建设5个方面提出了31项具体改革任务。

（六）坚持系统观念

坚持系统观念是习近平新时代中国特色社会主义思想的世界观、方法论的重要内容。系统观念是辩证唯物主义的重要认识论和方法论，是具有基础性的思想和工作方法。全面深化改革、推进国家治理现代化是一项复杂的系统工程，已经进入系统集成、重点突破、开拓创新阶段，每一项改革任务都会关联和影响很多方面，也会受到很多方面因素的影响和制约，因此，《决定》要求处理好经济和社会、政府和市场、效率和公平、活力和秩序、发展和安全等重要关系，增强改革系统性、整体性、协同性，具有很强的针对性、指导性。中国式现代化和国家治理首先要调动各方面积极性、创造性，激发社会活力，同时要实现活而不乱、活跃有序的动态平衡。发展和安全既是老话题，更是新要求，必须统筹协调好。

四、推进国家治理现代化的特点

《决定》内容涉及经济、政治、文化、社会、生态文明、国家安全、国防和军队、党的领导等国家治理的各个方面，具有鲜明的特点。

（一）注重目标导向和问题导向相统一

坚持目标导向和问题导向相结合，是我国改革的鲜明特征，也是深化改革的重要经验。目标就是奋斗方向，问题是时代声音。目标与问题紧密相连，只有确定了目标，才能在对标对表目标中找到问题、解决问题，从而推动发展进步。《决定》确定的全面深化改革目标，与党的十九大、二十大报告确定的全面建成社会主义现代化强国"两步走"战略目标保持一致，同时，将第一步战略目标具体化，既有中期部署也有近期安排。

对标总的战略目标，《决定》围绕聚焦构建高水平社会主义市场经济体制、发展全过程人民民主、建设社会主义文化强国、提高人民生活品质、建设美丽中国、建设高水平平安中国以及提高党的领导水平和执政能力等七个方面的分目标，要求到中华人民共和国成立八十周年时，完成300多项改革任务。每一项改革任务都是从改革发展实践中提出，直接影响国家治理和中国式现代化目标实现的重大问题、关键问题。

（二）注重发挥经济体制改革牵引作用

找准全面改革和国家治理创新的关节点，具有四两拨千斤的效果。全面深化改革，千头万绪，需要像庖丁解牛那样找到关节点，抓住主要矛盾和矛盾的主要方面，以重点带动全局，以此牵引和带动其他领域改革，使各方面改革协同推进，形成破除深层次体制机制障碍的强大合力。经济体制在国家治理格局中具有举足轻重的地位，经济体制改革关乎经济发展，经济发展为国家治理现代化提供物质基础。同时，经济体制也要求国家治理体系和治理能力与之相适应[1]。

《决定》从"构建高水平社会主义市场经济体制"和"健全推动经济高质量发展体制机制"两个方面进行部署，要求坚持和落实"两个毫不动摇"、构建全国统一大市场、完善市场经济基础制度、健全因地制宜发展新质生产力体制机制、健全促进实体经济和数字经济深度融合制度、完善发展服务业体制机制、健全现代化基础设施体制机制以及健全提升产业链供应链韧性和安全水平制度。

---

[1] 申学锋：《1949年以来国家治理模式与政府间财政关系演进概述》，《财政科学》2017年第12期。

（三）注重构建支持全面创新体制机制

教育、科技、人才在国家治理现代化中具有基础性、战略性、先导性作用。2017年，特朗普上台以后，加大对我国发展的遏制封堵打压，联合其盟友从经贸、科技、环保到政治、文化、教育等各个领域全方位大搞脱钩断链、"小院高墙"，其手段无所不用其极，逆全球化浪潮一浪高过一浪。从特朗普到拜登，美国政府的所作所为充分表明，必须坚持把国家和民族发展放在自己力量的基点上，坚持把中国发展进步的命运牢牢掌握在自己手中，自立自强，依靠创新抢占科技竞争和未来发展制高点。

《决定》贯彻党的二十大精神，强调必须深入实施科教人才创新方面的战略，统筹推进教育科技人才体制机制一体化改革，深化教育综合改革、深化科技体制改革、深化人才发展体制机制改革，健全新型举国体制，提升国家创新体系整体效能。

（四）注重全面改革

包括国家治理在内的中国式现代化涉及各个方面的改革，是一项复杂的系统工程。中国特色社会主义事业的总体布局由经济建设、政治建设、文化建设、社会建设和生态文明建设"五位一体"构成，战略布局由全面建设社会主义现代化国家、全面深化改革、全面依法治国、全面从严治党"四个全面"构成，成为习近平新时代中国特色社会主义思想的重要组成部分。

党的二十届三中全会继续注重统筹协调、全面改革，在以经济体制改革为牵引的同时，在民主和法治领域、文化体制机制、健全保障和改善民生制度体系以及生态文明体制等方面提出了一系列改革任务，以促进社会公平正义、增进人民福祉为出发点和落脚点，让国家治理现代化成果更多更公平地惠及全体人民。

（五）注重统筹发展和安全

发展和安全是关系国家兴衰的两件大事，安全是发展的前提，发展是安全的保障。我国发展进入战略机遇和风险挑战并存、不确定难预料因素增多的时期，统筹好发展和安全显得尤为重要。安全和谐稳定的经济社会环境、强大的军队和稳固的国防，既是衡量国家治理能力和水平的重要指标，也是推进国家治理体系和治理能力现代化的重要任务。

《决定》强调必须全面贯彻总体国家安全观，完善维护国家安全体制机制，实现高质量发展和高水平安全良性互动，切实保障国家长治久安。围绕推进国家安全体系和治理能力现代化，对健全国家安全体系、完善公共安全治理机制、健全社会治理体系、完善涉外国家安全机制提出改革要求。围绕持续深化国防和军队改革，提出完善人民军队领导管理体制机制，深化联合作战体系改革，深化跨军地改革等任务。

（六）注重加强党对改革的领导

党的领导是进一步全面深化改革、推进中国式现代化的根本保证，是中国国家治理的鲜明特色、成功经验和巨大优势，也是推进国家治理现代化的根本保证。《决定》第十五部分专门部署"提高党对进一步全面深化改革、推进中国式现代化的领导水平"，要求必须深刻领悟"两个确立"的决定性意义，做到"两个维护"，坚持党中央对进一步全面深化改革的集中统一领导，强调要"完善党中央重大决策部署落实机制，确保党中央令行禁止"；要求深化党的建设制度改革，深入推进党风廉政建设和反腐败斗争；强调要以"钉钉子精神"抓好改革落实，坚持上下协同、条块结合，科学制定改革任务书、时间表、优先序，明确各项改革实施主体和责任，把重大改革落实情况纳入监督检查和巡视巡察内容，以实绩实效和人民群众满意度检验改革。

贯彻落实党的二十届三中全会精神必将极大提升我国国家治理体系和治理能力现代化水平。同时，又会进一步丰富和发展国家治理及其现代化理论。

新形势下加快科技创新引领现代化产业体系建设

王一鸣①

一、全球大变局下我国科技创新面临的新形势新挑战

当今世界百年未有之大变局加速演变，新一轮科技革命和产业变革是大变局的关键变量。全球争夺科技制高点的竞争空前激烈，科技创新正在成为大国博弈的主战场。

（一）新一轮科技革命孕育新的重大突破

新一轮科技革命呈现人工智能、量子科技、生命科学等领域交叉融合、多点突破的发展态势，为产业变革和经济增长注入新动能、开辟新途径。人工智能成为引领颠覆性创新的前沿领域。物联网、云计算、大数据等构建"人—网—物"互联体系和泛在智能信息网络，数据、算力、算法三要素融合发展，推动人工智能向自主学习、人机协同增强智能和基于网络的群体智能等方向发展，正在突破传统的生产可能性边界。依靠大模型、大数据和大算力的支撑，从 ChatGPT 到通用人工智能，推动人工智能向制造、交通、金融、教育、医疗、文创等各领域广泛渗透，优化决策系统，改善生产流程，重塑创新生态，催生产业变革，推动生产率大幅提升。根据 2023 年 6 月 14 日麦肯锡

---

① 王一鸣，中国国际经济交流中心副理事长、研究员。

发布的《生成式人工智能的经济潜力：下一波生产力浪潮》报告，到2040年生成式人工智能可以使劳动生产率每年增长0.1%—0.6%。

量子科技孕育重大技术范式变革和创新。量子计算超越传统计算极限，可在极短时间内完成复杂计算任务，为人工智能、密码分析、气象预报、资源勘探、药物设计等大规模计算难题提供更为强大的工具。量子通信有极强的抗干扰和隐蔽性能，在信息传输安全领域有广泛应用场景，成为推动信息通信技术演进和数字产业发展的新动能。量子测量在微弱电磁信号检测，绝对重力与重力梯度测量，以及软硬目标探测识别等领域的发展，将为国防、工业、地质、环保等众多行业应用赋能。生命科学拓展精准医疗和再生医学发展空间。新型基因技术不断涌现，合成生物学快速发展，基因编辑技术日新月异，为医疗健康技术发展注入新动力。以基因组为核心的集成研发、以生物标志物验证为关键的临床技术研究，以基因数据库为中心的基础设施建设，以及精准医学、干细胞与再生医学、分子靶向治疗、移动健康监测等快速演进，医学模块加快从临床医学向健康医学扩展，催生生物医药和生物技术产业迅速兴起。脑机接口技术在大脑与外部设备之间建立无创的直接连接并实现实时信息交换，呈现巨大的潜在应用前景。

（二）新一轮科技革命深刻影响产业变革方向

新一轮科技革命是全球产业变革的决定性因素，颠覆性技术和前沿技术不断涌现，催生新产业、新模式、新业态，推动产业模式和产业形态发生革命性变化。制造技术向数字化智能化、绿色化方向发展。数字智能技术与制造业深度融合，先进传感技术、数字化设计制造、机器人与智能控制系统等日趋广泛应用，催生人机共融的智能制造模式，大幅提升制造系统的柔性和敏捷性，推动工业生产向分布式、定制化模式转型，制造业生产流程、研发设计、企业管理乃至用户关系都呈现智能化趋势。制造业广泛采用智能化控制技术，并与节能减排技术、清洁生产工艺相融合，推动制造方式绿色化转型。能源技术向绿色低碳和智能化方向发展。数字智能技术与能源技术融合，推动化石能源清洁化、清洁能源规模化和能源服务智能化，促进能源结构从高碳向低碳和零碳转变，能源生产与消费方式从资源消耗型向生态适应型转变。太阳能、风能、生物质能、地热能、水能、海洋能等可再生能源开发、存储和传输技术的进步，深刻改变传统能源结构。氢能、天然气水合物和聚变能等新一代能源技术的发展，为解决能源需求开辟新途径。空天和海洋技术向纵深化方向发展。国际空间技术聚焦空间信息应用和建立更强大的空间探索能力，致力于建立体系融合、高性能、低成本、广覆盖的空间信息与服务系统，推进大推力火箭、可重复使用运载器和新型推进技术的研发和商业化应用，高效率天地往返运输系统、近地空间站应用、月球与火星探测等领域取得重大突破。海洋技术由浅海向深海、由区域向全球拓展，围绕深海开发、全球气候变化等领域展开布局，并向"星—空—海""海面—海中—海底"空间海洋立体观测网拓展，载人深潜器、海底资源探测和开发、海洋生物技术和海洋生态工程等催生新型海洋经济。

（三）新科技革命和产业变革深刻影响经济社会发展

新一轮科技革命和产业变革改变传统生产要素与新生产要素的相对地位，深刻改变就业结构、分配结构和社会结构，给经济社会发展带来全新挑战。传统要素和新要素的相对地位显著变化。生产过程的数字化、网络化、智能化，使劳动力、土地等传统生产要素的地位相对下降，科技和人力资本成为产业竞争力的核心要素。传统的三次产业分类边界日趋模糊，产业结构高级化将更多体现数据要素投入、人工智能赋能带来的边际效率改善和全要素生产率提升。人工智能、量子计算的创新浪潮推动智能制造、大规模个性化定制、互联网金融、网上研发平台等新产业、新模式、新业态的广泛兴起，生产方式发生革命性变化。

就业结构、分配结构和社会结构深刻演进。与以往工业革命主要替代体力劳动不同,以数字化智能化为主要特征的新一轮科技革命转向对脑力劳动的替代和对人的智力的拓展,越来越多的产品设计和技术研发、客户管理和商业营销等专业技术岗位将被人工智能替代。2023年,世界经济论坛的一项调查显示,未来5年人工智能将取代全球8 300万个就业岗位,同时创造6 900万个新的岗位,净流失1 400万个就业岗位,相当于目前全球就业人口的2%。随着人工智能广泛融入生产过程,新增就业岗位向就业技能的两端集聚,中间阶层逐步收缩,从事简单脑力劳动和程序化工作的群体收入增长放缓,社会结构日益由"橄榄型"转向"哑铃型"。

(四)全球争夺科技制高点的竞争空前激烈

新一轮科技革命和产业变革重塑各国竞争力消长与全球竞争格局,全球范围争夺科技制高点的竞争日趋激烈。美国为确保在关键战略科技领域的绝对优势地位,不惜成本加大对中国科技封锁和打压力度。全球范围争夺科技制高点的竞争日趋激烈。新一轮科技革命深刻改变国家间的比较优势和竞争力。发达国家凭借智能制造优势弥补劳动力成本劣势,加之拥有对产业价值链高端环节的控制力,原有的竞争优势地位得以巩固和强化。大国在前沿科技领域的竞争加剧,成为重塑全球创新和产业版图的主导因素。人工智能的异军突起和在产业变革中的引领作用,使其成为大国战略博弈的新高地。与此同时,防范人工智能在传播虚假信息、侵害个人权益、制造安全隐患、加大技术鸿沟等方面的巨大潜在风险,也迫切要求大国间加强合作。美国不惜成本加大对我国科技封锁和打压力度。中美力量对比的变化引发美国的霸权焦虑。美国把中国定位为唯一"既有重塑国际秩序意图",又有"越来越多的经济、外交、军事和技术力量推进这一目标的国家"。美国在人工智能、机器学习和其他先进软件开发、高性能计算、半导体和先进计算机硬件、量子计算和信息系统、机器自动化与先进制造等关键科技领域加大投入,并以人工智能为战略制高点对我国进行降维式打击，以确保在关键战略科技领域的绝对优势。拜登政府推出"小院高墙"战略，采取更严密更大力度的对华科技封锁措施，加大对人工智能芯片出口管制，并联合西方盟国限制芯片制造设备、零部件及软件对华出口。美国在科技领域的封锁和打压，对中美双方具有不对称效应，也将增大我国产业技术路线选择的成本和风险。

战略高技术和前沿技术取得重大突破。中国空间站全面建成并开启长期有人驻留时代，"天问一号"火星探测器开展首次地外行星环绕、着陆、巡视探测，"羲和号"实现太阳探测零的突破。在第五代移动通信（5G）和光通信、高速铁路等领域攻克一批重大关键核心技术，新一代人工智能、量子通信与量子计算机、脑科学与类脑研究、生物育种等重大项目取得重要进展。C919大型客机投入商业运营，F级50兆瓦重型燃气轮机投产，北斗导航商业化应用规模不断扩大。战略高技术和前沿技术的重大突破，为产业转型升级和现代化产业体系建设提供有力支撑。

科技创新体制机制持续改善。加强国家战略科技力量，成立一批国家实验室，重组国家重点实验室，支持周期长、风险大、难度高、前景好的战略性科学计划和科学工程。科技创新的政策体系进一步健全，市场导向的技术创新机制逐步完善，政策工具从财税支持为主逐步转向更多依靠体制机制创新、普惠性政策和发挥市场机制的作用。企业技术创新主体地位不断增强，在智能终端、无人机、电子商务、云计算、互联网金融、人工智能等领域崛起一批有全球影响的创新型企业。欧盟执委会发布了《2023年欧盟工业研发投资记分牌》显示，在2022年全球前2 500家研发公司中，我国有679家企业进入榜单，排名第二，仅次于美国的827家。胡润研究院发布《2023全球独角兽榜》显示，全球共有1 361家独角兽企业，我国有316家上榜，仅次于美国的666家，排名第二，占全球独角兽企业数量的23.2%（见图1-1），过去一年全球诞生的508家新独角兽企业中我国占107家。

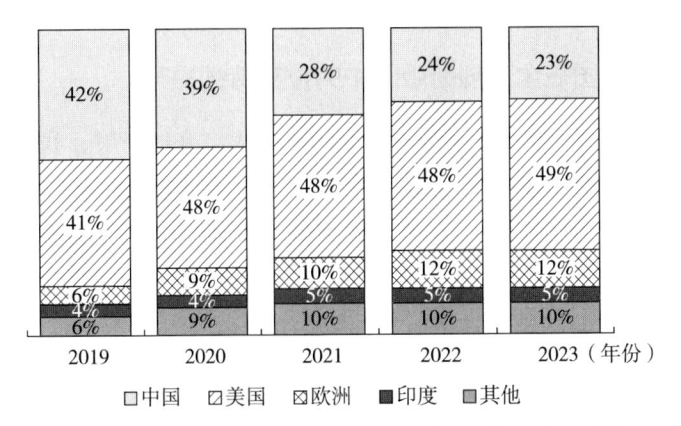

图 1-1　2019—2023 年全球独角兽公司数量分布占比

数据来源：胡润研究院《2023 全球独角兽榜》。

全社会创新生态不断优化。健全社会主义市场经济条件下新型举国体制，持续优化"揭榜挂帅""赛马"等机制，实行探索型和任务导向型科技项目分类评价制度，开展赋予科研人员职务科技成果所有权或长期使用权的试点，健全知识产权保护运用体制机制。龙头企业、中小微企业、科研院所、高等院校等多方协同，打造专业化创新服务平台，形成从产品研发设计到产品生产的全链条服务。打通"科技—产业—金融"链条，把更多金融资源用于促进科技创新，营造良好创新生态。

二、新发展阶段我国科技创新的新使命新任务

近年来，我国在全球创新版图中的位势迅速提升，但科技创新仍不适应高质量发展要求，产业链供应链自主可控面临新挑战。"十四五"规划明确提出，"坚持创新在我国现代化建设全局中的核心地位，把科技自立自强作为国家发展的战略支撑"，明确了新发展阶段我国科技创新的新使命和新任务。

（一）我国在全球创新版图中的位势持续提升

经过改革开放40多年特别是党的十八大以来的发展，我国科技发展正从跟跑为主转向跟跑和并跑、领跑并存，处于从量的积累向质的飞跃、从点的突破向系统能力提升的重要时期，已进入创新型国家行列，成为具有重要影响力的科技大国。主要创新指标进入世界前列。我国已成为全球第二大研发投入国和第二大知识产出国。2023年，全社会研发支出达到3.33万亿元，研发经费投入强度达到2.64%（见图1-2），超过2022年欧盟国家2.23%的平均水平。企业创新主体地位增强，企业在全社会研发投入、研究人员和发明专利的占比均超过70%。高被引论文数量保持世界第二，专利合作条约（PCT）国际专利申请量稳居全球第一。根据世界知识产权组织（WIPO）发布的《2023年全球创新指数报告》，我国的综合排名继2016年首次进入前25名之后持续提升，2023年位居第12位，是前30位中唯一的中等收入经济体。

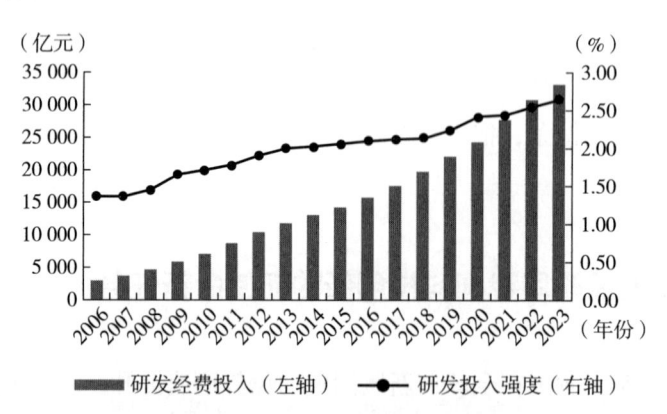

图1-2　2006—2023年我国研发经费支出和占国内生产总值比重

（二）科技创新仍不适应高质量发展要求

我国科技创新虽然取得重大进展，但与高质量发展和建设科技强国的要求相比，还存在一些短板和弱项。原始创新能力仍然不足。从我国创新投入现状来看，研发投入结构存在基础研究、应用研究比重低和试验发展比重高的特点，如2022年我国三大研发活动占研发投入的比重分别为6.6%、11.3%和82.1%，基础研究占比远低于经济合作与发展组织（OECD）主要国家的水平（见图1-3）。科研成果评价重数量、轻质量，重短期收益、轻长期效果，整体质量和水平有待提高，尚不具备引领国际前沿研究的能力。随着我国科技发展进入跟跑和并跑、领跑并存的新阶段，迫切需要加大基础研究等创新链前端环节的投入，增强原始创新能力。

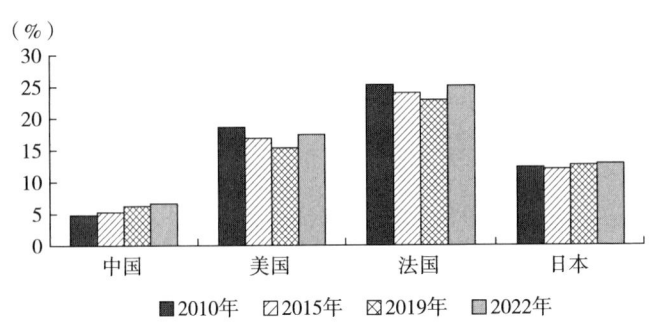

图1-3　2010—2022年中国与主要发达经济体基础研究投入占研发投入比重比较

数据来源：OECD。

关键核心技术受制于人。原始创新能力不强，特别是缺乏原创性、颠覆性技术创新，使得不少关键核心技术仍受制于发达国家。高端芯片、机器人核心部件、储能技术、生物制药等受制于人的局面尚未根本改变。支撑产业升级、引领前沿突破的源头技术储备不足，一些产业领域关键核心技术供给难以满足产业升级的要求。

创新体系整体效能不高。近年来，科技研发投入增长较快，但创新绩效依然较低，产出效率不高。从反映专利质量水平的三方专利来看，我国与发达国家仍有差距。科技创新资源整合不够，科技创新力量布局有待优化，创新政策实施缺乏协同，创新链、产业链、资金链融合不畅，科技生态有待进一步优化。

人才激励机制仍不健全。我国科技人员总量居世界首位，但战略科学家和高端领军人才依然不足。科睿唯安（Clarrivate Analytics）发布的2023年度"高被引科学家"名单中，中国大陆上榜人数较上年提高1.7%，达1 275人次，但占比仅为17.9%，仍明显低于美国37.5%的占比。重人才引进数量，轻人才环境建设，各类人才计划层次多、交叉重复，但相关政策措施落实还不到位，与国际接轨的科研氛围、可持续的科研设施保障仍有待改善。

（三）产业链供应链自主可控仍面临挑战

近年来，我国产业链供应链韧性和安全水平得到提升，但中间品仍是短板，而且短板产品进口集中度偏高。我国产业链供应链韧性明显增强。我国是唯一拥有联合国产业分类中全部工业门类的国家，制造业增加值占全球比重约30%，制造业总体规模连续14年居世界首位，已经形成200多个成熟的产业集群，具有生产集中度高的优势。

2021年8月，麦肯锡全球研究院发布的报告指出，在180种全球主要贸易品中，70%的生产集中在我国。我国已成为全球140多个国家的主要贸易伙伴国。这有利于增强产业链供应链的自主可控能力，扩大回旋空间和对冲外部压力。产业链供应链的短板主要在中间品。我国作为处在下游的制造业大国，面临来自上游国家的技术封锁和关键零部件"断供"的风险。改革开放后，我国主要通过引进消化吸收再创新的方式，学习国外先进技术，并对其进行适应性改造和再创新，实现国外先进技术和装备的国产化，推动产业技术进步，迅速缩小了我国产业技术与国际先进水平的差距，在核电、水轮机、高铁、工程机械、通信设备等终端产品领域逐步形成国际竞争力，但关键零部件、元器件、基础材料、工业软件等中间品仍是短板，面临被"卡脖子"的风险。我国短板产品进口的集中度较高。

我国产业链整体上处于价值链中低端，在关键零部件、元器件、基础材料和高端装备的精度、稳定性、可靠性和使用寿命等方面与发达国家仍有较大差距，过去这部分产品主要依靠国际市场进口，但随着国际环境的变化，西方国家加强出口管制，我国产业链供应链面临的外部风险增大。如果将"只有少数发达经济体才能生产且中国进口量较大的中间品和资本品"确定为短板产品，并按一定标准①对进口商品目录中的中间品和资本品进行筛选，可以得到涵盖核心中间品和资本品的短板产品清单。从中可以看出，美国、德国和日本是我国短板产品的主要供给国，供给的集中度相对较高。

三、我国实现高水平科技自立自强的科技创新战略

面对外部环境的深刻复杂变化和我国进入新发展阶段的新使命，我国要想实现高水平科技自立自强，在战略上要从技术追赶转向努力构建局部领先优势，在路径上要从终端产品创新转向加强中间品创新，在政策上要从鼓励集成创新转向鼓励原始创新。

（一）在创新战略上，从技术追赶转向努力构建局部领先优势

过去在技术追赶阶段，我国科技进步的主要路径是引进消化吸收再创新，技术源头主要在海外，创新以终端产品集成创新为主，基础研究、核心技术、原始创新能力较为薄弱。面向未来，在创新战略上要从技术追赶转向努力构建局部领先优势。

构建局部领先优势是在国际科技竞争中赢得主动的战略选择。随着美国加大对我国的科技封锁和打压力度，我国已难以像过去那样依靠跟随追赶加快科技进步，必须增强自主创新能力，实现关键核心技术自主可控。在先进国家后面追赶，可以大幅降低技术路线选择的成本和风险，但这种模式只能缩小与国外先进技术的差距，难以实现对

---

① 筛选的标准是：该产品前五大供货方都为发达经济体；前五大供货方该产品的全球市场占有率超过 60%；该产品中国进口额超过 1 亿美元。

先进技术的超越。虽然我国现有科技水平还不具备对先进国家科技发展的系统性超越能力，而且在相当一个时期还难以构建全面领先优势，但随着我国科技水平不断提升，有能力有条件在部分有较好科技基础、符合未来发展方向、对国家发展和安全有战略意义的领域构建局部领先优势。在外部环境深刻变化的背景下，构建局部领先优势，不仅是形成非对称反制能力的重要条件，也是在国际科技竞争中赢得主动的战略选择。

构建局部领先优势要强化国家战略科技力量。发挥社会主义市场经济条件下新型举国体制优势，强化国家战略科技力量，是增强国家创新体系整体效能的重要途径。要整合国家科研机构、高水平研究型大学、科技领军企业的力量，以国家战略需求为导向，聚焦事关国家发展全局和产业链供应链自主可控的重大科技问题，建设跨学科、大协作、高强度的协同创新平台，在关键共性技术、基础前沿技术、原创引领技术领域多出重大科技成果，改变关键核心技术受制于人的局面。

构建局部领先优势要加强原创性引领性科技创新。构建局部领先优势，就不可能是国外先进技术的简单替代，而必须要有新的科学发现、新的技术路线、新的产业形态、新的商业模式，推动生产可能性边界实现新的拓展。要坚持目标导向和问题导向相结合，瞄准人工智能、量子信息、集成电路、先进制造、生命健康、脑科学、生物育种、空天科技、深地深海等前沿领域，前瞻部署一批战略性、储备性科技项目，推进项目协同和一体化部署，形成一批原创性引领性科技创新成果。

（二）在创新路径上，从终端产品创新转向加强中间品创新

我国部分终端产品已形成较强的国际竞争力，但承载关键核心技术的零部件、元器件、基础材料、基础软件等中间品对外依赖度仍然较高。因此，在创新路径上要强化中间品的科技创新，通过发挥企业的科技创新主体作用，与实施产业基础再造工程相结合，推动中间品创新取得新突破。

加强中间品创新是增强产业链和供应链自主可控能力的内在要求。我国产业链供应链的短板主要在于关键零部件、元器件、基础材料、基础软件等中间品。不同于终端产品的集成创新，中间品的科技含量高，产品迭代快，产业生态复杂，隐含更多的隐性知识，需要长期的技术积累，创新难度比终端产品更大更复杂。国际经验表明，各国越是具有国际竞争力的产业，对国外中间品进口依赖度越高。因此，加强中间品创新，并不是要对中间品进行进口替代和自给自足，而是要聚焦事关国家安全的关键领域，实现中间品的自主可控。

加强中间品创新要发挥企业的科技创新主体作用。中间品采购方是千千万万市场主体，其市场竞争力不仅在于技术领先性，还取决于商业可行性。这就要求强化创新过程的市场需求导向，发挥企业的创新主体作用，建立以企业为主体的中间品创新体系，健全以企业为主导的科研组织模式。发挥"链主"企业引领作用，推动产业链上中下游、大中小企业融通创新。支持龙头企业联合高等院校、科研院所和上下游企业共建创新联合体，促进创新资源共享和一体化配置，开展关键核心技术研发，推动中间品创新取得突破。

加强中间品创新要与实施产业基础再造工程相结合。产业基础再造工程聚焦基础零部件、基础元器件、基础材料、基础工艺、基础软件和产业技术基础等薄弱领域，旨在推进产业基础高级化，这既与中间品创新在领域上有重叠，也是中间品创新的产业基础能力支撑。加强中间品创新，要依托产业基础再造工程的组织体系，发挥企业特别是科技领军型企业"出题人""答题人""阅卷人"作用，支持企业根据产业发展需求和产业链供应链自主可控目标，提炼科技创新重大需求并参与重大科技攻关，鼓励企业使用自主创新产品并提出改善产品的意见，为自主创新产品工程化产业化应用创造良好环境。

（三）在创新政策上，要从鼓励集成创新转向鼓励原始创新

实现高水平科技自立自强，必须提升原始创新能力，在原始创新

上取得更多突破。因此，在创新政策上要从鼓励集成创新转向鼓励原始创新，加强基础研究和应用研究，加大科技创新人才培养力度，在更多领域跻身国际领先行列。

提升原始创新能力是实现高水平科技自立自强的关键。原始创新是具有突破性或颠覆性的新科学理论、新科学方法和新技术发明，通常会开辟新的科技领域和新的技术范式。无论是构筑局部领先优势，还是加强中间品创新，都需要提升原始创新能力，从源头和底层解决关键核心技术问题。只有提升原始创新能力，实现更多"从0到1"的突破，不断增强原始创新的策源功能，才能为实现高水平科技自立自强、建设科技强国夯实基础。

提升原始创新能力要加强基础研究。基础研究是科学发展的根基，是原始创新的源头活水。随着新科技革命背景下科学研究范式的深刻变革，基础研究转化周期明显缩短，国际科技竞争向基础前沿前移。基础研究要坚持自由探索和需求导向相结合，把握科技发展趋势和国家战略需求，优化基础研究支出结构，增加面向需求的支出，有组织推进战略导向的体系化基础研究、前沿导向的探索性基础研究、市场导向的应用性基础研究，提高基础研究对科技创新的支撑作用。鼓励社会各界以捐赠和建立基金会等方式多渠道增加投入，对企业基础研究投入实行税收优惠，形成持续稳定的投入机制。改进基础研究的评价机制，实行分类评价和分类管理，对自由探索的研究项目以同行评议为主，对满足国家战略需求的研究项目以目标评价为主。优化基础学科建设布局，推动学科交叉融合和跨学科研究，以基础研究的突破带动引领性原创成果、战略性技术产品的重大突破。

提升原始创新能力要加大高水平人才培养力度。提升原始创新能力，根本上要靠高水平人才。我国高水平领军人才特别是战略科学家仍然不足，迫切要求加强科技人才队伍建设，培养更多具有战略科学家潜质的高层次复合型人才，形成战略科学家成长梯队。强化研究型大学建设与国家战略目标、战略任务的对接，培养壮大高水平人才队伍。加快建立以创新价值、能力、贡献为导向的人才评价体系,让更多高水平人才在创新实践中脱颖而出,造就更多国际一流科技领军人才和一流创新团队。实行更加开放的人才政策,建设集聚国内外优秀人才的全球人才高地。

四、以科技创新引领现代化产业体系建设的路径

科技创新是建设现代化产业体系的战略支撑。2023年底召开的中央经济工作会议将"以科技创新引领现代化产业体系建设"列为2024年重点任务之首。发挥科技创新的引领作用,就要以科技创新为核心动力,推进现代化产业体系建设展开布局。

(一)以科技创新推动产业创新和培育新质生产力

科技创新是产业创新的核心要素,产业创新是科技创新转化为现实生产力的基本路径。产业强,科技创新必须强。以科技创新推动产业创新,要围绕事关产业发展全局和产业创新的重大需求部署科技创新,建设一批产业科技创新平台,布局一批中试和应用验证平台,集中优势资源推进重大战略性技术和产品取得突破,推进关键技术攻关、迭代应用、生态培育的体系化建设,为产业创新提供强大科技支撑。

新质生产力是由技术革命性突破、生产要素创新性配置、产业深度转型升级而催生的先进生产力,具有高科技、高效能、高质量特征,以全要素生产率大幅提升为核心标志。随着新一轮科技革命深入发展,颠覆性技术和前沿技术已成为产业变革的"加速器"和"助推器"。例如人工智能、量子计算、生物技术等催生了一系列前沿科技,拓展了新质生产力发展空间。因此,要前瞻性布局处于孕育孵化阶段的颠覆性、前沿性技术创新,不断在原始创新、基础研究、前沿技术探索上占领制高点,以颠覆性技术和前沿技术催生新产业、新模式、新动能,以新的科学发现、新的技术发明、新的技术组合和新的技术范式,塑

造更多依靠创新驱动、更多具有先发优势的产业形态，从而不断形成新质生产力。

（二）推进数字智能技术赋能产业发展

推动制造业数字化转型，加快新一代数字智能技术在制造业全行业全链条应用。加快中小企业数字化转型，开发推广符合中小企业需求、高性价比的数字化产品、服务和解决方案。实施人工智能创新工程，加快突破算力、算法、数据等底层技术，推进全行业全链条赋能应用。推动人工智能大模型在产业领域示范应用，在通用大模型基础上针对行业特点进行精准训练，开发行业性人工智能解决方案。深入实施智能制造工程，大力发展智能产品和智能制造装备，加快智能车间、智能工厂、智能供应链建设，推动装备、软件、网络等创新突破，完善智能制造标准体系，推进智能制造取得新突破。

（三）培育壮大战略性新兴产业

战略性新兴产业代表新一轮科技革命和产业变革的方向，是培育发展新动能、引领未来发展的关键领域。2022年，我国战略性新兴产业增加值占国内生产总值比重超过13%。未来一个时期，随着越来越多的前沿技术进入大规模产业化应用阶段，战略性新兴产业发展空间将进一步拓展。培育发展战略性新兴产业，要顺应新一轮科技革命和产业变革的新趋势，聚焦集成电路、第六代移动通信（6G）、智能联网汽车、新能源、新材料、高端装备、航空航天、生物医药等，加快关键核心技术创新应用，支持多技术路线探索和交叉融合，推进应用场景建设，促进战略性新兴产业集群化发展，营造上下游企业协同发展、高端要素集聚、产学研密切合作的产业业态，推动战略性新兴产业成为经济增长新引擎。

（四）开辟未来产业新赛道

未来产业是决定全球未来产业版图和各国产业竞争力消长的关键变量。当前，人工智能、量子科技、生命科学等正在孕育新的突破，要紧紧抓住新一轮科技革命的战略机遇，前瞻布局人形机器人、下一代互联网、量子信息、生物制造等一批未来产业。开辟新赛道意味着技术轨道将发生迁移，而不是在原有轨道上的延伸。未来产业的战略重要性、先发锁定性和长期探索性，决定了要将基础研究、原始创新和前沿探索作为开辟未来产业新赛道的优先项，充分发挥我国超大规模市场优势，以应用场景为牵引，鼓励多条技术路线并行探索、同台竞争，完善科技成果孵化支持，催生更多新产业、新模式、新业态，赢得未来产业的先发优势。

（五）加快传统产业转型升级

我国传统产业规模大、行业分布广，占规模以上工业增加值80%左右。加快传统产业转型升级，要顺应新一轮科技革命和产业变革的趋势，以数智化、绿色化为战略方向。加快钢铁、石化、建材、轻工、纺织等传统产业数字化转型、智能化改造，推进人工智能、大数据、云计算、区块链等新一代数字技术在研发设计、生产制造、营销网络、经营管理等全链条多元化应用，进而推动设备更新、工艺升级、数字赋能、管理创新。大力发展绿色制造，打造更多绿色车间、绿色工厂、绿色园区，加强环境、社会和治理（ESG）标准体系建设，构建绿色产品认证体系，推动传统产业绿色化转型升级。

（六）提升产业链供应链韧性和安全水平

当前，全球产业链供应链加速调整重构。美国等西方国家以"去风险化"为名推行产业回流、近岸外包、友岸外包，行"去中国化"之实。我国制造业总体规模连续14年居世界首位，制造业增加值占全球比重稳定在30%左右，制造业竞争力、创新力、抗风险能力明显提升，但仍存在"大而不强、宽而不深、全而不精"问题，仍处于由大变强、爬坡过坎的重要关口。制造业关联性强、价值链长、带动力大，对增强产业链供应链韧性和安全水平具有全局性影响。要瞄准制造业产业链薄弱环节，发挥新型举国体制优势，多措并举强链、补链、延链。发挥科技创新在提升产业链供应链韧性和安全水平的关键作用，推动工艺创新、流程创新、产品创新，促进制造业高端化、智能化、绿色化。加强标准体系建设，通过技术创新与标准研制相结合，以更高标准引领产品质量提升，推动制造业迈向全球价值链中高端。

（七）推动"科技、产业、金融"良性循环

我国以间接融资为主的金融体系与科技创新的资金需求不完全匹配。科技创新风险大而金融机构追求稳定收益；科技企业需要"长钱"而金融机构倾向于提供"短钱"；科技型中小企业需要"小钱"而金融机构习惯于给"大钱"；科技企业"重研发、轻资产"而金融机构倾向于提供抵押融资。推动"科技、产业、金融"良性循环，旨在突破创新链、产业链、资金链深度融合的堵点和断点，促进科技同产业对接、资金同需求对接，为科技创新和科技成果转化营造良好生态。要深化金融供给侧结构性改革，优化融资结构，鼓励发展创业投资、股权投资和天使投资基金，满足处于不同生命周期科技企业的资金需求，支持长期资本、耐心资本、战略资本更多地投向科技创新，积极探索信贷融资支持科技创新的新模式，拓展商业银行参与股权投资支持科技创新的空间，提高金融支持科技创新的力度、广度和精度，形成全方位、多层次科技金融服务体系。

健全宏观经济治理体系是进一步全面深化改革的重要任务

——学习党的二十届三中全会精神的体会

刘 伟①

一、健全宏观经济治理体系是新时代改革发展理论与实践探索的重要创新

中国特色社会主义经济发展创造了举世瞩目的奇迹，特别是在党的十八大以来，取得了一系列历史性成就。其中，重要的体现在于面对国际金融危机和世纪疫情等严重冲击时，中国宏观经济表现出强劲的韧性和稳健性，有效对冲了经济周期性和波动性，取得如此成就的重要原因就在于宏观经济治理体系的有效性。

我国的"宏观经济治理"不同于西方经济学的"宏观经济调控"，它是基于我国实践的创造。在2020年5月，《中共中央 国务院关于新时代加快加快完善社会主义市场经济体制的意见》中创造性地提出"宏观经济治理"概念，要求通过深化改革完善宏观经济治理体制。随后，"十四五"规划纲要中首次提出并运用"宏观经济治理体系"范畴，党的二十大报告明确要求健全宏观经济治理体系，党的二十届三中全会则对未来五年如何健全宏观经济治理体系作出进一步部署。"宏观经

---

① 刘伟，中国人民大学原校长，教授。

济治理体系"是一个与西方"宏观经济调控政策"不同的范畴，是作为我国改革总目标的国家治理体系和治理能力现代化的重要内容，也是构建高水平社会主义市场经济体制不可或缺的有机组成部分。

第一，在体系构成上，"宏观经济治理体系"不仅包括一系列宏观经济政策，而且包含系统的宏观经济体制机制。特别是在进一步全面深化改革的进程中，伴随我国社会主义基本经济制度的不断完善和巩固，以及高水平社会主义市场经济体制的加快构建，宏观经济体制机制本身也在不断发生系统性变革。这种宏观经济体制机制的变化，不仅对宏观经济政策效应产生深刻影响，而且对经济发展的可持续性和经济增长的均衡性产生积极影响。或者说，在我国宏观经济治理体系的结构中，体制机制变化本身成为重要的影响宏观经济运行的因素。因而宏观经济治理的调控手段不仅包括宏观经济政策工具，而且包括经济体制改革的力量，特别是包含一系列深化改革的政策。无论是在短期增长，还是在长期发展上，无论是在量的扩张，还是在质的提升上，改革政策的宏观经济效应都非常显著。党的二十届三中全会关于健全宏观经济治理体系的部署，便是突出经济改革牵引作用，进一步强调健全宏观经济治理体系的重要性，明确其受国情规定的特殊性，彰显其推动经济发展的先进性。

第二，在政策结构上，"宏观经济治理体系"不仅包括一般意义上的货币政策、财政政策等总量政策，而且包括一系列结构性政策。西方主流宏观经济理论和实践通常强调，甚至只承认总量经济政策的客观必要性，对结构性政策是否应当列为政府从宏观上干预经济的政策手段普遍持怀疑态度并存在深刻分歧，一般不作为宏观经济政策工具。结构问题，尤其是产业结构演进、区域经济结构协调等更被认为市场可以解决，并且应当主要通过市场竞争直接处理。我国的宏观经济治理体系则不然，我国宏观经济政策手段不仅包括财政、货币等总量政策，而且包括产业政策（主要是产业结构政策和产业组织政策）、区域政策（主要是区域重大战略和区域协调发展政策）、就业政策（主要是总量上失业率的控制政策和缓解结构性失业政策）、价格政策（主要是物价总水平即通货膨胀及通货紧缩的控制和相对物价水平调整的结构性政策）等，从而使政府对宏观经济治理的有效性、系统性进一步提升，宏观调控的能力进一步增强，对国民经济的影响也更为深刻。

第三，在政策目标上，"宏观经济治理体系"不仅要求明确不同经济政策的具体政策目标，而且注重各项经济政策目标和力度的协调。一方面，强调国家总体经济发展目标和重大发展战略规划的引领作用。促进各方面经济政策协同发力，促使各方面经济政策目标与国家总体经济发展目标相互统一，以国家发展规划和重大战略的实施作为各方面经济政策相互协同的轴心，以五年规划和中国式现代化进程的阶段性目标等作为各方面经济政策的目标导向，这是我国宏观经济治理政策目标及作用方面的突出特点。另一方面，强调宏观经济政策力度的"松紧搭配"。在明确宏观经济政策目标并突出重点的基础上，在明确宏观经济政策方向并抓住主要矛盾的前提下，合理地组合各方面宏观经济政策，特别是财政政策与货币政策、财政收入与财政支出政策、货币数量与货币价格政策等相互间的作用强度；合理地协调逆周期调节和跨周期调节，根据经济周期波动的特点和规律组合逆周期与跨周期政策，使短期宏观调控与长期宏观调控的成本得以有效降低、效率得以持续提升；合理地协调资源配置增量和存量政策，促进以增量的合理增长为存量调整创造更为宽松的宏观经济环境，以存量的深入改革为经济均衡增长提供更为深厚的发展基础；合理地协调国内宏观经济政策与国际宏观经济政策，促进以高水平制度型开放推进高质量发展，推动加快形成国内国际双循环相互促进的新发展格局，进而实现经济发展质的有效提升和量的合理增长。

第四，在调控方式上，"宏观经济治理体系"不仅能够实施需求侧管理，而且能够有效实施供给侧调控。西方宏观经济调控虽然也提出过"供给革命"，但受其主流理论和基本制度的限制，在实践上"供给革命"政策难以奏效。我国宏观经济治理在方式上，一方面，强调根据引致宏观经济失衡的主要矛盾及矛盾主要方面的变化，适时调整宏观经济治理的重点和方向，及时从强调以总需求调控为重点，进而有效控制需求膨胀导致的通货膨胀或需求疲软形成的经济下行，向以深化供给侧结构性改革为重点的宏观调控战略方向转变。另一方面，强调面对国内国际多种风险叠加形成的供给和需求双重冲击，统筹扩大内需与深化供给侧结构性改革，推动以需求牵引供给、以供给创造需求的供求双向协同发力良性互动的宏观经济格局的形成。之所以有形成这种格局的可能，是因为我国宏观经济治理体系的优势，而宏观经济治理体系的优势又建立在社会主义基本经济制度和与之相适应的社会主义市场经济体制基础之上。

二、健全宏观经济治理体系蕴含着深刻地对经济体制改革的要求

提升宏观经济治理体系和治理能力现代化水平是进一步全面深化改革总目标的重要方面，是经济高质量发展的客观要求。而要实现这一点，需要相应的体制机制条件，首先需要进行宏观经济治理制度体系方面的改革。《决定》注重发挥经济体制改革的牵引作用，明确深化经济体制改革仍是进一步全面深化改革的重点，主要任务是完善有利于推动高质量发展的体制机制，构建高水平社会主义市场经济体制。在这一过程中，如何处理好政府与市场的关系是核心问题。实践表明，这也是实现资源有效配置体制机制上面临的关键难题。党的十八大以来，在不断深化社会主义市场经济理论与实践的探索中，我们党对于这一核心问题和关键难题的探索取得突破性进展。党的十八届三中全会明确提出，"经济体制改革是全面深化改革的重点，核心问题是处理好政府和市场的关系，使市场在资源配置中起决定性作用和更好发挥

政府作用"①，从而使我们党对于政府与市场相互关系的认识在新时代得以发展、创新。党的十九大报告将"市场机制有效、微观主体有活力、宏观调控有度"作为构建现代化经济体系的重要组成部分②，使我们党关于处理好政府与市场关系的认识更为明确、具体。党的二十大报告将"充分发挥市场在资源配置中的决定性作用，更好发挥政府作用"作为构建高水平社会主义市场经济体制的重要内容③，使我们党对于政府与市场关系的认识更为系统、深化。党的二十届三中全会贯彻落实党的二十大精神，重点部署未来五年重大改革举措，将构建高水平社会主义市场经济体制摆在突出位置，对经济体制改革重点领域和关键环节作出部署。其中，"健全宏观经济治理体系"是重要的内容。

之所以说处理好政府与市场关系是核心问题，是因为一方面，从经济发展历史看，市场经济体制是配置资源最为有效的体制，但要实现市场经济体制下资源配置的有效性，需要创造一系列条件，主要是竞争的公平性和充分性，进而形成价格信号的真实性和对企业引导及约束的敏锐性及有效性。问题在于，充分竞争的市场经济体制所需要的条件，在现实中往往由于多种原因难以真正达到，进而会形成多方面的市场失灵，这就需要政府积极干预和治理。另一方面，从经济思想演变史看，在不同经济理论演变过程中，长期争论的基本问题中重要的便是资源配置过程中政府与市场关系问题，以及为适应政府与市场相互关系矛盾运动要求，在制度和体制选择上的分歧。这种分歧涉及经济哲学取向、经济学逻辑和结构、经济学假说和基本观点、经济政策设计和倾向等方面。在现实经济中，要处理好政府与市场的关系，

---

① 《中共中央关于全面深化改革若干重大问题的决定》，《人民日报》2013年11月6日。
② 习近平：《决胜全面建成小康社会 夺取新时代中国特色社会主义伟大胜利——在中国共产党第十九次全国代表大会上的报告》，《人民日报》2017年10月28日。
③ 习近平：《高举中国特色社会主义伟大旗帜 为全面建设社会主义现代化国家而团结奋斗——在中国共产党第二十次全国代表大会上的报告》，《人民日报》2022年10月26日。

还需要以相应的基本经济制度为基础。我国社会主义基本经济制度为处理好资源配置上的政府与市场关系提供了更为充分的制度可能。问题在于，怎样通过进一步全面深化改革，构建高水平社会主义市场经济体制，使这种制度可能真正转化为治理效能。因此，《决定》在紧紧围绕推进中国式现代化部署进一步全面深化改革时，特别提出要"聚焦构建高水平社会主义市场经济体制，充分发挥市场在资源配置中的决定性作用，更好发挥政府作用，坚持和完善社会主义基本经济制度"，要求"必须更好发挥市场机制作用，创造更加公平、更有活力的市场环境，实现资源配置效率最优和效益最大化。既'放得活'又'管得住'，更好维护市场秩序、弥补市场失灵，畅通国民经济循环，激发全社会内在动力和创新活力"①。实际上，这就把健全宏观经济治理体系统一于构建高水平社会主义市场经济体制中，作为其不可或缺的内容，成为进一步全面深化改革的重要任务。

健全宏观经济治理体系，首先需要以构建高水平的市场经济体制作为基础。市场经济体制水平越高、秩序质量越好，宏观经济治理才能基础越牢、效能越高。构建高水平社会主义市场经济体制的主要任务，正如《决定》所强调的：一是坚持和落实"两个毫不动摇"，完善中国特色现代企业制度。一方面，深化国资国企改革，完善管理监督体制机制；推进国有经济布局优化和结构调整，推动国有资本向关系国家安全、国民经济命脉的重要行业和关键领域集中，向关系国计民生的公共服务、应急能力、公益性领域集中，向前瞻性、战略性新兴产业集中；进一步明晰不同类型国有企业功能定位，增强核心功能，提升核心竞争力；同时，推进能源、铁路、电信、水利、公用事业等行业自然垄断环节和独立自然垄断环节独立运营和竞争性环节市场化改革。另一方面，坚持致力于为非公有制经济发展营造良好环境和提

---

① 《中共中央关于进一步全面深化改革 推进中国式现代化的决定》，《人民日报》2024年7月22日。

供更多机会的方针政策；保证各种所有制经济依法平等使用生产要素，公平参与市场竞争，同等受到法律保护；深入破除市场准入壁垒，推进基础设施竞争性领域国家重大项目建设、国家重大技术攻关项目和重大科研基础设施等向民营企业公平开放；完善民营企业融资支持政策和制度，健全民营中小企业增信制度；规范涉民营企业行政检查；同时支持引导民营企业完善治理结构和管理制度。总之，加快完善中国特色现代企业制度，为构建高水平社会主义市场经济体制奠定竞争主体（企业）制度基础。市场经济体制的水平高低首先取决于市场经济中竞争主体（企业）水平高低。二是构建全国统一大市场。在市场竞争的统一性上，推动制度规则统一、监管公平统一、设施高标准联通；加强公平竞争刚性约束，消除妨碍全国统一市场和公平竞争的各种规定和做法；规范地方政府招商引资法规制度，建立健全统一规范、信息共享的公共资源交易平台体系；建立国家标准体系，深化地方标准管理制度改革等。在市场体系建设上，完善要素市场制度和规则，推动生产要素畅通流通、各类资源高效配置；完善主要由市场供求关系决定要素价格机制，健全劳动、资本、土地、知识、技术、管理、数据等生产要素由市场评价贡献、按贡献决定报酬的机制，进一步推进重要领域的价格改革和定价机制改革等。在内需体系的培育上，健全政府投资有效带动社会投资的体制机制；在建立政府投资支持基础性、公益性、长远性重大项目建设长效机制基础上，完善激发和促进社会投资的长效机制，形成市场主导的有效投资内在增长机制；同时，完善扩大消费长效机制等。总之，需要加快培育公平竞争秩序，构建规范统一市场体系，市场竞争是否体现公平性、充分性，是否具有统一性、规范性是决定市场经济体制水平和质量的关键因素。三是完善市场经济基础制度。主要包括完善市场准入制度和企业退出制度；完善产权制度、信息披露制度，强化市场经济的法治约束；健全社会信用体系和监管制度，强化市场经济的诚信约束制度。

从上述构建高水平社会主义市场经济体制的主要任务看，一方面，无论哪项任务，所涉及的核心问题都与政府和市场的关系如何处理直接相关，构建高水平社会主义市场经济体制要求科学的宏观调控和有效的政府治理；另一方面，宏观经济治理体系和治理能力的现代化需要以高水平社会主义市场经济体制为保障，高水平的市场经济体制与有效的宏观经济治理是有深刻联系的有机整体。

处理好政府和市场的关系，就宏观经济治理本身而言，重要的出发点和着眼点在于弥补市场失灵，维护市场秩序，提升市场竞争有效性，实现资源配置效率最优化和效益最大化。

在资源配置和国民经济运行中，政府的作用主要是宏观意义上的间接调控，实现科学的宏观调控和有效的政府治理，在筑牢高水平社会主义市场经济体制基础的同时，需要加快完善宏观经济调控体系，相应地需要推进宏观经济治理制度改革。党的二十届三中全会就健全宏观经济治理体系明确强调了主要改革任务：一是完善国家战略规划体系和政策统筹协调机制。要求构建国家战略制定和实施机制，健全国家经济社会发展规划制度体系，发挥国家发展规划战略导向作用；围绕实施国家发展规划、重大战略，促进财政、货币、产业、价格、就业等政策协同发力，增强国家战略宏观引导、统筹协调功能；探索实行国家宏观资产负债表管理；健全预期管理机制；健全支撑高质量发展的统计指标核算体系；健全国际宏观政策协调机制。二是深化财税体制改革。健全预算制度，加强财政资源和预算统筹；完善国有资本经营预算和绩效评价制度；健全有利于高质量发展、社会公平、市场统一的税收制度，优化税制结构；建立权责清晰、财力协调、区域均衡的中央和地方财政关系。三是深化金融体制改革。加快完善中央银行制度，畅通货币政策传导机制；完善金融机构定位和治理，健全服务实体经济的激励约束机制；发展多元股权融资，提高直接融资比重；优化国有金融资本管理体制；健全投资和融资相协调的资本市场功能；完善金融监管体系，依法将所有金融活动纳入监管，筑牢有效防控系统性风险和金融稳定保障体系；推动金融高水平开放，推进人民币国际化，推进自主可控的跨境支付体系建设，积极参与国际金融治理；等等。四是完善实施区域协调发展战略机制。构建优势互补的区域经济布局和国土空间体系，健全主体功能区制度体系，强化国土空间优化发展保障机制；完善区域一体化发展机制，构建跨行政区合作发展新机制；等等。

在进一步全面深化改革进程中，加快构建高水平社会主义市场经济体制，在此基础上，健全宏观经济治理体系，完善宏观经济治理制度，为破除高质量发展的体制机制障碍、推动经济实现高质量发展提供重要制度保障。从而切实发挥社会主义市场经济的优势，实现以中国式现代化推进强国建设的目标，使中国特色社会主义制度更为完善、更加巩固，真正开创人类文明新形态。

三、健全宏观经济治理体系是发挥社会主义市场经济优势的内在要求

"宏观经济治理"是源于中国特色社会主义经济发展实践的创造，社会主义基本经济制度为科学的宏观调控、有效的政府治理提供了坚实的制度基础。健全宏观经济治理体系是构建高水平社会主义市场经济体制的内在要求，高水平社会主义市场经济体制是中国式现代化的重要保障。在资源配置上，市场起决定性作用、更好发挥政府作用的体制机制需要不断完善，通过进一步全面深化改革，特别是以经济体制改革为牵引，聚焦高水平社会主义市场经济体制，进而深化宏观经济治理体制机制改革，提高宏观经济治理体系的能力和现代化水平，目的在于以推进经济高质量发展，推动中国式现代化目标达成。

一是实现经济质的有效提升和量的合理增长，要求必须健全宏观经济治理体系，提升宏观调控的科学性。高质量发展是质和量的统一，从经济增长量的要求上看，到 2035 年我国基本实现现代化，其中重要的经济发展水平指标，是人均 GDP 水平要达到当代中等发达国家

水平。为此，到 2035 年，GDP 总量按 2020 年不变价格要翻一番，即从 2021 年至 2035 年的 15 年里（中国式现代化新征程"两步走"中的第一步），平均年增长率要达 4.8% 以上；到 2050 年前后，GDP 总量按不变价格（2020 年价格）要增长近两倍，从 2021 年到 2050 年的 30 年里，年均 GDP 增长率要达 4.6% 左右。但按现有既定的经济结构和增长方式，若不发生深刻变化，依其自然发展，无论是第一步的 15 年里潜在年均增长率（自然增长率）还是 21 世纪中叶第二步目标达成的 30 年里的年均经济增长率都难以满足。因此，必须进一步全面深化改革，提高创新力，以新发展理念引领改革，特别是加快培育新质生产力，实现全要素生产率大幅提升，推动产业创新和结构升级，才可能在经济发展约束条件发生系统性深刻变化的过程中，有效实现经济发展的目标。要实现经济质的有效提升和量的合理增长，需要大力提升宏观经济治理现代化水平。一方面，在宏观调控政策上不断提高科学性。适应市场经济周期性变化和宏观经济失衡的特点变化，切实通过逆周期调节，淡化周期波动性，通过跨周期调节，切实降低宏观经济调控长期成本。通过政策统筹协调，切实使宏观经济政策与其他经济政策、经济政策与非经济政策、宏观经济政策中的财政政策与货币政策、财政收入与财政支出政策、货币数量与货币价格政策等能够形成方向上的一致性。促进宏观经济趋向于均衡，宏观经济目标，特别是增长、物价、就业和国际收支等基本指标如期达成。这就要求在经济体制机制上，特别是财税体制和金融体制等方面不断深化改革。正如党的二十届三中全会《决定》所强调的："统筹推进财税、金融等重点领域改革，增强宏观政策取向一致性"。另一方面，在宏观治理方式上不断提高有效性。适应总供给与总需求矛盾变化以及矛盾主要方面的演变，统筹扩大内需与深化供给侧结构性改革，在对冲需求冲击，稳定经济增长，淡化经济周期，推动宏观经济主要指标稳健达成的同时，对冲供给侧冲击，注重培育新动能，优化升级产业结构，逐渐提升国民经济发展质态，切实加速推进经济高质量转变。坚持"稳中求进"

这一宏观经济治理的重要原则，使经济总量增长与结构升级，需求侧调控和管理与供给侧结构性改革，短期均衡目标与长期发展目标等多方面切实实现有机统一。因此，党的二十届三中全会《决定》要求，一方面必须完善宏观经济治理制度体系，另一方面必须健全推动经济高质量发展体制机制。

二是实现经济发展和社会进步相统一的现代化进程，要求必须健全宏观经济治理体系，提升宏观经济治理能力现代化水平。首先，中国式现代化具有丰富的内涵和鲜明的特征，目标是要建成富强、民主、文明、和谐、美丽的社会主义现代化强国；进一步全面深化改革在指导思想上重要的要求在于统筹推进"五位一体"总体布局，协调推进"四个全面"战略布局，并非单纯地实现经济发展目标。因此，必须在实现经济发展基础上切实促进社会各方面的现代化，在坚持高质量发展是新时代硬道理的同时，切实推动社会文明的进步，在以经济体制改革为牵引并聚焦构建高水平社会主义市场经济体制过程中全面深化改革，形成经济增长和社会发展相互协调的良性互动。这就特别要求在宏观经济治理体系和能力上适应中国式现代化发展要求，推动统筹协调与重点突破间的有机统一。正如党的二十届三中全会《决定》所指出的："以经济体制改革为牵引，以促进社会公平正义、增进人民福祉为出发点和落脚点，更加注重系统集成，更加注重突出重点，更加注重改革实效，推动生产关系和生产力，上层建筑和经济基础，国家治理和社会发展更好相适应。"努力缓解经济发展与社会各方面现代化进程不协调，甚至严重脱节的深刻矛盾。其次，我国作为世界上最大的发展中国家，中国式现代化进入不可逆转的历史进程，无论是对于世界还是对于我国而言，都是前所未有的历史性变化，其中面临的矛盾和挑战也必然是空前的。一方面，就我国自身而言，伴随社会主要矛盾的变化，在经济、政治、社会、文化、生态环境等各方面都会相应地形成一系列新的矛盾。另一方面，就世界格局演变而言，百年未有之大变局，必然使我国发展面临的外部环境不确定性明显上升，特别是一系列结构性矛盾会更为尖锐。这就要求宏观经济治理和宏观调控不仅要有效处理总量失衡矛盾，更要深入处理结构性失衡矛盾，尤其要注重缓解产业之间、城乡之间、区域之间发展的不平衡、不协调；缓解失业与空位并存的就业结构性矛盾；过密与过疏并存的人口分布矛盾；财产存量和收入增量上差距扩大的分配结构失衡等。要求宏观经济治理更为有机地融入国家治理体系，提升治理能力和有效处理各种矛盾的现代化水平。党的二十届三中全会提出的进一步全面深化改革的原则之一，是"坚持系统观念，处理好经济和社会、政府和市场、效率和公平、活力和秩序、发展和安全等重大关系，增强改革系统性、整体性、协同性"。对于健全宏观经济治理制度体系而言，坚持这一原则，具有极为重要的意义。

三是实现经济发展、竞争力提升、弥补市场失灵，要求必须健全宏观经济治理体系，提升宏观经济治理制度的有效性。市场经济体制在资源配置上具有竞争性效率，但也具有多方面的局限，除去在经济增长方面存在的价格刚性（粘性）导致的市场失灵等现象外，在长期发展中的局限性更为突出。这就特别需要构建有效的宏观经济治理制度体系，以在体制机制上为实现长期发展的有效性和可持续性提供相应的制度条件。首先，对于我国这样一个发展中国家而言，实现中国式现代化，必须以教育科技人才作为基础性、战略性支撑，切实遵循科技是第一生产力，创新是第一动力，人才是第一资源的经济社会发展客观规律。正如党的二十届三中全会《决定》强调的："必须深入实施科教兴国战略、人才强国战略、创新驱动发展战略，统筹推进教育科技人才体制机制一体改革，健全新型举国体制，提升国家创新体系整体效能。"对于发展中国家来说，由于市场经济体制本身的不完善，市场竞争主体本身竞争力普遍不强等各方面发展性和体制性原因，特别是在与发达经济体差距显著的条件下，依靠市场力量本身难以实现科技和产业创新能力的大幅上升和全面超越，需要更好地把市场与政府统一起来，形成更为强大的竞争力。一方面，在发展意义上，需要从国家发展战略的高度，明确改造提升传统产业，培育发展新兴产业，布局引领未来产业等方面的目标和政策，从顶层设计上贯通教育科技人才机制。需要从全球竞争的角度明确国家科技发展战略和政策，从人才资源上形成战略科学家、杰出工程师、领军企业家以及一流产业技工之间的合力。为此必须健全宏观经济治理体系，进而在资源配置和创新激励等多方面提供经济体制机制上的保障。另一方面，在改革意义上，需要推进健全宏观经济治理体系、构建高水平社会主义市场经济体制。健全宏观经济治理体系是构建高水平社会主义市场经济体制的内在要求，高水平社会主义市场经济体制则是构建支持全面创新体制机制的重要制度基础。通过构建高水平社会主义市场经济体制，完善市场竞争秩序，提高经济发展的市场竞争力，特别是造就大批世界一流的企业，提升市场力量的创新能力。在这一过程中宏观经济治理制度体系的健全和完善，以及相应的法治制度和信用制度的健全和完善，具有极为重要的意义。其次，对于适应长期可持续发展需要而言，现实中的市场经济体制往往难以满足理论上实现充分有效资源配置的条件。由于信息的不对称，产权制度的不完备等多种原因，在长期经济发展中，市场经济体制客观上存在不确定性及局限性，其中较为显著的是在处理经济发展与生态环境相互关系上的局限。人类经济发展已经形成巨额生态赤字。中国式现代化的重要特征之一，在于人与自然的和谐共生。党的二十届三中全会《决定》关于进一步全面深化改革总目标的要求之一，是聚焦建设美丽中国，加快经济社会发展，全面绿色转型，健全生态环境治理体系。但生态环境治理目标单纯依靠市场经济体制本身难以奏效，主要原因在于生态环境领域存在严重的外部性。因此需要超越市场，在全国范围内甚至全球范围内达成共识，协调治理。因而宏观经济治理甚至国际宏观经济治理体系的构建极为重要。党的二十届三中全会《决定》提出的重要改革任务之一，是要求深化生态文明体制改革，强调完善包括生态环境管理制度监测和评估制度，国土空间管制和许可制度，自然资源产权制度和管理制度，国家生态安全协调机制等在内的生态文明基础体制；健全包括责任体系、监管体系、市场体系、法律法规政策体系等在内的生态环境治理体系；健全包括支持绿色发展的财税、金融、投资价格政策和标准体系；发展绿色低碳产业，健全绿色消费激励机制，促进绿色低碳循环发展经济体系建设等在内的绿色低碳发展机制。而深化生态文明体制改革，推进相关体制机制健全和完善，需要以构建高水平社会主义市场经济体制为基础，以健全宏观经济治理体系为条件。事实上，我国在经济长期强劲增长、工业化和城镇化加速的发展时期，实现"双碳"目标面临的挑战极为尖锐，迫切需要贯彻新发展理念，加快构建新发展格局，形成现代化经济体系。实现经济高质量发展，需要在体制机制上保障市场在资源配置上发挥决定性作用，更好发挥政府作用，切实把社会主义市场经济体制的优势转变为治理效能。

关于加快发展新质生产力若干重大问题的思考

张占斌[①]

2023年7月以来,习近平总书记多次提及"新质生产力"。2024年1月,他在一次重要讲话中强调:"发展新质生产力是推动高质量发展的内在要求和重要着力点,必须继续做好创新这篇大文章,推动新质生产力加快发展[②]。"新质生产力的提出,界定了新时代新一轮经济发展的决定力量,指明了下一阶段中国经济高质量发展的突破方向。那么,新质生产力提出的背景是什么?新质生产力的科学内涵是什么?它的理论创新和战略意义体现在哪些方面?它的实践路径是什么?我们应如何调整生产关系,不断提升新质生产力,进一步促进经济高质量发展?针对这些问题,本文试加探讨。

一、新质生产力的科学内涵和理论创新意义

2023年7月以来,习近平总书记在四川、黑龙江、浙江、广西等地考察调研时提出,要整合科技创新资源,引领发展战略性新兴产业和未来产业,加快形成新质生产力。2023年12月,在中央经济工作

---

① 张占斌,第十三届全国政协委员,中共中央党校(国家行政学院)一级教授,中国式现代化研究中心主任、教授、博士生导师。
② 习近平:《加快发展新质生产力扎实推进高质量发展》,《人民日报》2024年2月2日。

会议上，习近平总书记又提出"要以科技创新推动产业创新，特别是以颠覆性技术和前沿技术催生新产业、新模式、新动能，发展新质生产力"①。2024 年以来，习近平总书记在二十届中央政治局第十一次集体学习和第十二次集体学习中都提到了加快发展新质生产力的问题。特别是在 2024 年的"两会"上，他参加江苏省代表团审议时，围绕加快发展新质生产力，又作出了重要指示。李强总理所作《政府工作报告》列出的十项政府工作任务的第一项，就是大力推进现代化产业体系建设，加快发展新质生产力。所有这些都引起全社会的热议。通过媒体的采访和报道，"新质生产力"这个概念在全国成为一个热词，受到广泛关注和讨论。

什么是新质生产力，其科学内涵是什么，我们需要对此进行认真讨论。应当说生产力和生产关系问题是马克思主义理论中的一个基础问题，也是一个核心问题，以往学术界围绕生产力和生产关系问题做过许多深入细致的研究。习近平总书记之所以提出新质生产力这个概念和发展新质生产力的重大任务，主要是因为他坚持生产力是人类社会发展的根本动力，也是一切社会变迁和政治变革的终极原因的马克思主义原理，并将这一原理创新地发展和运用于中国特色社会主义的伟大实践。他强调："高质量发展需要新的生产力理论来指导，而新质生产力已经在实践中形成并展示出对高质量发展的强劲推动力、支撑力，需要我们从理论上进行总结、概括，用以指导新的发展实践。"他对新质生产力进行了概括，认为"新质生产力是创新起主导作用，摆脱传统经济增长方式、生产力发展路径，具有高科技、高效能、高质量特征，符合新发展理念的先进生产力质态。它由技术革命性突破、生产要素创新性配置、产业深度转型升级而催生，以劳动者、劳动资料、劳动对象及其优化组合的跃升为基本内涵，以全要素生产率大幅

---

① 《中央经济工作会议在北京举行 习近平发表重要讲话》，《人民日报》2023 年 12 月 13 日。

提升为核心标志，特点是创新，关键在质优，本质是先进生产力"①。

在马克思主义政治经济学理论中，生产力理论的提出是马克思历史唯物主义思想确立的重要标志。马克思主义认为生产力是人类对自然的改造和征服能力，它构成了人类社会和历史发展的根基，是推动人类文明进步的根本动力，也是人类社会不断发展的动力源泉。马克思指出："生产力，即生产能力及其要素的发展。"在马克思看来，"生产力的这种发展，最终总是归结为发挥作用的劳动的社会性质，归结为社会内部的分工，归结为脑力劳动特别是自然科学的发展"②。马克思主义认为科学技术是生产力的一部分，生产力中包含着科学成果，科学技术是提高生产力和推动社会发展的强大动力。从毛泽东到邓小平再到习近平总书记，中国共产党的领导人都对生产力高度重视。在社会主义革命和建设时期，毛泽东就指出："科学技术这一仗，一定要打，而且必须打好。"③"资本主义各国，苏联，都是靠采用最先进的技术，来赶上最先进的国家，我国也要这样。"④他还说："不搞科学技术，生产力无法提高。"⑤改革开放新时期，邓小平指出："科学技术是生产力，这是马克思主义历来的观点。"⑥"马克思说过，科学技术是生产力，事实证明这话讲得很对。依我看，科学技术是第一生产力。"⑦中国特色社会主义进入新时代后，习近平总书记提出新质生产力的概念，认为新质生产力对创新起主导作用，具有高科技、高效能、高质

---

① 习近平：《加快发展新质生产力 扎实推进高质量发展》，《人民日报》2024年2月2日。

② 马克思、恩格斯：《马克思恩格斯文集（第7卷）》，人民出版社，2009。

③ 中共中央文献研究室编《毛泽东年谱（1949—1976）：第5卷》，中央文献出版社，2013，第294页。

④ 中共中央文献研究室编《毛泽东年谱（1949—1976）：第4卷》，中央文献出版社，2013，第260页。

⑤ 中共中央文献研究室编《毛泽东年谱（1949—1976）：第5卷》，中央文献出版社，2013，第295页。

⑥ 中共中央文献研究院编《邓小平文选：第2卷》，人民出版社，1994，第87页。

⑦ 中共中央文献研究院编《邓小平文选：第3卷》，人民出版社，1993，第274页。

量特征，是符合新发展理念的先进生产力质态。这些重要的思想继承了马克思主义政治经济学理论，同时也大大推进和创新了马克思主义政治经济学理论。习近平总书记关于新质生产力的重要论述是习近平经济思想的进一步发展。

新质生产力的理论创新意义体现在以下几个方面：一是拓展了马克思主义政治经济学的研究对象。政治经济学的研究对象是马克思主义政治经济学区别于其他政治经济学理论的标志，也是马克思主义政治经济学最基础的问题。马克思将生产方式视为政治经济学研究的核心问题。新质生产力拓展了马克思主义政治经济学的研究对象，开辟了马克思主义政治经济学理论新视域。二是丰富了马克思主义政治经济学的生产力理论。新质生产力概念的提出，深化了马克思主义政治经济学理论对生产力范畴的理解，体现了对生产力结构要素的新认识，进一步突出了科学技术对于生产力的重要意义，明确界定了新质生产力等于绿色生产力，拓展和深化了生产力概念的内涵和外延。三是深化了马克思主义政治经济学的生产关系理论。马克思主义认为，生产力与生产关系的矛盾运动构成了社会基本矛盾的运动。强调与新质生产力发展要求相适应的新型生产关系，突出深化经济体制、科技体制等方面改革与新的生产关系的本质关联，极大拓展了我们对生产关系的认识，要求我们在实践中基于教育、科技、人才的良性循环深刻把握一系列生产关系之间的本质关联。四是发展了马克思主义政治经济学关于物质生产历史作用的认识。生产力的尺度是马克思主义政治经济学考察经济社会发展的基本依据，也是衡量现代化水平的根本尺度。新质生产力理念为解决当前世界面临的重大经济问题提供了新的思路，为马克思主义政治经济学的创新发展提供了新的途径和方向。

二、提出新质生产力的现实背景和战略布局意义

中国特色社会主义进入新时代以来，以习近平同志为核心的党中

央在推进中国式现代化的历史进程中,敏锐地把握住了"两局"和"两新",作出了关于世界百年未有之大变局和中华民族伟大复兴战略全局的重要判断,提出以新质生产力发展和新型生产关系保障为推动力,为我们探索中国式现代化的新动能指明了方向。

在当今世界面临百年未有之大变局、全球正在发生新一轮科技革命和产业变革的背景下,新质生产力的提出符合大趋势和大逻辑的自然演进,是中国特色社会主义新时代的必然要求。其中,外因是加速器,根本还是在于高质量发展的内在要求。一方面,发展新质生产力是我国应对新国际形势的主动选择、主动出击。当前国际经济、政治、文化、安全等形势发生深刻调整,一些国家保护主义和单边主义盛行,民粹主义、种族主义等思潮活跃,美国作为守成大国,为维护其世界霸权和领导地位,采取多种措施不断对中国进行政治误导、战略遏制和全面打压,对我国社会主义现代化建设带来不利影响。我们要在一个更加不稳定、不确定的世界中谋求发展,特别是在被美国"卡脖子"的背景下,必须加速推进高水平的自立自强,依靠新质生产力的助推助攻,更加有效改变我国制造业在国际分工中处于"微笑曲线"底部的情况,抢占新一轮科技革命和产业变革的制高点。另一方面,大力发展新质生产力是推动高质量发展的内在要求。首先,新旧动能转换需要我们发展新质生产力。当前,我们在生产要素供给方面的低成本优势正在逐渐丧失,人口红利逐步减退,人口老龄化日益加剧,资源环境已无法承受旧的粗放式增长模式。若不积极主动调整旧的生产模式,提高全要素生产率,将经济发展动力及时转换到创新上来,就有跌入中等收入陷阱的危险。只有推动新旧动能转化,加快形成和大力发展新质生产力,才能拓展经济之源,赢得发展主动权。其次,新质生产力正在对高质量发展发挥重要促进作用。当前,我国经济正在发生从高速增长阶段转向高质量发展阶段,这种转型升级离不开已经萌发的新质生产力的推动。有关数据显示,2023年,我国电动汽车、锂电池、光伏产品"新三样"出口增长近30%,新能源汽车产销量占全球比重已超过 60%，国产大飞机 C919 已投入商业运营，国产大型邮轮已成功建造。正如习近平总书记所指出的，"新质生产力已经在实践中形成并展示出对高质量发展的强劲推动力、支撑力"[①]。未来，我们要深入学习贯彻习近平总书记围绕新质生产力的重要讲话精神，在发展新质生产力上取得更大作为。

在新时代面对世界百年未有之大变局和中华民族伟大复兴战略全局的大背景下，党领导人民不断推进和拓展中国式现代化。如今，中国式现代化破浪前行进入了关键阶段，如何理解中国式现代化对新动能的时代呼唤呢？

第一，这是加快构建新发展格局、推动高质量发展的时代呼唤。党的十八大以来，习近平总书记高度关注中国经济发展的时代特征和趋势性变化，提出了中国经济从高速增长转为高质量发展的重大时代课题，提出了创新、协调、绿色、开放、共享的新发展理念，提出了将供给侧结构性改革与深化扩大内需战略紧密结合起来，建设现代化产业体系，推动有效市场和有为政府更好结合，提出了要构建以国内大循环为主体、国内国际双循环相互促进的新发展格局，把发展的主动权和安全掌握在自己手里，实现高水平的自立自强。所有这些都是对中国式现代化新动能的呼唤。

第二，这是建设社会主义现代化强国、创造人类文明新形态的时代呼唤。党的十八大以来，以习近平同志为核心的党中央带领人民不断推进中国式现代化伟大事业，在全面建成小康社会之后，决定分两步走实现社会主义现代化，即到 2035 年基本实现社会主义现代化，到 21 世纪中叶把我国建设成为社会主义现代化强国；提出了制造强国、质量强国、航天强国、教育强国、科技强国、人才强国、文化强国、金融强国以及数字中国、健康中国、美丽中国、法治中国、平安中国

---

① 习近平：《加快发展新质生产力 扎实推进高质量发展》，《人民日报》2024 年 2 月 2 日。

等一系列战略部署。这些都要靠新的动能和新的推动力来实现。

第三,这是努力破解社会主要矛盾、满足人民美好生活需要的时代呼唤。党的十八大以来,以习近平同志为核心的党中央带领人民在探索中国式现代化的进程中,对我国社会的主要矛盾进行了再认识,提出我国社会的主要矛盾是人民日益增长的美好生活需要和不平衡不充分的发展之间的矛盾。为了实现不断满足人民对美好生活的向往、不断满足人民对更高品质生活的追求的任务,我们必须破解主要矛盾,必须更加关注发展问题。

第四,这是推进世界和平发展、构建人类命运共同体的时代呼唤。中国式现代化是走和平发展道路的现代化,我们努力跟世界上更多的国家和人民进行友好合作,在合作中实现共赢,共同成长和进步,推动构建人类命运共同体。我们也意识到打铁还需自身硬,只有自身有真功夫,才能更好地推动"一带一路"高质量发展,才能在世界经济合作中更好地引领世界潮流,更好地站在人类文明进步的一边,才能有更大的国际影响力和国际话语权。

三、新质生产力的实践路径和发展态势

习近平总书记关于新质生产力的重要论述,强调以发展战略性新兴产业和未来产业为重点,提出要以科技创新引领现代化产业体系建设,推动产业创新,特别是以颠覆性技术和前沿技术催生新产业、新模式、新动能,发展新质生产力。所有这些都为我们建设现代化产业体系指明了正确方向。目前全国各地都在持续谋划发展壮大战略性新兴产业和未来产业。

国家"十四五"规划和2035年远景目标纲要提出要着眼于抢占未来产业发展先机,培育先导性和支柱性产业,推动战略性新兴产业融合化、集群化、生态化发展,使战略性新兴产业增加值占GDP的比重超过17%;提出要发展壮大战略性新兴产业,主要是聚焦新一代信

息技术、生物技术、新能源、新材料、高端装备、新能源汽车、绿色环保航空航天以及海洋装备等战略性新兴产业，加快关键核心技术创新应用，增强要素保障能力，培育壮大产业发展新动能；提出要推动生物技术和信息技术融合创新，加快发展生物医药、生物育种、生物材料、生物能源等产业，做大做强生物经济；提出要深入推进国家战略性新兴产业集群发展工程，健全产业集群组织管理和专业化推进机制，建设创新和公共服务综合体，构建一批各具特色、优势互补、结构合理的战略性新兴产业增长引擎。国家"十四五"规划和2035年远景目标纲要前瞻性地谋划未来产业，强调在类脑智能、量子信息、基因技术、未来网络、深海空天开发、氢能与储能等前沿科技和产业变革领域，组织实施未来产业孵化与加速计划，谋划布局一批未来产业；在科教资源优势突出、产业基础雄厚的地区，布局一批国家未来产业技术研究院，加强前沿技术多路径探索、交叉融合和颠覆性技术供给；实施产业跨界融合示范工程，打造未来技术应用场景，加速形成若干未来产业。

　　与发达国家相比，我国在发展新质生产力上在以下方面存在一些不足和短板：一是核心技术创新能力不足。尽管我国在一些领域取得了显著的技术进步，但在许多关键领域，如人工智能、生物技术、新材料、高端装备制造等方面，与美国等发达国家仍存在一定的技术差距。二是产业链、供应链不够完善。尽管我国是制造业大国，但在一些关键环节，如芯片、高端机床、精密仪器等领域，自给率较低，这影响了我国制造业的进一步升级，也使我国的产业链和供应链容易发生波动。三是企业规模偏小。与国际大型企业相比，我国大多数企业规模偏小，抗风险能力较弱，创新能力也相对较弱，而且品牌建设滞后。许多国内品牌在国际市场上缺乏竞争力。四是高技术人才短缺。随着产业升级，我国在关键核心技术领域的高层次人才短缺问题变得更加突出。赛迪智库发布的《中国集成电路产业人才白皮书（2019—2020年版）》和《关键软件领域人才白皮书（2020年）》显示，我国集成电路产业技术人才缺口接近 25 万，预计到 2025 年，关键软件领域人才新增缺口将超过 80 万。应当说高技术人才安全是国家总体安全的一个重要组成部分。当前全球高技术人才竞争日趋激烈，我国引进人才的外部环境形势严峻，美国打压限制中国赴美留学人员成为常态，我国学生、学者赴美学习交流阻力重重。美国围猎打压华裔高科技人才事件频发，海外高技术人才回流困难加剧。美国实施对华高科技产业脱钩遏制，破坏了人才发展的载体。所有这些都给我们培养高科技人才增加了不少困难。

与发达国家相比，我国在发展新质生产力上具有以下优势：一是制度优势。我国具有社会主义市场经济的体制优势，这种体制能够集中力量办大事，有利于在新技术领域组织突破并形成应用新技术的统一市场。此外，我国的制度体系与新质生产力具有很高的契合度，能够最大限度地释放制度优势，促进新质生产力的发展。二是大市场优势。中国式现代化的一个突出特点就是人口规模巨大。我国人口众多，产业丰富，具有极大的市场容量，可以容纳大量创新型企业，可以为各国企业提供广阔的市场空间和合作机会。这种超大规模国内市场的优势正在逐步显示和释放出来，是我国发展新质生产力的重要支撑。三是产业配套优势。我国是全世界唯一拥有联合国产业分类中所列全部 41 个工业大类、207 个工业中类、666 个工业小类的国家，具有非常强的产业配套能力和集成优势，为新质生产力的发展提供了有力的产业支撑。四是人才综合优势。我国的人口红利在继续释放，同时新的人才综合红利正在形成。我国拥有大量高素质劳动者，他们是发展新质生产力的重要推动力量。同时，我国的高等教育、职业教育等体系也在不断完善，为培养更多高素质人才提供了有力保障。

新质生产力理论创新对社会实践具有重要的指导意义。那么，新质生产力的实践路径有哪些？要处理好哪些重大关系？按照马克思主义生产力理论和新质生产力理论要求，加快培育新质生产力要把握好三点：一是要打造新型劳动者队伍，包括能够创造新质生产力的战略人才和能够熟练掌握新质生产资料的应用型人才。二是要用好新型生产工具。新型生产工具和过去所用的生产工具已大不一样了。在应用新型生产工具的过程中，特别要掌握关键核心技术，赋能新兴产业。在技术层面要补短板、扬长板，重视通用技术。在产业层面要巩固战略性新兴产业，提前布局未来产业，改造传统产业。三是要塑造适应新的生产力的生产关系。也就是说新质生产力需要新型生产关系与之配套配合，二者相向而生，相向而行。

具体来说，有以下几个方面的实践要求：一是实现教育、科技、人才的良性循环。教育、科技、人才是全面建设社会主义现代化国家的基础性、战略性支撑，必须坚持科技是第一生产力、人才是第一资源、创新是第一动力理念，把真正的人才挖掘出来、使用起来、培养起来，大力弘扬科学家精神和企业家精神，营造鼓励大胆创新的良好氛围。二是围绕核心技术攻关加快完善新型举国体制。要加强党对科技创新的领导，发挥政府集中力量办大事的优势，弘扬"两弹一星"精神。在全球化的背景下，要海纳百川，胸怀天下，聚天下英才而用之。同时，要坚守社会主义市场经济原则，让市场在资源配置中发挥决定性作用。三是围绕战略性新兴产业和未来产业加速布局。我们必须在高技术领域抢占世界制高点，在世界舞台上要有自己的一席之地。要瞄准世界前沿技术和颠覆性技术，激励企业加快数字化转型，推动实体经济和数字经济深度融合。四是加快建设全国统一大市场。要坚持"两个毫不动摇"，鼓励国有经济顶天立地，创造世界一流企业，鼓励民营经济上层次上台阶，发挥自身的特点和优势，真正发挥出超大规模市场的应用场景丰富和创新收益放大的独特优势。五是健全要素参与收入分配机制。要激发劳动、知识、技术、管理、数据和资本等生产要素活力，在分配机制中更好地体现知识、技术、人力、资本导向。六是扩大高水平对外开放。要从过去的商品和要素流动型开放，向规则、标准、规制、管理等制度型开放转变，不断改善营商环境，加强知识产权保护，更好地吸引外商，形成具有全球竞争力的开放创新生态。

四、构建与新质生产力发展要求相适应的新型生产关系

发展新质生产力不仅仅是从事科技研究、科技发明和科技创新的科学家的事情，还需要很多配套的条件。这就要求更好地推进体制机制创新，特别是深化人才工作体制机制创新，也就是说要更好地改革和完善生产关系，使生产关系与生产力发展要求相适应。

在马克思主义理论中生产力和生产关系是一对核心概念。习近平总书记在讲话中提到了新质生产力，也提到了新型生产关系，这两个"新"都特别重要。生产关系必须与生产力发展要求相适应。当生产关系适应生产力发展的客观要求时，它对生产力的发展起推动作用；当生产关系不适应生产力发展的客观要求时，它就会阻碍生产力的发展。发展新质生产力，本身就隐含着一个特别重要的前提，那就是改革与之不相适应的旧的生产关系，建立与之相适应的新型生产关系，而这只能通过全面深化改革才能实现。这也就指向了进一步全面深化改革的重大命题。因此，我们在全面深化改革上要有更大的创新和作为，通过构建新型生产关系使其更好地服务新质生产力。发展新质生产力，必然要进行全面深化改革。只有通过全面深化改革，破除制约生产力发展的体制机制障碍，才能把生产力的潜能释放出来。这涉及了经济体制、科技体制、教育体制和人才体制等方面的改革。要解决束缚新质生产力发展的堵点、痛点和难点问题，让新质生产力"心情愉快"，为新质生产力的迅猛发展开辟广阔的道路。从生产力对生产关系的决定作用以及生产关系对生产力的能动反作用的关系可以看出，全面深化改革是促进新质生产力发展的主动作为，目的是不断推动社会生产发展，进而推动整个社会逐步走向社会主义高级阶段。各级党委和政府都要增强这种自觉性，按照中央要求，结合各地实际，不断"深化经济体制、科技体制等改革，着力打通束缚新质生产力发展的堵点和

卡点，建立高标准市场体系，创新生产要素配置方式，让各类先进优质生产要素向发展新质生产力顺畅流动"①。

习近平总书记提出必须进一步全面深化改革，形成与新质生产力发展要求相适应的新型生产关系。这就要求我们在深化经济体制改革、科技体制改革、教育体制改革、人才体制改革等方面，敢于打通束缚新质生产力发展的堵点、痛点和难点，创新生产要素配置方式，让各类先进优质的生产要素向发展新质生产力顺畅流动。另外，还要注意到建立新型生产关系是一个非常复杂的系统工程。为此，我们要进一步扩大高水平对外开放，在全球配置先进优质生产要素，为发展新质生产力营造良好的国际环境。改善生产关系，建立新型生产关系，还要把全球化和高水平对外开放更好地结合起来。当前，中央正在研究新一轮的深化改革开放的重大战略举措。我们期待着在完善新型生产关系方面，我国有更大的作为和更大的进步。此外，还要准确把握好新质生产力的科学内涵，在理论上和实践上把握好若干重大关系。

一是把握好新质生产力与高质量发展的关系。当下推动高质量发展已经成为经济社会发展的主旋律。那么靠什么来实现高质量发展呢？很大程度上就是靠新质生产力。有了新质生产力的发展，掌握更多的颠覆性技术和前沿技术，就能更好地建设现代化产业体系，形成新的产业、新的动能、新的业态，为高质量发展提供强劲的推动力和巨大的支撑力。一方面，新质生产力是推动高质量发展的核心动力，高质量发展则是新质生产力的具体体现和必然结果。发展新质生产力是高质量发展的一个重要内容，高质量发展所体现的创新、协调、绿色、开放、共享的新发展理念也是发展新质生产力的基本遵循。高质量发展要通过升级传统产业、培育新动能才能实现，而这有赖于科技创新和进步。只有这样，才能推动整个经济的高质量发展。另一方面，

---

① 习近平：《加快发展新质生产力 扎实推进高质量发展》，《人民日报》2024年2月2日。

高质量发展是发展新质生产力的必然要求。只有真正实现高质量发展，才能满足人民日益增长的美好生活需要，增强人民群众的获得感、幸福感、安全感，才能解决我国经济社会发展不平衡、不充分问题，为可持续发展创造必要条件。可见，新质生产力与高质量发展之间是相互促进、互相支撑的关系。新发展理念引领下的新质生产力为高质量发展提供有力支撑和源源不断的动能，高质量发展也必将为新质生产力创造更加广阔的市场空间。因此，将两者结合起来形成良性互动就特别重要。可以说，高质量发展阶段也就是加快发展新质生产力的阶段。我们要搞清楚新质生产力和高质量发展的内在关系，用新的生产力理论指导新的实践，推动高质量发展行稳致远。

二是处理好政府的顶层设计和市场的实践探索的关系。各级政府在推进新质生产力发展的过程中，要搞好战略规划和顶层设计，把发展新质生产力的路线图和未来蓝图清晰勾画出来，做到凝聚人心、凝聚力量、凝聚资源。经济比较发达的地区，应该走在前面做示范，成为发展新质生产力的重要阵地，对全国产生更大的辐射带动作用。各级政府要本着实事求是的原则，根据地方的要素禀赋、产业基础、科研条件等实际情况有所为有所不为，做到先立后破、因地制宜，量力而行、分类指导。要更多地尊重市场经济原则，尊重市场主体的主体地位，创造市场化、法治化、国际化的营商环境，让市场在资源配置中发挥决定性作用，让市场主体发挥积极作用。

三是要处理好传统产业和战略性新兴产业、未来产业的关系。发展新质生产力，肯定要把重点放在战略性新兴产业和未来产业上，因为这些产业代表着技术发展的前进方向，是潮头和战略制高点。但也不能因此忽视甚至放弃传统产业。从我国仍然是发展中国家的实际情况看，对这方面要给予特别关注，不能把钢铁、石化、有色金属、建材等传统产业等同于夕阳产业、落后产业，忽视甚至放弃掉这些产业。还是要想办法通过发展新质生产力来改造传统产业，使其不断转型升级。传统产业和新质生产力并非矛盾对立的关系。2024年3月5日，习近平总书记在参加十四届全国人大二次会议江苏代表团审议时强调："发展新质生产力不是忽视、放弃传统产业，要防止一哄而上、泡沫化，也不要搞一种模式。各地要坚持从实际出发，先立后破、因地制宜、分类指导，根据本地的资源禀赋、产业基础、科研条件等，有选择地推动新产业、新模式、新动能发展，用新技术改造提升传统产业，积极促进产业高端化、智能化、绿色化。"[①]事实上，传统产业依旧是我国经济发展的重要支柱。所以，一定要坚持先立后破，先把传统产业稳住，同时用新技术改造提升传统产业，使传统产业焕发新的活力。在传统产业发展过程中，也有技术水平和劳动者素质提高的问题，这是一个不断推进的过程。在这一过程中，传统产业中的企业为了提高产品市场竞争力，势必要引进新技术、新工艺、新设备，或者进行技术创新和科技成果转化，加大新产品研发。这时就要用新质生产力对传统产业进行改造以实现转型升级。传统产业要实现转型升级，提高产业竞争力，取得更好的发展和进步，还有一个优化产业结构、健全产业链、完善设备配套的问题。同时，加强人才培养即通过培训提高人才技能水平和综合素质也特别重要。传统产业实现转型升级，既事关传统产业向上发展的基础和空间，也事关就业这个民生大问题；既是一个重大的经济问题，也是一个重大的政治问题。在促进传统产业转型升级的过程中，各级政府可以有针对性地出台一些政策。比如，为企业提供财政支持和税收优惠，促进传统产业和新质生产力融合。再比如，通过支持企业进行绿色改造、利用清洁能源、发展循环经济等方式，助力传统产业实现绿色转型。总之，不能简单地将传统产业与新质生产力之间的关系理解为相互排斥的关系，而应努力使二者形成相互促进的良性互动。千万不能因为要发展新质生产力，就把传统产业放弃，如果这样做，新质生产力就失去了基础，很可能二者都搞不好。这就要求地方在发展新质生产力时从各自的实际情况出发，特

---

① 习近平：《因地制宜发展新质生产力》，《人民日报》2024年3月6日。

别要明确自己的传统产业的优势或者比较优势在哪里，并采取有针对性的举措来促进传统产业改造提升。一方面新兴产业要发展壮大奋力奔跑在新赛道上，另一方面传统产业也需要用高端化、智能化、绿色化方式进行有效提升。

四是处理好科技创新与体制创新的关系。发展新质生产力的关键是科技创新，科技创新能够催生新产业、新模式、新动能，是发展新质生产力的核心要素。这就要求加强科技创新，特别是原创性、颠覆性科技创新，加快实现高水平的科技自立自强。为此，要实施科教兴国战略、人才强国战略、创新驱动战略，充分发挥新型举国体制优势，打好关键核心技术攻坚战，使原创性、颠覆性科学技术成果竞相涌现。同时，要特别注意到，推动科技创新是离不开体制机制创新的，比如科技体制、教育体制、人才体制等方面的创新。只有实现教育、科技、人才的良性循环，才能为新质生产力发展注入强大动能，才能把人才的积极性调动起来，把人才红利释放好。人的作用、人才的作用对于发展新质生产力来说相当重要。

五是处理好自立自强与对外开放的关系。要实现高水平的自立自强，自己要有真功夫。只有在发展新质生产力方面走在世界前列，才能真正破解"卡脖子"难题。现在全球化和全球技术变革速度加快，给我们提供了一个技术赶超的重要历史机遇。自立自强不是关起门来搞建设，不是闭门造车当井底之蛙，而是要胸怀天下、海纳百川，实施更加开放包容、互惠共享的国际科技合作战略。我们要通过开放实现"强身健体"，在科技创新的"奥林匹克运动场"上争先创优，取得更好的成绩。新型举国体制的一个重要内容，就是开放，国内、国外都要开放。

五、以加快发展新质生产力推动实现"三个倍增"

按照党的二十大提出的中国式现代化的本质要求和未来方向，结合全面建成社会主义现代化强国的战略安排，统筹扎实推动全体人民共同富裕的基本原则，提出了以加快发展新质生产力推动实现"三个倍增"。"三个倍增"即为：从2020年到2035年，我国城乡居民人均收入实现倍增，从32 189元倍增至64 378元；我国中等收入群体规模实现倍增，从4亿人倍增至8亿—9亿人；我国市场经营主体数量实现倍增，从1.4亿倍增至2.8亿。实施"三个倍增"行动能够充分释放我国经济发展的活力，持续增强经济发展的动力，优化经济要素的组合力，稳固中国式现代化的经济基本盘。

实施"三个倍增"行动是扎实推动全体人民共同富裕取得实质性进展的关键一步。"三个倍增"行动涉及我国城乡居民收入、中等收入群体规模等重要指标，这是中国式现代化进程中实现全体人民共同富裕的核心命题。党的十九大对全体人民共同富裕作出"两阶段"战略安排，其中第一阶段为：实现人民生活更为宽裕，中等收入群体比例明显提高，城乡区域发展差距和居民生活水平差距显著缩小，基本公共服务均等化基本实现，全体人民共同富裕迈出坚实步伐。党的十九届五中全会对第一阶段的战略目标提出了更高的要求，要求实现人的全面发展，全体人民共同富裕取得更为明显的实质性进展。为了按时保质完成全体人民共同富裕的战略安排，在实际工作中应该明确扎实推进共同富裕的抓手。"三个倍增"行动与第一阶段的工作要求相适应，成为推进共同富裕工作的着力点和衡量共同富裕进度的"温度计"。

实施"三个倍增"行动是推动居民收入平稳增长的重要一步。党的二十大报告强调，到2035年人均国内生产总值迈上新的大台阶，达到中等发达国家水平，这实际上已经明确了到2035年居民收入倍增的目标。从实现难度看，到2035年实现居民人均收入倍增具有可行性。国家统计局的数据显示，2010年我国居民人均可支配收入为12 520元，到2020年这一数值已经达到32 189元，增长了近1.6倍，远远超过既定目标。如果从2020年开始计算，到2035年居民人均收入实现倍增，那么我国居民人均可支配收入将需要达到64 378元，年均名义增速需要略超 4.7%。随着居民收入增长和经济发展的同步性越来越强，我国完全有可能在 15 年内实现居民人均收入倍增目标。我国城乡居民人均收入实现倍增，有利于进一步缩小城乡收入差距，全面巩固脱贫攻坚成果，增强城乡融合发展的内生条件，更好引导城乡经济要素的良性流动，极大提升全国农民的收入水平，使乡村振兴迈出决定性的一步。

实施"三个倍增"行动是实现第二个百年奋斗目标和中国式现代化战略安排的坚实一步。"三个倍增"行动涉及我国经济发展的市场主体，这是我国社会主义市场经济健康发展的重要基础。在中国式现代化进程中，市场经营主体要参与我国经济活动中的生产、交换、分配和消费各环节。实现市场经营主体数量的倍增有利于推动社会主义市场经济大发展，提高我国居民收入水平，提振经济发展预期，为实现第二个百年奋斗目标提供经济保障。我们要着力激发市场经营主体发展活力，使一切有利于社会生产力发展的力量源泉充分涌流，为全面建成社会主义现代化强国、实现第二个百年奋斗目标提供重要支撑。

加快发展新质生产力，推动实现"三个倍增"，需要充分认识三对重要关系。首先，要充分认识以经济建设为中心和以人民为中心的辩证关系。一方面，以经济建设为中心是改革开放以来中国共产党总结社会主义建设正反两方面经验得出的深刻结论，是对"什么是社会主义、怎样建设社会主义"这一基本问题的深刻认识。党中央基于我国当时生产力落后、商品经济不发达、人民生活水平低的客观现实作出以经济建设为中心的重大决策。另一方面，以人民为中心是党的十八大以来以习近平同志为核心的党中央全面总结和借鉴国内外发展经验教训得出的科学结论。党中央基于新时代我国社会主要矛盾的转化，深刻回答了"新时代坚持和发展什么样的中国特色社会主义、怎样坚持和发展中国特色社会主义"这一基本问题，提出了"坚持以人民为中心的发展思想"。当前，我国仍处于并将长期处于社会主义初级阶段，经济建设仍然是全党的中心工作。以经济建设为中心与以人民为中心是相统一的，二者都是中国共产党基于历史唯物主义的对中国特色社会主义的深刻认识。让发展成果更多更公平惠及全体人民，彰显中国共产党始终坚持人民至上的价值追求。在中国式现代化进程中实现"三个倍增"，需要辩证地理解二者之间的区别和联系。其次，要科学认识政府和市场的关系。党的十八届三中全会首次明确市场在资源配置中起决定性作用，这是新时代中国坚持和完善社会主义市场经济体制的鲜明体现。党的二十大强调，要充分发挥市场在资源配置中的决定性作用，更好发挥政府作用。在处理政府和市场关系时要讲辩证法、两点论，只有把市场和政府的优势都充分发挥出来，才能更有效地体现社会主义市场经济体制的特色和优势。最后，要把握好公有制经济与非公有制经济的关系。公有制经济和非公有制经济都是我国社会主义市场经济的重要组成部分，二者构成中国特色社会主义基本经济制度的重要内在因素，都关乎中国经济繁荣富强的发展大局。实施"三个倍增"行动，要继续坚持两个"毫不动摇"，深刻领悟非公有制经济的三个"没有变"，促进非公有制经济健康发展和非公有制经济人士健康成长。

理顺全体人民共同富裕与中国式现代化之间的重大关系，实施"三个倍增"行动，还需要充分调动三个"积极性"。一是要充分调动民营经济的积极性。民营经济是推进中国式现代化的生力军，是中国经济高质量发展的重要基础，是推动我国全面建成社会主义现代化强国、实现第二个百年奋斗目标的重要力量。充分调动民营经济的积极性，需要持续优化民营经济发展环境，加大对民营经济的政策支持力度，强化民营经济发展法治保障，促进民营经济人士健康成长，持续营造关心促进民营经济发展壮大的社会氛围，着力推动民营经济实现高质量发展。二是要充分调动资本市场的积极性。习近平总书记强调：

"我们要探索如何在社会主义市场经济条件下发挥资本的积极作用①。"按照金融强国的战略要求,一方面,要全力以赴抓好全面实行股票发行注册制改革,统筹推动提高上市公司质量和投资端改革,坚守监管主责主业,更加精准服务稳增长大局,巩固防范化解重大金融风险攻坚战持久战成效。另一方面,要根据经济主体的不同需求,发展多元化股权融资,持续丰富资本市场产品工具,保护好各类投资者特别是中小股民的积极性,稳步增强资本市场投资的财富效应,改善资本市场的预期和信心。要强化市场规则,打造规则统一、监管协同的金融市场,使金融之水更好浇灌实体经济之木。三是要充分调动领导干部的积极性。一方面,要设计合理的地方政府竞争发展机制。要优化考核机制,合理设计考核指标,以必要的顶层牵引发挥相应的正向引导作用,充分释放治理效能。另一方面,要调动地方和基层干部的积极性。要建立和完善激励和容错的制度机制,并在实践中将其落到实处,缓解地方和基层的考核焦虑,克服问责恐慌,减轻负重包袱。党员领导干部要正确认识和把握实现共同富裕的战略目标和实现途径,充分认清社会主义市场经济条件下的资本特性和行为规律,在以新质生产力推进中国式现代化进程的"三个倍增"行动中敢作为、善作为、能作为。

---

① 习近平:《正确认识和把握我国发展重大理论和实践问题》,《求是》2022年第10期。

加快构建高水平社会主义市场经济体制

迟福林[①]

加快构建高水平社会主义市场经济体制，要以推进中国式现代化为基本目标，以处理好政府与市场关系为重大任务，以促进形成更高质量、更有效率、更加公平、更可持续的市场体系为基本要求，以制度型开放与制度性变革融合为突出特点，以推动实现关键性、基础性重大改革的突破与创新。

一、高水平社会主义市场经济体制是全面深化改革的重要目标

党的二十届三中全会提出"高水平社会主义市场经济体制是中国式现代化的重要保障"。改革开放40多年来，我国以建立和完善社会主义市场经济体制为主线，不断推进改革开放的历史进程，实现了经济社会快速发展。当前，我国适应经济发展阶段的历史变化，更好应对错综复杂的国际环境，加快构建高水平社会主义市场经济体制，推动经济高质量发展，对全面深化改革提出更高的目标要求。

（一）以高水平社会主义市场经济体制为目标深化经济体制改革

改革开放40多年来，我国成功实现了从工业化初期到工业化后期

---

① 迟福林，中国（海南）改革发展研究院院长。

的历史性跨越；从短缺经济时代到消费新时代的历史性提升；从封闭半封闭到全方位对外开放的历史性转变。究其原因，就在于坚持以经济建设为中心，在于通过改革逐步确立并不断完善社会主义市场经济体制，在于更加注重充分发挥经济体制改革的牵引作用。

当前，推进中国式现代化仍面临着经济和社会、政府和市场、公平和效率、发展和安全等深层次体制机制矛盾。例如，消费预期不足既有优质服务供给短缺的因素，也有收入分配制度改革滞后导致收入结构失衡等因素的制约；市场活力不足既有国际形势复杂变化的因素，也有政府治理有效性不足的原因。这就需要更好发挥经济体制改革的牵引作用，以更大魄力和务实行动实现全面深化改革的突破创新。

（二）以高水平社会主义市场经济体制促进高质量发展

发展是最大目标。应对风险挑战、赢得战略主动，保持自身发展态势极为重要。1979—2023 年，我国 GDP 年均增长 8.9%，人均 GDP 年均增长 8.0%[①]。未来 10—15 年，我国若能保持年均 5% 左右的经济增长，不仅将为应对世界冲突、挑战提供重要基础和关键条件，也将为实现中国式现代化阶段性目标奠定最重要的物质基础、发展基础。

我国是一个经济转型大国。当前，经济结构转型升级面临着结构性矛盾与结构性失衡的挑战。例如，在工业结构方面，无论是在高加工度化和技术集约化方面，还是在工业发展环境方面，都存在某些结构性矛盾与问题。加快构建高水平社会主义市场经济体制，需要着眼中长期，啃下"结构改革"与"结构转型"的"硬骨头"。

（三）以构建高水平社会主义市场经济体制释放结构转型蕴藏着的巨大增长潜力

未来 10—20 年，我国经济结构转型升级蕴藏着巨大的增长潜

---

① 国家统计局编《中国统计摘要 2024》，中国统计出版社，2024。

力。估计到 2035 年，生产性服务业占 GDP 的比重有望由目前的 30% 左右提升到 50%—60%；服务型消费支出占消费总支出的比重有望由 43.16% 提升到 60% 左右；户籍人口城镇化率有望由 47.7% 提升到 65% 左右。

从实际看，我国产业结构、科技结构、消费结构、城乡结构、能源结构、贸易结构转型升级潜力的充分释放，是实现年均 5% 左右经济增长的重要条件。更重要的是，这个增长是与中国式现代化要求相适应的更高质量、更可持续的增长。为此，要以结构性改革化解供给与需求、工业与服务业、经济增长与社会发展等结构性矛盾。

二、处理好政府与市场关系是加快构建高水平社会主义市场经济体制的重大任务

改革开放 40 多年来的实践一再证明，构建高水平社会主义市场经济体制，仍需要坚持社会主义市场经济改革方向，进一步处理好政府与市场关系。

（一）处理好政府与市场关系仍然是构建高水平社会主义市场经济体制的重大课题

改革开放以来，我国从逐步认识市场、承认市场、培育市场、发展市场，经历了数十年的理论与实践探索，经历了一次次的思想解放、一次次改革理论与实践的历史性突破。社会主义市场经济体制确立与完善的过程，也是从计划作为资源配置的主要手段逐步转变为市场在资源配置中起决定性作用、更好发挥政府作用的过程。

全会公报提出，"必须更好发挥市场机制作用，创造更加公平、更有活力的市场环境，实现资源配置效率最优化和效益最大化"。市场经济发展中的效率与公平，与要素市场化进程直接相关联。从实践看，政府与市场关系尚未完全理顺。为此，实现资源配置效率最优化和效

益最大化，关键仍然是处理好政府与市场关系。例如，政府在某些领域仍存在过度干预的问题，而在如公共服务、环境保护等领域的作用则发挥不足；某些地方政府出于局部利益考虑，在某些新兴领域制定实施地方保护主义政策，阻碍了全国统一市场建设等。应当说，进一步理顺政府与市场关系，仍然是构建高水平社会主义经济体制的重大任务。

（二）处理好政府与市场关系的首要任务在于有效发挥政府作用

从历史和实践看，构建高水平社会主义市场经济体制能否有所进展，很大程度上取决于如何有效发挥政府作用。构建高水平社会主义市场经济体制，核心是规范政府行为，强化公开、公平、公正竞争的市场环境。

更好发挥政府作用，重在明确政府责任。例如，在科技革命大背景下，政府需要在创新环境、创新平台、创新基础设施建设等方面破题发力，成为创新的重要推动者；适应城乡居民消费结构的升级，政府要加大在教育、医疗、社会保障等方面的财政投入占比，成为公共消费的主要提供者；适应市场主体的实际需求，政府要强化政府管理和服务方式创新，成为法治化环境建设的重要促进者等。

（三）以深化要素市场化改革更好发挥市场机制作用

目前，我国拥有全球最完整、规模最大的工业体系和完善的配套能力，拥有1.3亿户市场主体和1.7亿多受过高等教育或拥有各种专业技能的人才[①]，资本形成总额超过50万亿元。释放经济活力、激发经济增长动力，需要在深化要素市场化改革中扩大市场配置要素范围，充分激发市场活力。要按照全会提出的"促进城乡要素平等交换、双

---

① 张德勇：《引领中国经济迈向新发展阶段》，《中国青年报》2021年5月31日。

向流动"的要求，在"两个严格"（严格农村土地用途规制和规划限制）的前提下，深化土地制度改革，建立城乡统一建设用地市场；要按照"健全推进新型城镇化体制机制"要求，以全面实行城乡统一的居住证制度为重点深化劳动力要素市场化改革，加快推动农民工市民化进程，让"农民工成为历史"；要按照"健全促进实体经济和数字经济深度融合制度"要求，建立数据要素优化配置与高效利用的体制机制，加快建立健全数据产权制度，制定促进数据合规高效流通和交易的政策，建立数据要素收益分配机制，健全数据流通、利用安全治理机制等。

三、"两个毫不动摇"是构建高水平社会主义市场经济体制的现实重要需求

改革开放以来，我国在建立与完善社会主义市场经济体制中形成的"两个毫不动摇"是激发经济活力、形成经济发展新格局的基本实践与重要经验。加快构建高水平社会主义市场经济体制，要按着党的二十届三中全会精神，从理论与实践两个方面将中央一再强调的"两个毫不动摇"破题落地。

（一）做优国有资本是新阶段的一篇大文章

党的十八大以来，我国在推进国资国企改革、国有经济布局优化和结构调整等方面取得重要进展，实现了"做大做强"国有资本的重要突破。截至 2023 年底，全国国资系统监管企业资产总额比 2012 年底增长 3.4 倍；营业收入、利润总额分别比 2012 年增长 1.1 倍、1.2 倍；2012—2023 年累计实现增加值 146.9 万亿元，年均增长 8.1%[①]。

进入新发展阶段，从发展新质生产力、推动经济高质量发展的实

---

① 国务院国资委党委：《不断创新发展中国特色国有资产监管体制》，《求是》2024 年 4 月 16 日。

际需求看，国有资本要在某些竞争领域发挥基础性作用。一是成为以人工智能为重点的重大基础设施的主要建设者。例如，要发挥央企在能源资源、资金等方面的优势，加大对数据、算力等人工智能基础设施投资力度。二是成为基础创新的重要推动者。充分发挥央企国资创新平台、人才、资金等方面的优势，在补齐我国基础创新短板中发挥主导性作用。三是成为战略性新兴产业集群与关键产业链供应链的重要带动者。要有效发挥央企在产业链供应链中的优势，使其在打造更加稳定、安全的产业链供应链和具有国际竞争力的产业集群方面发挥更大作用。国有资本基础性作用的充分发挥，需要深化央企国资利润指标、税收指标以及考核机制等方面的结构性政策调整与结构性改革突破。

（二）毫不动摇地支持民营经济做大做强

"民营经济是全面建设社会主义现代化国家的重要力量"。民营经济不仅具有"56789"的地位，更是我国新质生产力的主力军。目前，我国高技术制造业中民营经济占 90.2%、高技术服务业中占 93.3%、四新经济中占 93.4%、数字经济核心产业中占 94.6%。当前，民营经济发展预期弱化成为市场主体活力不足的重要原因。提振市场信心、激发市场主体活力尤其是民营企业活力，需要推进新时代条件下我国民营经济及相关重大理论创新的突破；需要从法律层面有效保护民营资本，强化对民营企业家的人身权、财产权、创新收益权和经营自主权等保护执法；需要借鉴浙江经验，以"店小二"为突出特征推进政府转型；需要在加强对民营经济精准服务的同时，引导民营企业转型升级。

（三）促进各种所有制经济优势互补、共同发展

竞争是市场经济的本质。公平竞争是高水平市场经济的核心。从实践看，某些市场化改革的相对滞后成为阻碍企业主体公平竞争的重

要因素。构建高水平社会主义市场经济体制的过程也是走向全面公平竞争的过程。

全会指出,要"保证各种所有制经济依法平等使用生产要素、公平参与市场竞争、同等受到法律保护"。要从法律层面着力解决公有制经济和非公有制经济"一视同仁"的问题,在要素获取、准入许可、经营运行、政府采购和招投标等方面,形成国企、民企平等竞争的法律规定;要强化竞争政策的基础地位,改变差异化、选择性的产业政策,按照公平竞争原则推进产业政策转型,将产业政策严格限定在具有重大外溢效应或关键核心技术领域;要强化公平竞争审查的刚性约束,把反垄断,其是行政反垄断作为市场监管变革的重大举措。

四、高水平开放是高水平社会主义市场经济体制的重要推动力

开放是中国式现代化的鲜明标识。进入新发展阶段,开放与改革直接融合、制度型开放与制度性变革直接融合、边境内开放与市场化改革直接融合,成为新阶段我国进一步全面深化改革的突出特征,并成为加快构建高水平社会主义市场经济体制的基本要求。

(一)高水平社会主义市场经济体制依赖于高水平开放型经济新体制

改革开放40多年来,我国经济发展是在开放条件下取得的,未来实现高质量发展和中国式现代化也必须在更加开放的条件下进行。适应百年未有之大变局加速演进的大趋势,面对全球"规则之争""制度之争"日趋激烈的严峻挑战,我国坚定推动高水平开放,构建高水平开放型经济新体制,既是统筹发展与安全、保持经济持续增长的重大举措,也是更好参与国际合作竞争、赢得战略主动的战略抉择。

为此,要以稳步扩大制度型开放形成构建高水平社会主义市场经

济体制的重要动力，需要在主动对接国际高标准市场规则体系中不断完善产权保护、市场准入、公平竞争、社会信用等市场经济基础制度；需要在高水平开放中进一步完善包括准入、财税、货币、科技、产业等与新型开放大国相适应的宏观经济治理体制；需要在主动推动自由贸易进程中积极参与全球经济治理体系变革。

（二）加快实现市场高水平开放的重要突破

高水平市场开放是构建高水平社会主义市场经济体制的必然要求。从现实看，我国以服务业为重点的市场开放领域仍有较大提升空间。落实全会提出的"完善发展服务业体制机制"，重在实现扩大服务业市场开放的重要突破，并形成与服务业市场全面开放相适应的有效政府治理体系。

例如，大幅放宽服务业市场准入门槛，进一步缩减市场准入负面清单，支持社会资本、外资更加便利地进入仍具有相当大投资空间的服务业领域；系统梳理准入后行政审批事项，实质性破除各类"玻璃门""弹簧门"；推动实现体制内外服务业供给主体在人才政策、政府采购等方面一视同仁，并在打破服务业行政垄断方面实现实质性破题。

（三）以制度型开放倒逼制度性变革

全面对接国际高标准市场规则体系，推动规则、规制、管理、标准等制度型开放，有利于我国深度融入全球市场体系，培育我国参与国际经济合作和竞争的新优势，以开放的主动赢得深层次市场化改革的主动。例如，我国积极主动申请加入《全面与进步跨太平洋伙伴关系协定》（CPTPP），将高标准的国际规则体系延展到国内，在规则对标对接中形成深化改革的倒逼压力与动力。

推进与高水平社会主义市场经济体制相适应的制度型开放，要以"边境后"规则对接为重点，在告知、资格要求、技术标准、透明度、监管一致性等方面实现重要突破；要支持部分地区推进以金融、数据为重点的高水平开放压力测试，构建与我国相适应的资金、数据进出规则体系，并参与完善全球相关治理；要在教育、医疗、文化等国内市场缺口较大的领域主动引入国际先进规则，倒逼国内相关服务业企业转型升级；要以《区域全面经济伙伴关系协定》（RCEP）为抓手推进亚太区域自由贸易进程，优化区域开放布局，并以此为基础参与引领全球治理体系改革和建设，推动构建公平合理、合作共赢的国际经贸投资新规则。

深刻把握进一步全面深化改革的时代方位

——学习理解党的二十届三中全会《决定》精神

胡 敏[①]

"四个迫切需要"是围绕中国式现代化这个会议主题谈全面深化改革的迫切性,强调"围绕党的中心任务谋划和部署改革,是党领导改革开放的成功经验"。二十届三中全会谋划和部署新一轮全面深化改革是"从实践经验和现实需要出发"的。自党的十一届三中全会作出改革开放的历史性决策以来,从党的十二大到党的二十大,党中央全会的三中全会基本上都是聚焦改革主题,都是围绕党和国家事业发展各个阶段的中心工作来谋划改革、部署改革任务,凸显我们党始终尊重历史规律,以改革为发展动力,着力推进生产力和生产关系、经济基础和上层建筑更好适应历史的主动。"六个必然要求"是基于当今世情、国情、民情、党情深刻变化的新形势新挑战,紧扣推进中国式现代化发展目标,更加细致地分析谋划和推进进一步全面深化改革的重要性和必要性,立足战略和方法,贯穿历史和现实,统筹国际和国内,把握问题导向和目标导向,充分体现了党带领人民推进进一步全面深化改革的坚定信心和坚强意志。

---

① 胡敏,中央党校(国家行政学院)习近平新时代中国特色社会主义思想研究中心研究员,东南大学中国特色社会主义研究院特约研究员,全国文化名家暨"四个一批"人才。现任中央党校出版集团国家行政学院出版社社长、高级编辑,研究员。

基于这"四个迫切需要"和"六个必然要求"的学习理解，我们再结合深入学习习近平新时代中国特色社会主义思想和习近平总书记关于全面深化改革的一系列新思想、新观点、新论断，从历史观、战略观、发展观全面审视新一轮全面深化改革的时代方位，这有助于我们深刻领悟《决定》的划时代意义，以更加自觉的历史主动精神和改革创新精神认识改革、支持改革、落实改革、推进改革。

一、以新的历史观审视进一步全面深化改革，夯实改革创新的文化基础，不断弘扬改革的历史主动精神

习近平总书记在 2021 年党史学习教育动员大会上指出，"树立大历史观，从历史长河、时代大潮、全球风云中分析演变机理、探究历史规律，提出因应的战略策略，增强工作的系统性、预见性、创造性"，并强调"进一步把握历史发展规律和大势，始终掌握党和国家事业发展的历史主动"。以大历史观观照现实，以新的历史观审视改革，我们可以从历史经验中汲取智慧，厚实推进改革的历史主动精神。

（一）中华民族具有变革创新的文化基因

几千年前，中华民族的先民们就秉持"周虽旧邦，其命维新"的精神，开启了缔造中华文明的伟大实践，以"天行健，君子以自强不息""地势坤，君子以厚德载物"的变革和开放精神，催生了历史上无数变法变革图强运动，创造了革故鼎新、辉光日新的中华物质文明、精神文明和政治文明，也使中华文明成为人类历史上唯一一个绵延 5 000 多年至今未曾中断的灿烂文明。"中华文明的创新性，从根本上决定了中华民族守正不守旧、尊古不复古的进取精神，决定了中华

民族不惧新挑战、勇于接受新事物的无畏品格。"① "以数千年大历史观之，变革和开放总体上是中国的历史常态。中华民族以改革开放的姿态继续走向未来，有着深远的历史渊源、深厚的文化根基。"②

自信才能自强。有文化自信的民族，才能立得住、站得稳、行得远。中国式现代化是中华民族的旧邦新命。中国式现代化赋予中华文明以现代力量，中华文明赋予中国式现代化以深厚底蕴。在新的起点上继续推动文化繁荣、建设文化强国、建设中华民族现代文明，是我们在新时代新的文化使命。《决定》为此提出，必须增强文化自信，发展社会主义先进文化，弘扬革命文化，传承中华优秀传统文化，激发全民族文化创新创造活力。

（二）改革开放是党和国家事业大踏步赶上时代的重要法宝

历史是最好的教科书。新中国成立以后，我国确立了社会主义制度，为解决人民不断增长的物质文化需要与落后的生产之间的矛盾，我们党对国民经济不断进行调整、巩固、充实、提高，逐步建立起独立的比较完整的工业体系和国民经济体系。党的十一届三中全会以后，我们党作出把党和国家工作中心转移到经济建设上来、实行改革开放的历史性决策，开辟了建设中国特色社会主义道路。改革开放是我们党的一次伟大觉醒，正是这个伟大觉醒孕育了我们党从理论到实践的伟大创造，依靠改革开放，党和人民大踏步赶上了时代。党的十八大以来，中国特色社会主义进入新时代，我国社会主要矛盾发生深刻变化。以习近平同志为核心的党中央面对实践发展中日益显现的深层次体制机制问题和利益固化的藩篱，以更大的政治勇气和智慧推进全面深化改革。党的十八届三中全会以经济体制改革为牵引全面推进经济体制、政治体制、文化体制、社会体制、生态文明体制、国防和军队

---

① 习近平：《在文化传承发展座谈会上的讲话（2023年6月2日）》，《求是》2023年第17期。

② 习近平：《论中国共产党历史》，中央文献出版社，2021年，第233、234页。

改革和党的建设制度改革，推动改革全面发力、多点突破、蹄疾步稳、纵深推进，实现改革由局部探索、破冰突围到系统集成、全面深化的转变，各领域基础性制度框架基本建立，许多领域实现历史性变革、系统性重塑、整体性重构，依靠全面深化改革，新时代党和国家事业取得历史性成就、发生历史性变革。实践证明，改革开放是决定当代中国命运的关键一招。

党的二十大确立了以中国式现代化实现强国建设、民族复兴伟业的宏伟蓝图，对推进中国式现代化作出战略部署。面对纷繁复杂的国际国内形势，面对新一轮科技革命和产业变革，面对人民群众新期待，党的二十届三中全会继续高扬改革开放旗帜，审议通过《中共中央关于进一步全面深化改革、推进中国式现代化的决定》，科学谋划了围绕中国式现代化进一步全面深化改革的总体部署，继续把改革推向前进。历史将再次证明：中国式现代化是在改革开放中不断推进的，也必将在改革开放中开辟广阔前景。

（三）以海纳百川的胸怀借鉴吸收人类一切优秀文明成果

现代化在人类文明进步中是一个漫长的历史过程。自18、19世纪英国开启资本主义工业革命之后，人类现代化进程实现了质的跃迁。马克思主义就是在现代化进程中诞生的理论。马克思、恩格斯作为人类现代化的见证者、参与者，对现代化进行过总结反思，也科学预言了现代化的内在矛盾、前途命运，为世界各民族的现代化之路作出了预言和设计。

马克思、恩格斯一方面认为，人类社会的现代化阶段是发展过程的一次飞跃，具有同以往各个历史发展阶段所完全不同的重要特征。通过生产社会化、科技进步、社会分工、世界市场、世俗化、城市化等现代化要素，资产阶级彻底摧毁了传统社会，打破了束缚生产力的城市行会制度，将农民从土地的束缚中解放变成了雇佣工人，伴随着16世纪新航路开辟而开拓世界市场，把以往彼此分割的地域强制性凝聚在一起。另一方面他们也认为，现代化不等于生活方式的改进和社会福祉的增值。在资本主义工业化进程中，生产资料私有制和社会化大生产之间矛盾愈演愈烈，经济危机频频发生。因此，资本主义并不能涵盖现代化的历史过程，也绝非现代化的唯一途径。为此，马克思提出了跨越"卡夫丁峡谷"的设想：跨越资本主义制度下对内压榨、对外掠夺的原始积累阶段，开辟另一条现代化之路。这就是马克思、恩格斯设想的把现代化分为两个大阶段：第一阶段是资本主义现代化阶段，第二阶段则是共产主义(含社会主义)现代化阶段①。

自工业革命之后，人类社会发展进程曲折起伏，各国探索现代化道路的历程充满艰辛。当今世界，多重挑战和危机交织叠加，世界经济复苏艰难，发展鸿沟不断拉大，生态环境持续恶化，冷战思维阴魂不散，人类社会现代化进程又一次来到历史的十字路口。2023年3月15日，习近平总书记在中国共产党与世界政党高层对话会上的主旨讲话中发出"现代化之问"："两极分化还是共同富裕？物质至上还是物质精神协调发展？竭泽而渔还是人与自然和谐共生？零和博弈还是合作共赢？照抄照搬别国模式还是立足自身国情自主发展？我们究竟需要什么样的现代化？怎样才能实现现代化？面对这一系列的现代化之问，政党作为引领和推动现代化进程的重要力量，有责任作出回答。"②

中国共产党给出的鲜明回答就是，一个国家走向现代化，既要遵循现代化一般规律，比如，建立健全现代化国家基础经济支撑的市场经济制度、体现公平正义的完善的法律制度等，要以海纳百川的宽阔胸怀借鉴吸纳这些为人类文明进步所证明了的一切优秀成果，更要立足本国国情，具有本国特色，努力探索最适合自己的现代化之路。党

---

① 胡敏：《把中国发展进步的命运牢牢掌握在自己手中》，《大讲堂》2022年第9期（总第191期）。
② 习近平：《携手同行现代化之路——在中国共产党与世界政党高层对话会上的主旨讲话》，新华社，2023。

的二十大报告指出，中国式现代化是人口规模巨大、全体人民共同富裕、物质文明和精神文明相协调、人与自然和谐共生、走和平发展道路的现代化。中国式现代化必须既基于自身国情、又借鉴各国经验，既传承历史文化、又融合现代文明，既造福中国人民、又促进世界共同发展。但现代化不会从天上掉下来，而是要通过发扬历史主动精神干出来。面对现代化进程中遇到的各种新问题新情况新挑战，我们必须敢于担当、勇于作为，冲破思想观念束缚，破除体制机制弊端，探索优化方法路径，不断实现理论和实践上的创新突破，为现代化进程注入源源不断的强大活力。

二、以新的战略观审视进一步全面深化改革，把握推进改革的战略布局，确保改革始终沿着正确方向前行

　　战略问题是一个政党、一个国家的根本性问题。战略就是从全局、长远、大势上对国家发展所处的发展环境、发展阶段作出全面判断并做出审时度势的战略决策。战略上判断得准确，战略上谋划得科学，战略上赢得主动，党和人民事业就大有希望。回望百年奋斗路，我们党高度重视战略问题，总是能够在重大历史关头从战略上认识、分析、判断面临的重大历史课题，从而战胜无数风险挑战、不断从胜利走向胜利。

　　毛泽东同志早在《中国革命战争的战略问题》中总结第二次国内革命战争的经验时就深刻指出，战略问题是研究战争全局的规律的东西。毛泽东基于对当时中国革命战争形势的全面分析，提出要从战略上把握全局与局部、战略与战役、战役与战术等关系，并随着战争形势和敌我力量对比的变化，应时作出战略防御、战略退却、战略反攻等战略选择，为我们理解战略问题提供了基本教材。在战争年代我们要重视战略问题，在和平发展和现代化时期，我们也要树立新的战略观审视改革。

　　习近平总书记指出，"推进中国式现代化是一个系统工程，需要统

筹兼顾、系统谋划、整体推进,正确处理好顶层设计与实践探索、战略与策略、守正与创新、效率与公平、活力与秩序、自立自强与对外开放等一系列重大关系"。就此明确提出了推进中国式现代化需要把握的新的战略观:"要增强战略的前瞻性,准确把握事物发展的必然趋势,敏锐洞悉前进道路上可能出现的机遇和挑战,以科学的战略预见未来、引领未来。要增强战略的全局性,谋划战略目标、制定战略举措、作出战略部署,都要着眼于解决事关党和国家事业兴衰成败、牵一发而动全身的重大问题。要增强战略的稳定性,战略一经形成,就要长期坚持、一抓到底、善作善成,不要随意改变。要把战略的原则性和策略的灵活性有机结合起来,灵活机动、随机应变、临机决断,在因地制宜、因势而动、顺势而为中把握战略主动。"①

站在新的时代背景下,进一步全面深化改革必须树立新的战略观,在国家战略目标指引下应变适变,根据国家竞争力和国际地位的变化,妥善处理好战略和策略关系,把握改革的战略主动。

(一)在世界百年未有之大变局中把握改革的战略主动

进入 21 世纪以来,新一轮科技革命和产业变革加速发展,世界贸易和产业分工格局发生重大调整,国际力量对比呈现趋势性变迁。2008 年国际金融危机后,全球市场收缩,世界经济陷入持续低迷,国际经济大循环动能弱化。近年来,西方主要国家民粹主义盛行、贸易保护主义抬头,经济全球化遭遇逆流。尤其 2020 年以来受新冠肺炎疫情影响,逆全球化趋势更加明显,全球产业链、供应链面临重大冲击,风险加大,同时也加剧了社会分裂和对立,地区内和国家间冲突日益激烈,非传统安全威胁愈发突出。世界正处于一个旧秩序难以为继,而新秩序尚未建立的半失序状态,也进入一个加速演变的动荡变革期。

---

① 习近平:《习近平在学习贯彻党的二十大精神研讨班开班式上发表重要讲话》,新华社,2023。

尤其是随着改革开放以来中国国力日渐强盛，大国地位日益凸显，也引致国际力量"东升西降""南升北降"趋势明显，国际权力重心日益转移，大国博弈更趋复杂。

2018年以来，中美贸易摩擦不断上升为科技战、金融战、地缘政治战、舆论战等全方位博弈。近年来美国政府发布的《国家安全战略》报告，明确将中国视作"全球秩序的最大挑战"，体现其国家战略明显转变成压倒性地强调与中国竞争。拜登政府执政4年，始终不遗余力地渲染大国竞争。在意识形态领域攻击污蔑中国，在科技领域限制中国发展，利用金融工具施压中国企业，在高新技术领域对中国进行"卡脖子"，在产业链供应链上试图与中国"脱钩断链"……美国全方位围堵遏制中国的行径，暴露的是美国一家独霸的强权逻辑，目的是维护其全球霸主地位。这种咄咄逼人的竞争态势背后，也凸显出美国对华竞争的强烈焦虑感[1]。

面对当前世界百年未有之大变局加速演进，局部冲突和动荡频发，全球性问题加剧，来自外部的打压遏制不断升级，我们必须充分认清我国发展进入战略机遇和风险挑战并存、不确定难预料因素增多的时期，要依靠进一步全面深化改革，用完善的制度防范化解风险、有效应对挑战，始终把握改革的战略主动，在危机中育新机、于变局中开新局。

（二）在适应我国进入新发展阶段中把握改革的战略主动

新发展阶段是我国全面建设社会主义现代化国家、向第二个百年奋斗目标进军的新阶段，在我国发展进程中具有里程碑意义。新中国成立以来，我们党从制定第一个五年计划到第十四个五年规划，一以贯之的主题是把我国建设成为社会主义现代化国家，尽管其间遭遇过

---

[1] 严瑜：《美国新版安全战略尽显霸权焦虑》，《人民日报海外版》2022年10月25日。

一些意想不到的困难和挫折，但建设社会主义现代化国家的意志和决心始终没有动摇。在这个过程中，我们党对建设社会主义现代化国家在认识上不断深入、在战略上不断成熟、在实践上不断丰富，加速了我国现代化发展进程，为新发展阶段全面建设社会主义现代化国家奠定了实践基础、理论基础、制度基础[①]。

经过新中国成立以来特别是改革开放 40 多年的不懈奋斗，现如今，我国经济实力、科技实力、综合国力和人民生活水平跃上了新的大台阶，成为世界第二大经济体、第一大工业国、第一大货物贸易国、第一大外汇储备国，国内生产总值超过 126 万亿元，人均国内生产总值超过 1.27 万美元，城镇化率超过 65%，中等收入群体超过 4 亿人，由此，我国社会主要矛盾也转为人民日益增长的美好生活需要和不平衡、不充分的发展之间的矛盾。解决现阶段我国社会主要矛盾是一场深刻的变革。我们必须看到，当前我国发展面临的主要问题是，创新能力不适应高质量发展要求，农业基础还不稳固，城乡区域发展和收入分配差距较大，生态环保任重道远，民生保障存在短板，社会治理还有弱项。发展不平衡主要是各区域、各领域、各方面存在失衡现象，制约了整体发展水平提升；发展不充分主要是我国全面实现社会主义现代化还有相当长的路要走，发展任务仍然很重。这既是社会主要矛盾变化的反映，也是发展中的问题，必须把握改革的战略主动，进一步全面深化改革，从体制机制上着力解决。

（三）在统筹"五位一体"总体布局和"四个全面"战略布局中把握改革的战略主动

党的十八大以来，中国特色社会主义进入新时代。以习近平同志为核心的党中央把握历史大势和时代潮流，掌握党和国家事业发展的

---

① 习近平：《新发展阶段贯彻新发展理念必然要求构建新发展格局》，《求是》2022 年第 17 期。

历史主动，统筹把握中华民族伟大复兴战略全局和世界百年未有之大变局，在中国特色社会主义的整体部署上，创造性地提出统筹推进"五位一体"总体布局、协调推进"四个全面"战略布局，从全局上确立了新时代坚持和发展中国特色社会主义的战略规划和部署。"五位一体"总体布局和"四个全面"战略布局相互促进、统筹联动，是对我国改革开放和社会主义现代化建设的顶层设计，体现出我们党对中国特色社会主义建设规律的认识达到了新高度。

二十届三中全会《决定》在进一步全面深化改革的指导思想中，继续强调，统筹推进"五位一体"总体布局，协调推进"四个全面"战略布局，以经济体制改革为牵引，以促进社会公平正义、增进人民福祉为出发点和落脚点，更加注重系统集成，更加注重突出重点，更加注重改革实效，推动生产关系和生产力、上层建筑和经济基础、国家治理和社会发展更好相适应。这就要求我们把握改革的战略主动，进一步全面深化改革，为中国式现代化提供强大动力和制度保障。

三、以新的发展观审视进一步全面深化改革，促进改革与发展良性互动，不断以改革激发全社会创新动力

发展是解决中国一切问题的基础和关键。我们党领导人民治国理政，很重要的一个方面就是要回答好实现什么样的发展、怎样实现发展这个重大问题。改革开放以来，"发展才是硬道理"成为深入人心、嵌入历史的时代话语，成为解码"中国奇迹"的秘诀，"发展是党执政兴国的第一要务"成为全党的共识。2023年末，中央经济工作会议在总结近年来做好新时代经济工作的规律性认识上提出，"把坚持高质量发展作为新时代的硬道理"，强调以"必须把推进中国式现代化作为最大的政治"，要求在党的统一领导下，团结最广大人民，聚焦经济建设这一中心工作和高质量发展这一首要任务，把中国式现代化宏伟蓝图一步步变成美好现实。这是我们党尊重经济规律、把握发展大势、

适应现实需要、争取未来竞争主动权的战略选择，是有效防范化解各种重大风险挑战、以中国式现代化全面推进中华民族伟大复兴的必然要求。

改革是发展的动力，在全面推进中国式现代化新征程上，我们要树立起新的发展观，将改革切实贯穿到高质量发展各个领域、各个环节，以进一步全面深化改革点燃推进高质量发展的新引擎。

（一）牢固树立高质量发展这个新时代的硬道理

党的十九大提出，我国已由高速增长阶段转向高质量发展阶段。党的二十大将高质量发展作为全面建设社会主义现代化国家的首要任务。坚持把高质量发展作为新时代的硬道理是新发展阶段推进中国式现代化的必然要求。

依靠进一步全面深化改革，构建高水平社会主义市场经济体制，推动实现高质量发展，一是可以锻造我国经济发展的韧性，加快质量变革、效率变革、动力变革，全面提升劳动生产率和全要素生产率，不断增强我国经济竞争力、创新力、抗风险能力，推动经济实现质的有效提升和量的合理增长。二是可以激发我国经济发展的活力，正确处理政府和市场的关系，健全宏观经济治理体系，充分激发各类经营主体的内生动力，畅通国内经济循环，加快形成全国统一大市场。三是可以释放我国经济发展潜能，推动深化供给侧结构性改革和着力扩大有效需求协同发力，发挥我国超大规模市场和强大生产能力的优势，形成消费和投资相互促进的良性循环，在不断满足人民高品质生活需要上实现供求关系新的动态平衡。

（二）不折不扣地完整准确全面贯彻新发展理念

《决定》以新发展理念引领改革，以制度建设为主线，部署300多项改革任务，充分体现了着力构建和完善落实创新、协调、绿色、开放、共享五大发展理念的体制机制。

创新是高质量发展的第一动力，在我国现代化建设全局中处于核心地位。《决定》单列两个部分，部署健全推动经济高质量发展体制机制和构建支持全面创新体制机制，特别强调，健全因地制宜发展新质生产力体制机制，健全相关规则和政策加快形成同新质生产力更相适应的生产关系；统筹推进教育科技人才体制机制一体改革，为中国式现代化提供基础性、战略性支撑。协调是高质量发展的内生特点，《决定》提出完善实施区域协调发展战略机制，完善城乡融合发展体制机制。绿色是高质量发展的普遍形态，《决定》提出深化生态文明体制改革，加快完善落实绿水青山就是金山银山理念的体制机制。开放是高质量发展的必由之路，《决定》提出完善高水平对外开放体制机制，建设更高水平开放型经济新体制。共享是高质量发展的根本目的，《决定》从收入分配、就业、社会保障、医疗卫生、人口发展等人民最关心最直接最现实的利益问题出发，部署健全保障和改善民生制度体系，完善基本公共服务制度体系，不断满足人民对美好生活的向往。

（三）更加注重统筹发展和安全防范化解各类风险

国家安全是中国式现代化行稳致远的重要基础。当今世界百年未有之大变局加速演进，世界之变、时代之变、历史之变正以前所未有的方式展开，国内改革发展稳定任务也相当艰巨复杂。安全是发展的前提，发展是安全的保障。全面推进中国式现代化，必须更加注重统筹发展和安全，切实防范化解各类重大风险。《决定》全面贯彻总体国家安全观，部署了推进国家安全体系和治理能力现代化各项任务，着力完善维护国家安全体制机制，实现高质量发展和高水平安全良性互动，切实保障国家长治久安。

认真学习《决定》精神，我们也可以看到，推进高质量的安全发展措施是全方位的、具体而实在的，贯穿于《决定》的诸多领域多个方面。比如，在经济领域，为应对国外对我国在高技术领域"卡脖子"问题，尽快实现高水平科技自立自强，不断塑造我国发展新动能新优势,《决定》提出,"抓紧打造自主可控的产业链供应链""健全强化集成电路、工业母机、医疗装备、仪器仪表、基础软件、工业软件、先进材料等重点产业链发展体制机制""建立产业链供应链安全风险评估和应对机制",还要"建设国家战略腹地和关键产业备份,加快完善国家储备体系"等。为夯实国有经济作为中国特色社会主义物质基础和政治基础的作用,《决定》提出,"推动国有资本向关系国家安全、国民经济命脉的重要行业和关键领域集中,向关系国计民生的公共服务、应急能力、公益性领域等集中,向前瞻性战略性新兴产业集中"。为维护金融稳定和防范风险,《决定》提出,"制定金融法""完善金融监管体系,依法将所有金融活动纳入监管""建设安全高效的金融基础设施……筑牢有效防控系统性风险的金融稳定保障体系""健全金融消费者保护和打击非法金融活动机制,构建产业资本和金融资本'防火墙'"等。

在政治领域,《决定》提出,"完善中国特色社会主义法治体系""健全法律面前人人平等保障机制",以切实维护社会公平正义。在文化领域,《决定》强调,"完善意识形态工作责任制""健全网络综合治理体系"。面对数字经济和人工智能快速发展的新形势,《决定》特别提出,"完善生成式人工智能发展和管理机制""建立人工智能安全监管制度"。在社会领域,《决定》提出,"完善公共安全治理机制""健全重大突发公共事件处置保障体系"等。国防和军队现代化是中国式现代化的重要组成部分,是国家安全的重要保障。《决定》提出,"持续深化国防和军队改革""完善人民军队领导管理体制机制"。在党的建设领域,《决定》聚焦提高党的领导水平和长期执政能力,强调"深化党的建设制度改革""健全全面从严治党体系"。路线确定后,干部就是最重要的,《决定》提出,"深化干部人事制度改革,鲜明树立选人用人正确导向,大力选拔政治过硬、敢于担当、锐意改革、实绩突出、清正廉洁的干部,着力解决干部乱作为、不作为、不敢为、不善为问题"。同时"深入推进党风廉政建设和反腐败斗争""完善一体推进不敢腐、不能腐、不想腐工作机制，着力铲除腐败滋生的土壤和条件"。

正是依靠这一系列体制机制改革，确保高质量发展与高水平安全良性互动，全面推进中国式现代化行稳致远。

四、结语

中国式现代化是强国建设、民族复兴的必由之路，是前无古人的开创性事业。站在全面推进中国式现代化新的起点上，党的二十届三中全会紧扣中国式现代化谋划和部署进一步全面深化改革，具有重大现实意义和深远历史意义。我们从历史观、战略观、发展观来认识进一步全面深化改革的时代方位，能够更加深刻理解进一步全面深化改革，厚实我们的制度基础，破解各种思想观念和体制机制弊端，进一步解放思想、解放和发展生产力、增强全社会活力创造力的重要性和迫切性。

以大历史观审视进一步全面深化改革，有助于我们从历史更替中汲取国家治理兴亡成败的经验智慧，始终弘扬中华民族变革创新精神，切实把握进一步全面深化改革的历史主动。以大战略观审视进一步全面深化改革，有助于我们在纷繁复杂、风云变幻的世界格局演变中，审时度势，把握全局，保持定力，切实增强进一步全面深化改革的战略主动。以大发展观审视进一步全面深化改革，有助于我们坚定把发展作为解决前进道路上一切问题的关键，以新发展理念引领改革，以改革激发高质量发展的活力动力，统筹推进高质量发展与高水平安全相互促进，从而赢得发展的主动。

中国式现代化是在改革开放中不断推进的，党的二十届三中全会又一次吹响了中国改革开放的时代号角，全党上下深入领会《决定》精神，不折不扣地贯彻落实《决定》精神，就一定能够在改革开放中开辟推进中国式现代化更加广阔的前景。

第二章

深化经济领域改革的重点难点

新一轮财税体制改革的战略谋划

高培勇[①]

2024年4月30日举行的中共中央政治局会议，在决定党的二十届三中全会重点研究进一步全面深化改革、推进中国式现代化问题的同时，发出了"全党必须自觉把改革摆在更加突出位置，紧紧围绕推进中国式现代化进一步全面深化改革"的号召。往前追溯至2023年12月举行的中央经济工作会议和2024年3月提交全国"两会"的《政府工作报告》，在围绕"深化重点领域改革"和"坚定不移深化改革，增强发展内生动力"的任务清单中，"谋划新一轮财税体制改革"均位列重要位置[②][③]。从谋划进一步全面深化改革到谋划新一轮财税体制改革，在进一步全面深化改革的历史背景下推进新一轮财税体制改革，不仅意味着2024年是中国财税体制改革的又一个重要年份，而且标志着作为国家治理的基础和重要支柱的财政和财税体制，又一次进入全面深化改革的核心地带。这是在党的十八届三中全会站在国家治理的历史高度从根本上摆正了财政和财税体制的位置之后，第一次围绕推进中国式现代化进一步全面深化改革而谋划的财税体制改革。可以认为，立足党和国家事业发展全局，新一轮财税体制改革必将在进一步全面深化改革、推进中国式现代化进程中发挥基础性和支撑性作用。

[①] 高培勇，中国社会科学院原副院长、学部委员。
[②] 《中央经济工作会议在北京举行》，《人民日报》2023年12月13日。
[③] 《政府工作报告》，新华社，http://www.news.cn/politics/2023lh/2023-03/14/c_1129432017.htm，访问日期：2024年3月12日。

从总体上看，新一轮财税体制改革的战略谋划，至少涉及如下四个方面的观察点。

一、新一轮财税体制改革的主攻方向

财税体制改革往什么方向走，历来是一个带有根本性的问题。注意到正式提出"要谋划新一轮财税体制改革"始自中央经济工作会议，那么对于新一轮财税体制改革主攻方向问题的讨论，自然要从中央经济工作会议的议题入手。

"当前，我国经济恢复仍处在关键阶段"①，这是中央经济工作会议作出的明确论断。在经济恢复关键阶段这一特定历史背景下举行的中央经济工作会议，所面临的一项极其重要的历史任务，就是巩固和增强经济回升向好态势，持续推动经济实现质的有效提升和量的合理增长。

以新冠疫情防控平稳转段为标志、中国经济始自 2023 年的这一轮波浪式发展、曲折性前进的疫后恢复进程，一再提醒我们注意如下三个基本事实。

第一，这一轮经济恢复与我们以往经历的经济恢复显著不同，其并非一般意义上的经济恢复。因而，不可简单搬用、移植以往推动经济恢复特别是应对周期性波动中的经济恢复的老思路、老套路、老做法。清晰认识经济形势的新变化，实施契合当下经济恢复新特点、新要求的对策和举措，是做好当前和今后一个时期经济工作的关键点和要害处。

第二，这一轮经济恢复的目标定位绝非简单地回到新冠疫情之前。面对纷繁复杂的国际国内形势，面对新一轮科技革命和产业变革，面对人民群众新期待，经济恢复进程要同塑造发展新动能、新优势结合

---

① 《中央经济工作会议在北京举行》，《人民日报》2023 年 12 月 13 日。

起来，以培育发展科技创新起主导作用、数字时代更具融合性且更体现新内涵的新质生产力为中国经济高质量发展构建新竞争力和持久动力。

第三，这一轮经济恢复不可能一蹴而就，也不可能毕其功于一役，而是一个需要耐心、需要实打实将一件件事办好的长期过程。对此，我们要有足够的思想准备。

上述三个基本事实兵合一处，集中折射了进一步全面深化改革对于经济发展的意义。只有继续把改革推向前进，依托政策和改革"双引擎"，才可夯实巩固和增强经济回升向好态势的基础，才能持续推动经济实现质的有效提升和量的合理增长。进一步说，以改革促发展恰恰是中国改革开放46年来走出的基本轨迹、收获的历史经验。

中国经济之所以能够创造出世所罕见的快速发展奇迹，其中的一个重要原因就在于不断深化改革，以改革为经济发展提供不竭动力。从这个意义上说，在当下的中国，进一步全面深化改革是推动中国经济高质量发展、加快中国式现代化建设的必然要求和必由之路。

事实上，当前中国经济运行中的主要矛盾和矛盾的主要方面已经发生深刻变化。虽然同样表现为经济波动，虽然同样可以从中发现有效需求不足的身影，但透过经济波动和有效需求不足现象深入本质层面，在经过一番排序、过滤并同过去一年多来的经济恢复进程加以仔细比对之后，可以发现其背后的深层原因越来越集中体现在预期和信心上。表面上是需求问题，其背后往往是预期问题、信心问题；表面上是供给问题，其背后往往又是预期问题、信心问题；表面上是消费问题、投资问题，其背后往往还是预期问题、信心问题。换言之，当前中国宏观经济治理面对的主要挑战，正在由以往社会总供求失衡引致的经济波动延伸为由预期和信心变化引致的经济波动。

常识告诉我们，宏观经济治理如同医生用药治病，对症是关键。一旦跳脱出需求一侧或供给一侧管理的视野局限而深入预期管理层面，一旦聚焦于预期管理，将目标锁定于稳预期、强信心，就会发现作为常规操作选项的宏观政策固然不可或缺，但其作用终归有限。并且，搞不好或者"量"过大的话，也会留下"后遗症"。通过全面深化改革为经济恢复提供体制机制保障、夯实体制机制基础，进而激发全社会创业创新创造活力，才是稳预期、强信心的根本之道。

正是基于中国经济运行中主要矛盾和矛盾主要方面的深刻变化，中央经济工作会议和《政府工作报告》所作出的一个极富战略调整意义的决策部署，就是用"稳预期、稳增长、稳就业"替代了此前的"稳增长、稳就业、稳物价"[①]。对比"新三稳"和"老三稳"，其中发生的突出变化主要有两个：一是稳预期替代稳物价进入"新三稳"序列，二是稳预期先后跨越稳就业、稳增长而居于"新三稳"之首，成为"新三稳"的基础和关键。

也正是基于"为推动高质量发展、加快中国式现代化建设持续注入强大动力"的深刻考量，中央经济工作会议和《政府工作报告》将财税体制改革作为进一步全面深化改革重大举措之一，先后纳入了"深化重点领域改革"和"坚定不移深化改革，增强发展内生动力"任务清单，进而正式提出了"谋划新一轮财税体制改革"。

这意味着，着力破解妨碍中国式现代化顺利推进的体制机制障碍，为中国式现代化提供强大动力和制度保障，既是进一步全面深化改革的主攻方向，也是新一轮财税体制改革的主攻方向。

引申一步说，在当下的中国，面对经济恢复进程中的诸多挑战，特别是源于预期和信心变化方面的挑战，奔着"集中解决最关键、最迫切的问题"而去[②]，从而切实巩固和增强经济回升向好态势，是新一轮财税体制改革首要的任务。

---

① 《政府工作报告》，新华社，http://www.news.cn/politics/2023lh/2023-03/14/c_112943 2017.htm，访问日期：2024 年 3 月 12 日。

② 《习近平主持召开中央全面深化改革委员会第四次会议强调 增强土地要素对优势地区高质量发展保障能力进一步提升基层应急管理能力》，新华社，https://h.xinhuaxmt.com/vh512/share/11902214?d=134d75b，访问日期：2024 年 2 月 19 日。

二、新一轮财税体制改革的逻辑起点

新一轮财税体制改革的谋划，当然要明确其逻辑起点——从何处起步？在什么样的基础上启动？

在"新一轮财税体制改革"这一由9个字组成的专门表述中，最突出的字眼无疑是"新一轮"。

"新"是相对于"旧"而言，意指新一轮财税体制改革绝非既往财税体制改革方案的翻版，而是基于新的改革方向和目标的全新安排，必须站在既往财税体制改革的肩膀上加以谋划。不仅要有新理念、新思路、新战略，而且要有新举措、新突破、新气象。

"一轮"是相对于"零散"而言，意指新一轮财税体制改革绝非一事一议或零敲碎打型的改革，而是属于系统性重构，必须实现改革的系统性、整体性、协同性。不仅要坚持系统观念、注重系统集成、实行统筹安排，而且要提出统领各方面改革的目标，评估改革的整体效果。

注意到"谋划新一轮财税体制改革"是作为"谋划进一步全面深化改革"的组成部分，在"紧紧围绕推进中国式现代化进一步全面深化改革"的大背景下正式提出的，将"新一轮"和"进一步"这两个关键词对接起来，便不难发现，无论是进一步全面深化改革的谋划，还是作为进一步全面深化改革组成部分的新一轮财税体制改革的谋划，都绝非另起炉灶或从零开始。其逻辑起点便是党的十八届三中全会所通过的《中共中央关于全面深化改革若干重大问题的决定》。

所以，"进一步"全面深化改革的谋划也好，"新一轮"财税体制改革的谋划也罢，都要立足党的十八届三中全会关于全面深化改革以及作为全面深化改革组成部分的财税体制改革战略部署。只有在此基础上继续前行，接续奋斗，才能称其为"进一步"全面深化改革，也才能称其为"新一轮"财税体制改革。可以说，这既是党的十八届三中全会以来全面深化改革的实践续篇，也是新征程推进中国式现代化的时代新篇①。

具体到新一轮财税体制改革，唯一契合逻辑和规律的选择是，必须站在根据党的十八届三中全会精神部署且写入了"十四五"规划的财税体制改革目标——"建立现代财税体制"——肩膀之上②。换言之，党的十八届三中全会以来，围绕建立现代财政制度和现代税收制度所作出的一系列改革部署和所取得的一系列进展和成果，是谋划新一轮财税体制改革的逻辑起点。

所以，植根于现代财税体制框架，以更高的站位、更广的视野、更大的格局，围绕推进中国式现代化这一最大的政治、聚焦经济建设这一中心工作和高质量发展这一首要任务而对财税体制改革作出新的战略谋划，既是新一轮财税体制改革必须履行的历史使命，更是新一轮财税体制改革的根本出发点和落脚点。

在这一过程中，有两个方面需要格外注意：一是要结合"十四五"规划实施状况评估，系统总结党的十八届三中全会以来财税体制改革领域取得的一系列进展和成果，画清新一轮财税体制改革与既往财税体制改革的分界线，确保落实落地的新一轮财税体制改革名副其实。二是要站在全面建设社会主义现代化国家新征程这一新的更高历史起点上，深入学习贯彻习近平总书记关于全面深化改革的一系列新思想、新观点、新论断，紧紧围绕推进中国式现代化进一步全面深化改革，确保习近平新时代中国特色社会主义思想贯穿新一轮财税体制改革的全过程和各领域。

---

① 《高举中国特色社会主义伟大旗帜 为全面建设社会主义现代化国家而团结奋斗——在中国共产党第二十次全国代表大会上的报告》，《人民日报》2022年10月26日。

② 《中华人民共和国国民经济和社会发展第十四个五年规划和2035年远景目标纲要》，人民出版社，2021。

三、新一轮财税体制改革的主要着力点

如果说改革举措要有鲜明指向性，奔着解决最突出的问题去，并且改革味要浓、成色要足①，那么新一轮财税体制改革的主要着力点该是怎样的？

千里之行，始于足下。基于突出改革问题导向，突出各领域重点改革任务的原则②，从加快当下经济恢复进程、切实巩固和增强经济回升向好态势这一当务之急出发，新一轮财税体制改革应首先盯住相关行为主体关切，将着力点和着重点放在稳定相关行为主体预期、激发相关行为主体内在动力和创新活力上。

比如地方政府。有别于其他国家和地区，中国的地方各级政府实质上是经济发展的一个不可或缺的重要"发动机"。中国经济之所以能走出一条持续快速发展的道路，很大程度上依赖于地方之间你追我赶、竞相迸发的竞争力。面对当下经济恢复进程以及更加错综复杂的矛盾和问题，我们比以往任何时候都更需要地方的积极性、主动性和创造性。进一步说，只有发挥中央和地方两个积极性而非一个积极性，才能极大增强党和国家的生机与活力，才能真正契合社会主义市场经济体制的本质属性。

毋庸赘言，地方积极性的调动和发挥需以相对合理且稳定的中央和地方财政关系格局为前提。注意到1994年至今，我国的财政管理体制一直以分税制冠名，2015年实施的《中华人民共和国预算法》亦明确规定了"国家实行中央和地方分税制"，再注意到现行中央和地方财政关系中存在的矛盾和问题集中体现在分税制落实不到位、不全面上，可确定的是，全面落实分税制财政管理体制而不是偏离这一方向甚至

---

① 《高举中国特色社会主义伟大旗帜 为全面建设社会主义现代化国家而团结奋斗——在中国共产党第二十次全国代表大会上的报告》，《人民日报》2022年10月26日。

② 《高举中国特色社会主义伟大旗帜 为全面建设社会主义现代化国家而团结奋斗——在中国共产党第二十次全国代表大会上的报告》，《人民日报》2022年10月26日。

另辟新径，是充分调动和发挥地方积极性的当然选择。

全面落实分税制财政管理体制的关键，在于准确把握分税制的内涵与外延。为此，要正本清源，在厘清分税制与此前以"总额分成""收入分类分成""大包干"为代表的分钱制财政管理体制所存在的系统性差异基础上，坚持走"分税源"而非"分税收"、分级财政管理而非单级财政管理、税权高度集中而非财权高度集中的路子。其相应的着力点和着重点是，通过健全地方税体系、健全中央对地方转移支付制度来健全地方财政收支体系，并由此重塑中央和地方财政关系格局，让地方政府形成关于经济发展和自身财政收支的确定性预期，在一个相对稳定的理财环境中过好自己的日子。

再如企业。古今中外，企业都是经济发展的基本动力源，是经济发展的根基所在。经济恢复首先是企业恢复，只要企业能够展现活力，只要企业投资能够持续扩大，进而带动就业、创造新的社会财富，经济运行重归正常轨道便会有充分的保障和足够的支撑。

亦毋庸赘言，企业活力的充分展现和企业投资的持续扩大，须以坚持市场化、法治化、国际化的营商环境为前提。注意到党的十八届三中全会明确建立现代税收制度行动主线是"逐步提高直接税比重"[①]，"十四五"规划亦重申了"优化税制结构，健全直接税体系，适当提高直接税比重"这一目标任务[②]，再注意到涉及企业财税体制安排存在的矛盾和问题集中体现在企业承担了现实宏观税负的绝大部分、宏观税负水平约等于企业税负水平，可确定的是，有效降低企业的税负水平，从根本上规范政府和企业之间的财税分配关系，是新一轮财税体制改革的当然选择。

从根本上规范政府和企业之间财税分配关系的关键，在于准确把握现代税收制度的内涵与外延。为此，要正本清源，在厘清现代税收

---

① 《中共中央关于全面深化改革若干重大问题的决定》，人民出版社，2013。

② 《中华人民共和国国民经济和社会发展第十四个五年规划和2035年远景目标纲要》，人民出版社，2021。

制度和现行税收制度系统性差异的基础上,坚持走增加直接税而非间接税、增加居民个人来源税而非企业法人来源税的现代税收制度建设路子。其相应的着力点和着重点是,在保持宏观税负水平基本稳定的前提下,降低来自间接税的收入比重,同时相应地提高来自直接税的收入比重,从而间接税一边倒变为间接税与直接税相兼容。降低来自企业缴纳的税收收入比重,同时相应地提高来自居民个人缴纳的税收收入比重,从而将基本上由企业"独挑"税负变为由企业和居民个人"分担"税负。以此为基础,为企业活力的充分展现和企业投资的持续扩大"腾挪"必要空间。

又如居民个人。作为社会总需求的重要组成部分,消费对于经济发展的意义无须论证。不过,消费是收入分配和财富积累的函数。无论是消费规模扩大,还是消费质量升级,抑或是发挥消费对于经济发展的基础性作用,都同居民个人的收入分配和财富积累状况直接相关。

也毋庸赘言,推动消费从疫情后恢复转向持续扩大,须以收入分配秩序和财富积累机制的规范化为前提。注意到党的二十大围绕完善分配制度所作出的一个具有重大历史意义的战略部署,就是以"两个规范"(规范收入分配秩序、规范财富积累机制)定位以税收、社会保障和转移支付为代表的分配制度完善目标[①],再注意到当前分配领域存在的矛盾和问题集中体现在收入分配和财富积累制度建设不同步上,可以确定的一点是,坚持收入分配和财富积累两个领域兼容、收入流量和财富存量两种调节并重,是完善税收、社会保障和转移支付制度的当然选择。

坚持收入分配和财富积累两个领域兼容、收入流量和财富存量两种调节并重的关键,在于准确把握分配范畴的内涵与外延。为此,要正本清源,在厘清收入分配和财富积累系统性差异的基础上,坚持走

[①]《高举中国特色社会主义伟大旗帜 为全面建设社会主义现代化国家而团结奋斗——在中国共产党第二十次全国代表大会上的报告》,《人民日报》2022年10月26日。

"两个规范"而非限于收入分配秩序一个规范的路子。其相应的着力点和着重点是，从"补足"财富积累领域的税种（如财产税及其项下的房地产税、遗产和赠与税）入手，让税收、社会保障和转移支付的调节作用跃出收入分配而扩展至财富积累。以此为基础，拉大或凸显再分配前后基尼系数的距离，逐步实现效率和公平互为倚重的共同富裕目标。

四、新一轮财税体制改革的特殊使命

从中央经济工作会议的"深化重点领域改革"任务清单到《政府工作报告》的"坚定不移深化改革，增强发展内生动力"任务清单，"谋划新一轮财税体制改革"均在其中居于重要位置。作出如此安排的特殊考量是什么？这显然同新一轮财税体制改革所肩负的特殊使命有关。

历史的经验值得注意。仔细回顾一下我国改革开放的历史进程就会看到，几乎每一轮的重大改革，都是从财税体制改革起步、以财税体制改革为突破口的，财税体制改革事实上扮演了改革"先锋官"和"突击队"的角色。

我国的经济体制改革是从分配领域入手的。从分配领域入手的经济体制改革，最初确定的主调，便是"放权让利"，通过"放权让利"激发各方面的改革积极性，激发被传统经济体制几乎窒息掉的国民经济活力。而在改革初期，政府能够且真正放出的"权"，主要是财政上的管理权。政府能够且真正让出的"利"，主要是财政在国民收入分配格局中所占的份额。故而，由下放财权和财利入手为整体改革"铺路搭桥"，以财税体制上的"放权让利"换取整体改革的推动和成功，便成为"放权让利"型改革的主要线索。

随着改革思路由侧重于利益格局调整向新型体制建立的转换，以党的十四大正式确立社会主义市场经济体制改革目标为契机，我国踏上了"制度创新"之路。建立社会主义市场经济体制无疑是一项系统工程，按照党的十四届三中全会通过的《中共中央关于建立社会主义市场经济体制若干问题的决定》的部署，这一次又是财税体制改革先行。1994年的财税体制改革，不仅为我们初步搭建了适应社会主义市场经济体制的财税体制基本框架，而且为整个社会主义市场经济体制的建立以及此后的经济快速发展奠定了坚实基础。实践一再证明，1994年的财税体制改革既是社会主义市场经济体制建设的里程碑，也是中国国家治理方式的一次飞跃。

党的十八大之后，随着中国特色社会主义进入新时代，以推进国家治理体系和治理能力现代化为总目标的全面深化改革正式启动。全面深化改革并非所有领域改革"一二一"齐步走，仍然要有"先锋官"和"突击队"。为此，党的十八届三中全会在《中共中央关于全面深化改革若干重大问题的决定》中作出了"财政是国家治理的基础和重要支柱"的重大论断，深刻回答了全面深化改革从何处起步、以什么为重点的问题。于是，由财税体制改革入手，构筑起现代国家治理的坚实基础和重要支柱，为国家治理体系和治理能力现代化提供强大的制度保障，便成为全面深化改革的题中应有之义。事实上，党的十八届三中全会之后，中共中央政治局审议通过的第一个系统性改革总体方案，就是《深化财税体制改革总体方案》。

从主要着眼于为整体改革"铺路搭桥"，到走上制度创新之路、旨在为建立社会主义市场经济体制奠定坚实基础，再到在全面深化改革中为推进国家治理体系和治理能力现代化发挥基础性和支撑性作用，迄今中国财税体制改革的一大特点，就是它始终作为整体改革的"先锋官"和"突击队"，与整体改革捆绑在一起并服从于、服务于整体改革的需要。

不言而喻，站在以中国式现代化全面推进强国建设、民族复兴伟业的关键时期这一新的历史更高起点上，无论是破解妨碍中国式现代化顺利推进的体制机制障碍，为中国式现代化提供强大动力和制度保障,还是切实巩固和增强经济回升向好态势,持续推动经济实现质的有效提升和量的合理增长,仍需要新一轮财税体制改革为进一步全面深化改革"铺路搭桥",新一轮财税体制改革仍要充当进一步全面深化改革的"先锋官"和"突击队"。

财政转移支付制度的国际经验与我国实践

冯俏彬[①]

一、财政转移支付功能与规模的基本理论

财政转移支付是指上级政府对下级政府无偿拨付的资金，包括中央对地方的转移支付和地方上级政府对下级政府的转移支付，主要用于解决地区财政不平衡问题，推进地区间基本公共服务均等化，是政府实现调控目标的重要政策工具。

财政转移支付的理论基础源自央地财政关系理论。西方对于央地财政关系的研究比较侧重于发挥地方政府提供公共产品积极性的一面。马斯格雷夫认为，财政主要有资源配置、社会稳定、收入分配三大职能，其中社会稳定和收入分配应由中央政府负责，资源配置职能由地方政府履行更加有效。蒂布特和奥茨认为，这主要是因为相对于中央政府，地方政府更能识别本地居民对于公共产品的偏好，居民"用脚投票"更是为地方政府提高公共产品的质量增加了外部压力。钱颖一等通过研究发现，改革开放以来中国与地方政府财政关系实现了激励相容，调动了地方政府发展经济、推动经济增长的积极性。比较而言，我国传统的"国家分配论"更加重视央地关系中中央政府的作用，近年来关

[①] 冯俏彬，中央党校（国家行政学院）经济学部教授、博士生导师。现任国务院发展研究中心宏观经济研究部副部长。

于央地财政关系的研究认为，中国特色政府间财政关系应立足于国土广大、人口众多的基本国情，发挥好中央与地方"两个积极性"。

财政转移支付的基本功能是缩小地区间财力差距，促进基本公共服务均等化。一般来讲，央地财政关系包括三个组成部分：事权和支出责任划分、收入划分、转移支付。转移支付在其中的功能是调节收支余缺，填补事权与财力之间的差距。这主要是源于两个方面的原因，一是各地的财政能力天然存在差异，国家越大，差异越大。二是现代国家理论认为，一个国家所有的国民，不论身居何处，都应享有大体相同的基本公共服务。中央政府通过建立转移支付，"抽肥补瘦"，促使不同区域的地方政府都有能力提供国家确定的基本公共服务。此外，财政转移支付还是促进区域协调发展、实施宏观调控的重要政策工具，也是维护国家统一、民族团结的重要制度安排。

财政转移支付主要包括一般性转移支付和专项转移支付。前者主要用于均衡地区间财力，后者主要用于引导地方政府完成中央任务或实现中央政策意图。转移支付的规模受到一国行政体制、经济发展、财政收入、基本公共服务成本等多因素的影响。规模过小，转移支付制度不能有效调节纵向、横向财力差异，影响地区均衡和协调发展；规模过大，又会放大转移支付制度内在的逆向效应，出现"鞭打快牛"和"等、靠、要"的副作用。良好的转移支付制度，需要平衡好公平与效率、激励与约束、发展与稳定等多方面的关系。

二、财政转移支付制度的国际实践

当今世界上，只要有多级政府的国家，一般均存在某种形式的转移支付。由于各国国情、财政制度、行政体制存在差异，转移支付制度也有所不同。但从典型国家的情况看，转移支付制度有以下共同特点。

转移支付制度一般都有专门的财政转移支付法律。财政转移支付是央地财政关系的一部分，各国均以法律进行规范，以提升制度稳定性。在美国，《联邦政府对州和地方政府的财政资助法案》规定了财政转移支付的负责机构、拨款标准、分配方法等内容。加拿大《健康行动法案》对其最大的转移支付项目"健康与社会转移支付"进行法律规范。德国《财政平衡法》是政府间转移支付的主要法律依据。日本《地方交付税法》《地方让与税法》是财政转移支付的主要法律制度。

转移支付制度有财政部之外的机构共同参与转移支付资金的分配。转移支付资金分配关系到地方政府切身利益，典型国家在财政部之外，都有专门的转移支付资金分配机构，以促进公平和透明。澳大利亚设有联邦拨款委员会，该委员会大约40名全职职员，独立于财政部，主要职责是对各省之间分配转移支付资金、促进财政均等化提供政策建议，每五年进行一次重大审查，每年进行一次更新。在英国，处理中央与地方之间转移支付事务是住房与地方振兴部（Ministry of Housing, Communities & Local Government，MHCLG），其主要职责是负责审编地方的财政收支计划，测算撰写地方年度收支指标，检查监督地方的执行，征求听取地方意见并上报财政部，与财政部共同确定对地方补助支出的总盘子等。

转移支付规模各异，但结构趋同。转移支付的规模受到一国行政体制、经济发展、财政收入、基本公共服务成本等多因素的影响，各国差异较大。根据OECD数据测算，以转移支付占财政支出的比重作为衡量指标，近五年法国的均值为4.1%，美国为7.8%、英国为11.9%、意大利为12.9%、加拿大为9.5%，日本为15.25%。从结构上看，各国转移支付虽然称谓不同，但都可分为一般转移支付和专项转移支付两大类，且多数国家都以一般转移支付为主。如法国的转移支付包括一般性补助和专项补助两类，英国包括一般用途拨款和特定用途拨款两类。德国除了上下级政府之间的纵向转移支付体系，还有州际之间的横向转移支付体系，但大体上仍然是以一般转移支付为主、专项为辅。日本的转移支付包括地方交付税、地方让与税和国库支出金三种，其中地方交付税属于一般性转移支付，国库支出金和地方让与税属于专项转移支付。只有美国比较特殊，90%以上的转移支付都是专项，包括专项拨款、总额拨款、分类拨款等，这与美国联邦与州事权划分清楚、相互独立程度高有关。

转移支付资金有明确来源，分配按标准财政收支进行公式化测算。从典型国家的情况看，中央对地方的转移支付资金通常都与特定的收入来源挂钩，基本上采取以收定支的原则。如德国联邦政府对州的转移支付主要来自增值税、公司所得税联邦分享部分、州际用于横向转移支付的资金来自增值税地方分享部分。法国中央对地方转移支付资金来自专门的"中央收入提取额"。在日本，地方交付税的来源是5个中央税种的一定百分比，包括32%的个人所得税、公司所得税和酒税，25%的烟草税和24%的消费税。在分配一般性转移支付资金时，各国均根据事先法律确定的公式进行标准化测算。第一步，按全国平均税率测算各地标准收入；第二步，按人口、基本公共服务成本等因素测算各地标准支出；第三步，标准支出减去标准收入，缺口即为可获得的转移支付。专项转移支付的资金通常来自中央本级收入，用于中央政府的委托事项或全局性战略安排。

三、近年来我国转移支付制度的成效与突出问题

我国财政转移支付制度建立于1994年分税制改革之时，迄今已将近40年。近年来，我国财政转移支付规模不断扩大，较好地促进了区域财力均衡和区域经济协调发展，保障了基层"三保"和国家重大战略的财力需要。

（一）近年来我国财政转移支付制度的主要成效

转移支付力度不断提高。近年来，我国财政转移支付的规模逐年上升。2023年，中央对地方转移支付达到10.06万亿元的历史新高，较2015年的5.0万亿元增加了一倍多。2019以来，国家相继出台

12个领域的财政事权与支出责任划分方案，增设了共同事权转移支付，2023年共同事权转移支付共计54项。据财政部数据，2023年一般性转移支付占转移支付总额的比重为86.6%（包含共同事权转移支付），专项转移支付占比下降到13.4%。

转移支付管理不断健全。按照国务院印发的《关于改革和完善中央对地方转移支付制度的意见》（2014年），财政部按每个转移支付项目"一个制度＋一个管理办法"的框架，先后出台了200多个文件，明确各自的实施期限、资金用途、分配办法等，另外还建立了转移支付的定期评估机制、信息公开机制、资金直达机制、绩效评价机制等，基本实现了全面管理。

转移支付制度显著缩小了区域财力差距。实施转移支付后，各省人均财力差距明显缩小。2015—2022年，以变异系数计算的各省财力差距，转移支付前各省人均财政收入的变异系数为75.5%，转移支付后各省（自治区）人均财政支出变异系数下降至56.3%，差距下降了19.2个百分点。如剔除西藏、新疆、青海三个转移支付极高的特殊情况，各省（自治区）财力差距缩小更加明显，转移支付前各省人均财政收入的变异系数为76.4%，转移支付后各省（自治区）人均财政支出变异系数下降至39.0%，差距下降了37.4个百分点（见图2-1）。

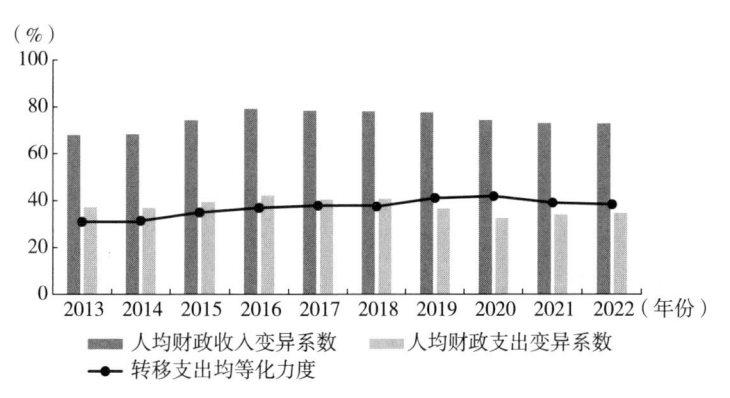

图2-1　2013—2022年转移支付前后各省财力差距变化情况
（不含西藏自治区、新疆维吾尔自治区和青海省）

财政转移支付制度较好地保障了基层"三保"工作和国家重大战略的财力需要。2022年，用于增加地方财力的均衡性转移支付由2019年的1.6万亿增加到2.4万亿元，年均增长10.9%。县级基本财力保障奖补资金、老少边穷地区转移支付等的年均增速分别为11.0%、9.1%，高于同期转移支付总增速。2016—2020年，累计安排扶贫开发资金5 305亿元。生态环保资金、产业基础再造、制造业高质量发展资金投资不断增加。

（二）存在的主要问题

法治化程度不高。早在2004年，全国人大就将制定财政转移支付条例列入了立法规划，但由于各方面意见不一致，一直没有出台。目前财政转移支付主要法律依据是《中华人民共和国预算法》第十六条的原则性规定，"国家实行财政转移支付制度。财政转移支付应当规范、公平、公开，以推进地区间基本公共服务均等化为主要目标"。从实际运行情况看，转移支付运作管理主要依据是财政部的部门规章，法律层级比较低、权威性不够。

转移支付规模超过中央财政承受能力。一是增速过快。2015年以来，中央对地方转移支付的年均增速达到9.1%，高于同期名义GDP的7.8%、财政支出5.7%的平均增速。疫情前4年，转移支付占财政支出的比重平均为29.85%，疫情后4年，上升到34.82%。二是近两年规模已超过中央一般公共预算收入。疫情发生前的2019年，转移支付占中央一般公共预算收入的比重为82.8%。疫情发生以来，中央对地方转移支付大幅增加。2022年，中央对地方转移支付为9.7万亿元，当年中央一般公共预算收入为9.5万亿元；2023年，中央对地方转移支付为10.06万亿元，当年中央一般公共预算收入为9.9万亿元，相当于这两年中央一般公共预算收入全部用于了对地方的转移支付，而且尚有缺口，需要通过调入预算稳定基金、央企上缴、提高赤字率等方式进行弥补，不可持续性凸显。三是地方对中央转移支付的高度依赖还可能持续。考虑到近年来经济下行和土地出让收入大幅下降，但地方支出刚性急切难减，因此对中央转移支付的高度依赖可能还会继续一段时间。

转移支付资金的分配不完全符合地方实际情况。一是在影响一般转移支付资金分配中，具有决定性的因素是各地总人口。随着我国城镇化进程加快，人员频繁流动，各地户籍人口与常住人口之间存在差距。目前在一般转移支付的测算中，按"户籍人口＋流入（流出）人口×流入（流出）人口折算比例"计算，相当于将一个流动人口折算成某个比例户籍人口。这不符合各地，尤其是人口净流入地提供基本公共服务的现实情况。二是专项转移支付按项目法进行分配，有关方面自由裁量权较大，资金安排精准性不够，不完全符合地方实际，"跑部钱进"没有完全禁绝。三是地方实际上能自主安排部分的比例不高。根据测算，近年来庞大的转移支付资金中，共同事权转移支付和专项转移支付是大头，但均为指定用途，地方不能根据实际情况自主安排。

转移支付的效率下降。一是资金多环节流动。2023年，中央对地方转移支付达到10.06万亿元，如此大规模的资金要经过"地方—中央—地方"地来回流动，每一个环节都会发生效率损失。二是行政成本较高。专项转移支付以项目法为主进行管理，通常需要各级政府层层申报、层层审批项目，资金层层下达、检查监督层层执行，过程非常烦琐，行政成本极高。三是"逆向选择"效应有所加大。一方面"鞭打快牛"，2022年，广东省、福建省人均财政收入分别排名全国第7、11位，经过转移支付后，人均财政支出排名分别降至全国第22、27位，且低于全国平均水平。另一方面"等、靠、要"凸显，中西部一些地区、特别是不少县一级政府对于上级转移支付的依赖度高达90%以上。调研中了解到，西部某县全县人口为15万，当年财政支出达30亿元以上，但当地政府仍然要求继续加大转移支付力度。四是促进基本公共服务均等化的效应不明显。转移支付在规模不断扩大并明显缩小区域财力差距的同时，并没有带来基本公共服务均等化的显著改善。从教育看，以变异系数计算，2022年小学、初中生人均一般公共预算教育经费地区差距分别为43.3%、47.5%，较2014年分别下降2.0个百分点、2.5个百分点。从医疗卫生看，2022年每万人医疗机构床位数地区差距为19.3%，较前5年21.1%的均值下降1.9个百分点。

四、主要改革建议

财政转移支付制度关系到中央和地方两个积极性，关系到2035年基本公共服务均等化目标能否实现，关系到财政可持续等重大问题。建议在新一轮财税体制改革中，按"三个适度"进一步完善财政转移支付制度：适度提升财政转移支付的法治化水平、适度控制转移支付的规模与增速，适度增加地方对转移支付资金的使用权限，提升资金实际使用效率，发挥好财政在国家治理中的基础和重要支柱作用，为推动高质量发展和扎实推进中国式现代化提供坚实的制度保障。

加快出台财政转移支付条例。建议全面总结三十多年以来我国转移支付制度的经验，将其中成熟定型的部分以法律法规的形式固定下来，并对转移支付的功能定位、分类体系、设立程序、分配管理、退出机制等作出全面系统的规定，形成预算法、财政转移支付条例、部门规章相互衔接的完整法律法规体系，增强制度稳定性和法治化程度。

建立控制转移支付过快增长的机制。具体有三种选择。一是明确转移支付的增长速度原则上不超过当年财政收入增速。二是逐步将增值税、企业所得税、个人所得税这三个共享税中的中央收入部分，作为当年中央对地方转移支付总额的重要控制线，一般情况下不宜过度偏离。以2023年为例，"三个共享税"中央收入部分共计6.8万亿元，相当于当年中央一般预算收入的67%，与疫情前的水平大致相当。三是在控制中央对地方转移支付规模的同时，辅以适当提高地方的税收分享比例，加快完善地方税体系、提高地方政府的增收能力的配套改革，促使地方财政收支基本平衡。

建立健全转移支付分类管理机制。一是落实国务院要求，尽快将共同事权调出一般转移支付。2014年，国办曾要求逐步将一般性转移支付中的中央地方共同事权项目转列专项转移支付，但2019年之后仍然列入了一般转移支付之中。二是针对西藏、新疆等特殊自治区，单设特殊转移支付，与其他各省（自治区、直辖市）分开计算，更客观地反映各省财力均等化情况。三是归并当前过多的管理制度，分类制定三类转移支付的基本原则、目标、资金来源、分配方式、使用管理、审计监督、绩效评价、相关主体权利义务和法律责任等，从根本上提升转移支付的稳定性、规范性和公平性。

以常住人口为基数，优化一般性转移支付的资金分配公式。一是简化结构，突出均衡性转移支付的主体地位，将县级基本财力保障机制奖补资金、阶段性财力补助、产粮大县奖励资金、农村综合改革转移支付等财力性转移支付，按一定规则并入均衡性转移支付，从严控新增财力性转移支付项目。二是调整优化均衡性转移支付计算公式，以常住人口为主要因素测算各地标准财政收支，更好地适应城市化进程中人员高度流动、地方政府平等提供基本公共服务的客观需要。三是探索建立衡量区域间基本公共服务均等化的指标体系和阶段性目标任务，合理引导转移支付资金流向，促进基本公共服务均等化进程。

按"大类"归并共同事权转移支付，赋予地方一定的灵活性。建议对共同事权事项，以国务院陆续发布的财政事权与支出责任划分方案为依据，按"大类"进行归并，避免过于碎片化。比如，可将城乡义务教育补助经费、义务教育薄弱环节改善与能力提升补助资金、学生资助补助经费等9项与教育有关的共同事权转移支付合并为"教育补助经费"一个大项；将城乡居民基本医疗保险补助、基本药物制度补助资金等与医疗卫生相关的7项合并为"医疗卫生补助经费"一个大项；将粮油生产保障资金、农业生产发展资金、耕地建设与利用资金等8个与农业有关的共同事权转移支付合并为"农业生产补助资金"一个大项等。赋予地方政府在同一个大项范围内，根据本地实际情况自主安排资金的权力，增加共同事权转移支付的弹性和灵活性，更好适应地方不同支出需要。

进一步清理规范专项转移支付，突出国家重大战略意图。专项转移支付要以实现国家重大战略意图为目标，加强对重点领域的资金保障，提高对国家重大战略的支撑能力，一般情况下不要求地方配套。严格专项转移支付的设立条件，明确存续时间，减少数量，突出重点，区分于部门一般性工作安排。进一步完善专项转移支付项目管理，继续实施三年滚动管理。全面推广财政资金直达机制，有效降低行政成本。继续完善对专项转移支付的绩效评价，提高资金使用效率。

进一步完善转移支付的全过程管理。加快推进预算管理一体化系统应用，健全从源头到末端的转移支付管理体系。依法落实预算公开要求，提高转移支付透明度。完善转移支付定期评估机制，有进有出、动态优化。加大绩效评价结果运用力度，适时调整支出政策，确保将资金用在刀刃上。完善省以下转移支付制度，强化省级政府辖区责任，促进省内财力均衡。继续完善中国特色的横向转移支付制度。将对口支援设计纳入转移支付制度范畴。扩大跨地区横向生态补偿范围，鼓励相关地区自愿开展跨地区生态补偿，建立地区之间的绿色利益分享机制，实现区域生态共建共享。

我国区域利用外资现状、问题及对策

李 娣[①]

区域协调发展是加快构建新发展格局，推动高质量发展的必然要求。外资是中国改革开放后经济社会快速发展的重要因素[②]，发挥外资在促进我国区域发展战略中的作用，对优化生产力布局，助推构建优势互补、高质量发展的区域开放格局与经济空间体系具有重要意义。推动东部地区以技术创新为导向，吸引吸纳全球技术创新要素集聚，探索稳步扩大制度型开放，提升外资引进能级，以高水平对外开放推动高质量发展，加快东部地区发展现代化。持续推进中西部和东北老工业基地等欠发达地区开放开发，缩小地区引资差距，提升产业承载能力，释放中国经济发展的潜力和后劲，激活国内大市场、畅通国内大循环，提升中西部地区与国际大循环链接水平。

一、国际国内相关研究综述

外国直接投资不会在国家、行业和当地不同区域之间自动和均匀地累积。国家政策和国际投资架构对更多发展中国家吸引外国直接投资，并充分利用外国直接投资促进发展至关重要。东道国国家需要为外国投资建立一个透明、广泛、有效的有利政策环境，并建立实施这

---

① 李娣，中国国际经济交流中心经济部研究员。
② 李娣：《积极利用外资推动高质量发展：新特征、新挑战、新思路》，《经济研究参考》2024年第4期。

些政策的人力和机构能力①。Petr Pavlínek 通过回顾经济地理学家研究方法，认为由于地理区位的差异，欠发达与较发达地区在吸收和利用外资方面具有不同的优势与弱势，较发达地区较高的人均可支配收入，具有庞大的实际或潜在市场；集聚更多熟练和受过教育的劳动力，研发创新能力相对更强，拥有更多样化和技术先进的经济；有更为先进的基础设施；因靠近市场，具有物流成本低等优势。发达地区也存在生产要素成本高，劳动力竞争激烈，潜在劳动力短缺等相对弱势。欠发达地区具有更为丰富的自然资源和剩余劳动力、较低的生产要素成本和经营成本、经营启动成本相对低、地理位置上接近大型核心市场等相对优势，也存在劳动力受教育程度和劳动技能较低，人均可支配收入低所致的实际或潜在市场小，经济相对单一且技术相对落后，基础设施也相对滞后等弱势②。通过构建包含国内价值链（NVC）与全球价值链（GVC）联动的多区域投入产出模型，得出外需驱动下，中国东部沿海、南部沿海和京津地区的增加值收益快速提高，而中西部地区的国际和国内垂直分工效应增值能力持续提升③。

我国各省市之间由于地理区位存在较大差异，叠加政策、产业基础、开放先后等多种因素，导致各省市在吸收和利用外资的结果差异较大。本文主要根据我国大陆东、中、西三大区域经济带的划分来开展分析研究，从现实情况来看，当前我国东部地区区位和经济发展特点较为接近 Petr Pavlínek 认为的较发达地区特征，西部地区较为接近欠发达地区，中部地区的经济特点介于两者之间，由于区域条件及各区域发展阶段不同，使得我国各区域利用外资的结果、面临的问题与

---

① OECD, *Foreign Direct Investment for Development-MAXIMISING BENEFITS, MINIMISING COSTS*. Page 3. https://www.oecd.org/investment/investmentfordevelopment/1959815.pdf.

② Petr Pavlínek, *Revisiting economic geography and foreign direct investment in less developed regions*. Geography compass, Volume16, Issue4 April 2022 e12617. https://compass.onlinelibrary.wiley.com/doi/10.1111/gec3.12617

③ 余丽丽、彭水军：《全面对外开放与区域协调发展：基于价值链互动视角》，《世界经济》2022 年第 1 期。

挑战存在较大差异，需因地制宜、因势利导、协调联动，推动各地有差异地吸收和利用外资，助推区域协调与高质量发展。

二、东中西地区利用外资现状

（一）外商投资高度集聚东部地区、中西部地区利用外资水平和质量提升明显

20世纪80年代，伴随我国沿海地区率先对外开放战略的实施，我国中央和地方政府为东部沿海地区制定了一系列优惠政策[①]，以低成本要素开放吸引外商投资，积极发展外向型经济。经过几十年的发展，外商投资、外贸主要集中东部沿海地区，多数外商投资企业也聚集在东部地区（见表2-1、图2-2、2-3）。2021、2022年，东部地区实际使用外资金额超过100亿美元的是江苏、广东、上海、山东、浙江、北京等省市（见表2-2）。我国区域开放顺序为沿海、沿江、沿边、内陆次第开放，中部地区地处内陆，西部地区多处于沿边及内陆，开放进程相对缓慢，地理上的相对封闭也导致中西部地区开放理念、市场意识相对滞后，在开放进程中始终处于追随东部地区状态。随着西部大开发战略、中部地区崛起等区域战略的实施，国家根据中西部各省市产业基础与资源禀赋、发展阶段，发布了《中西部地区外商投资优势产业目录》，并与时俱进地进行了多次修订，不断拓展开放空间和开放领域，调整外商投资制造业投资方向。2013年后，得益于"一带一路"倡议，长江经济带发展战略、西部陆海新通道建设等经济战略的实施，我国加快推动构建陆海内外联动、东西双向互济的开放格局，中西部地区积极承接国际和沿海地区外资产业转移，部分制造业加速向中西部地区梯度转移，利用外资水平和质量明显提升。中西部外资新增企业数、实际利用外资总额稳步提升（见图2-2、2-3）。2021、

---

① 李娣：《我国区域开放合作进展、问题与思考》，《全球化》2021年第4期。

2022年，中部地区省份实际使用外资金额超过10亿美元为安徽、湖北、江西、湖南等省；西部地区外商投资主要集中在四川、重庆、陕西、广西等省（自治区、直辖市）（见表2-3）。随着部分制造业向中西部地区转移，与2010年相比较，2015—2022年，中西部地区进出口贸易额占全国比重逐步提升（见表2-1）。

表2-1 我国各区域按收货人所在地分进出口贸易额占全国比重　　单位：%

地区	2000年	2005年	2010年	2015年	2016年	2017年	2018年	2019年	2020年	2021年	2022年
西部地区	3.62	3.66	4.32	7.36	6.97	7.55	7.98	8.56	9.19	9.1	9.1
东部地区	88.09	89.89	87.61	82.79	83.28	82.40	81.95	80.64	79.57	79.4	79
中部地区	3.11	2.92	3.93	6.41	6.46	6.71	6.79	7.49	8.34	8.6	9.0
东北地区	5.18	4.02	4.14	3.44	3.30	3.34	3.50	3.31	2.91	2.9	2.9

注：东、中、西部地区划分同图2-2。
数据来源：国家统计局数据整理。

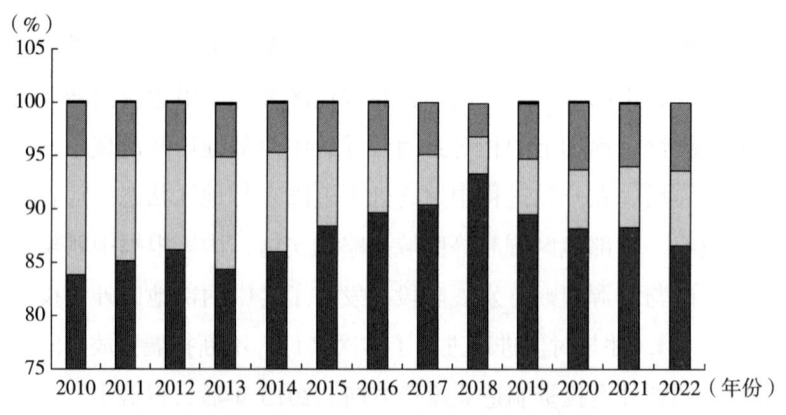

图2-2 我国外商投资新增企业数区域分布情况

注：1. 有关部门项下含银行、证券、保险行业吸收外商直接投资数据。
　　2. 东部地区：北京、天津、河北、辽宁、上海、江苏、浙江、福建、山东、广东、海南11个省、自治区、直辖市。
　　3. 中部地区：山西、吉林、黑龙江、安徽、江西、河南、湖北、湖南。
　　4. 西部地区：四川、云南、贵州、西藏、重庆、陕西、甘肃、青海、新疆、宁夏、内蒙古、广西。

数据来源：商务部历年外商投资统计。

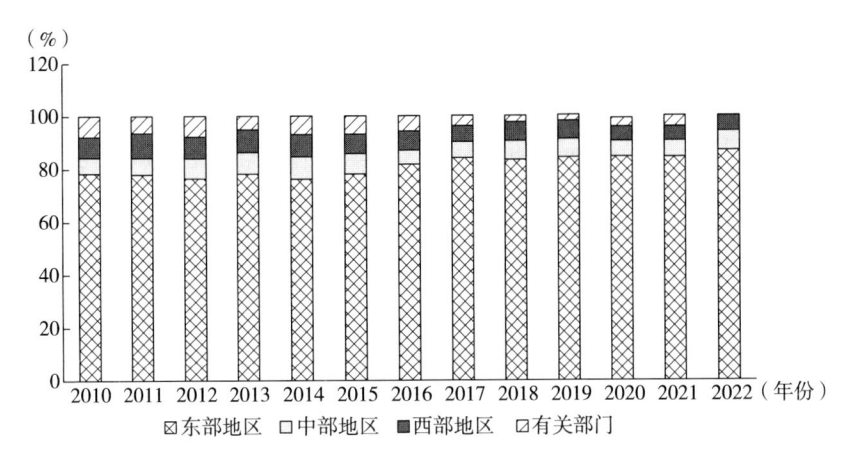

第二章 深化经济领域改革的重点难点

注：1. 有关部门项下含银行、证券、保险行业吸收外商直接投资数据。
2. 东、中、西部地区划分同图2-2。

图2-3 2010—2022年我国实际利用外资区域分布情况

数据来源：商务部历年外商投资统计。

表2-2 2020—2022年各省、自治区、直辖市外资情况　　单位：家，亿美元

地区	省（自治区、直辖市）	2020年		2021年		2022年	
		新增企业数	实际使用外资金额	新增企业数	实际使用外资金额	新增企业数	实际使用外资金额
西部	内蒙古	43	3	44	3.2	40	5.4
	广西	502	8.9	644	9.4	535	13.7
	重庆	290	21	358	22.4	268	18.6
	四川	842	25.5	882	33.6	755	35.3
	贵州	116	4.4	144	2.4	105	5.3
	云南	267	7.6	337	8.9	342	7
	西藏	6	0.3	9	0.3	2	0.3
	陕西	278	4.6	312	10.6	314	14.6
	甘肃	23	1.6	35	1.1	29	1.2
	青海	8	0.3	16	0.03	11	0.3
	宁夏	22	1.6	29	2.2	22	3.4
	新疆	39	2.2	24	2.4	38	4.6
	合计	2 436	81	2 834	96.53	2 461	109.7

续表

地区	省（自治区、直辖市）	2020年		2021年		2022年	
		新增企业数	实际使用外资金额	新增企业数	实际使用外资金额	新增企业数	实际使用外资金额
东部	河北	358	13.6	385	15.4	442	16.6
	北京	1 261	133.9	1 924	144.3	1 408	174.1
	天津	574	47.4	744	53.9	496	59.5
	山东	3 060	176.5	3 064	215.2	2 329	228.7
	江苏	3 572	235.2	4 237	288.5	3 303	305
	上海	5 751	190.1	6 717	233.3	4 359	239.6
	浙江	2 821	157.8	3 547	183.4	2 910	193
	广东	12 864	234.4	16 155	276.6	13 365	278.9
	海南	1 005	17.2	1 936	35.2	1 352	37.1
	福建	2 233	44.2	2 742	49.1	2 733	49.9
	辽宁	529	25.2	638	32	496	61.6
	合计	34 028	1 275.5	42 089	1 526.9	33 193	1 644
中部	黑龙江	112	3.2	125	3.9	143	2.3
	吉林	87	5.7	81	6.8	67	4.5
	山西	114	2.1	143	2.4	91	8.3
	河南	266	12.7	341	8.2	330	17.8
	安徽	400	14.9	476	18.3	475	21.6
	湖北	294	18.9	438	25	478	26.5
	江西	565	18.9	633	22.9	669	21.7
	湖南	268	14	438	24.1	442	35.3
	合计	2 106	90.4	2 675	111.6	2 695	138
	总计	38 578	1 493.4	47 647	1 809.6	38 497	1 891.3

注：东中西部地区划分同图 2-2。
数据来源：商务部外商投资统计。

（二）高技术制造业和服务业等外商投资企业、跨国公司总部基地及研发基地进一步加速向东部地区集聚

近年来，东部地区外商投资新兴产业占比不断提高，主要分布为电子信息、高端装备制造、生物医药和现代服务业。长三角地区跨国公司在原有制造业工厂基础上，利用区域丰富的人力和人才资源，在

拓展职能的同时，转移吸收集团国内分支机构总部职能，新设总部、研发中心、共享服务中心，以满足产业服务能力提升需要，并通过保税维修、检测、物流分拨、销售服务等开拓新业务，延长产业链；通过从国外引入高端产品生产线，提高产品和服务附加值，叠加共享服务、研发、财务结算、供应链等"制造+"职能。2023年，上海实际使用外资金额为240.9亿美元，跨国公司地区总部、外资研发中心分别新增65家和30家，累计分别达到956家和561家，6万家外商投资企业贡献了2/5规模以上工业企业研发投入[1]，实际使用外资金额排名前三的行业分别为信息传输、软件和信息技术服务业、租赁和商务服务业、科学研究和技术服务业[2]，这三大行业实际利用外资金额占上海比重的60.5%。2022年，江苏新认定35家跨国公司地区总部和功能性机构，总数增至366家[3]。2023年，北京全年实际利用外商直接投资137.14亿美元，其中，科学研究和技术服务业；信息传输、软件和信息技术服务业；租赁和商务服务业三大行业实际利用外资金额占北京比重的82.9%（见表2-3）。截至2023年第三季度，北京市已累计认定跨国公司地区总部230家[4]。天津、河北、江苏、山东、福建、辽宁实际直接利用外资分别为57.75亿、17.5亿、253.4亿、175.3亿、42.92亿和33.8亿美元[5]。其中，山东制造业实际使用外资66.5亿美元，占全省实际使用外资的比重为38.0%[6]。

---

[1]《2024年上海政府工作报告》，《解放日报》2024年1月29日。

[2] 上海统计局：《2022年1—12月上海利用外资情况》，上海统计局官网，https://tjj.sh.gov.cn/sjxx/20230131/c676f46404584e46879a8c1f7fe851ef.html，访问日期：2023年1月31日。

[3] 刘巍巍：《江苏2022年实际使用外资规模居全国首位 对外投资稳中有进》，新华网，2023年2月21日。

[4] 阮修星：《直击服贸会丨北京已累计认定跨国公司地区总部230家》，央广网，https://www.163.com/dy/article/IDQUI73C0514R9NP.html，访问日期：2023年9月4日。

[5] 各省《2023年国民经济和社会发展统计公报》，各省统计网站。

[6]《2023年山东省国民经济和社会发展统计公报》，山东省统计局网站，http://tjj.shandong.gov.cn/col/col6196/index.html，访问日期：2024-03-03。

表 2-3 东部地区各省（直辖市）实际利用外资排名前三的行业占比（%）

北京（2023）			上海（2023）			天津（2022）		
科学研究和技术服务业	信息传输、软件和信息技术服务业	租赁和商务服务业	信息传输、软件和信息技术服务业	租赁和商务服务业	科学研究和技术服务业	租赁和商务服务业	制造业	房地产
42.4	23.7	16.8	22.2	19.1	19.1	29.6	16.0	4.0
江苏（2022）			河北（2022）			浙江（2022）		
制造业	科学研究和技术服务业	房地产业	制造业	交通运输、仓储和邮政业	信息传输、软件和信息技术服务业	制造业	信息传输、软件和信息技术服务业	科学研究和技术服务业
39.3	15.0	11.9	40.3	14.7	12.1	30.1	18.3	16.8
山东（2022）			广东（2022）			海南（2022）		
制造业	批发和零售业	租赁和商务服务业	租赁和商务服务业	制造业	信息传输、软件和信息技术服务业	租赁和商务服务业	科学研究和技术服务业	信息传输、软件和信息技术服务业
42.7	19.5	13.3	25.2	24.2	13.8	55.0	10.1	9.2

数据来源：北京、上海 2023 年《统计公报》；其他为各省 2023 年《统计年鉴》；福建、辽宁数据缺失。

以"技术＋资本＋劳动"密集型的电子产业为例，外商向资源要素和市场区位优势明显的东部地区集聚发展态势明显。据统计测算，2022 年，东部地区外商电子企业数量超 500 家，占东部地区电子企业总数比重近两成，占全国电子外商企业总数的比重超七成[1]。江苏、广东、浙江、山东、天津、辽宁、湖北、福建等 8 省（直辖市）集聚了

---

[1] 大数据团队：《2022 年电子外商发展向好 助力电子行业实现更高水平对外开放》，微信公众号：工信数通，https://mp.weixin.qq.com/s/_4BZ5NHs-HN5FTqSvCjGfg，访问日期：2023 年 3 月 31 日。

全国近 80% 的外商电子企业，8 省外商企业电子总数超 800 家[1]。

（三）中西部地区外商投资的重点行业主要为制造业、电力、热力、燃气及水的生产和供应业，租赁和商务服务业

中西部地区利用要素成本、区位优势，积极承接东部地区产业转移，承接的外商投资产业主要集中在第二产业，尤其是电子信息、器材制造业等劳动密集型产业及代工厂，服务业以房地产、批发和零售、租赁和商务服务业为主，新兴产业及特色产业少。此外，能源、矿产资源等也成为外商重点关注的行业。据各省统计数据显示，2023 年，山西省、吉林省、江西省、安徽省、湖南省实际利用外资 12.8 亿、5.53 亿、20.63 亿、12.8 亿和 14.4 亿美元[2]。2022 年，中部多数省份制造业利用外资占全省实际利用外资额的第一位（见表 2-4），山西依托资源禀赋，采矿业外商投资占比排在该省实际利用外资首位。江西省实际使用外商直接投资排名前三的行业：制造业、租赁和商务服务业、批发和零售业。安徽省排名前三行业为制造业、科学研究和技术服务业、租赁和商务服务业。湖北为制造业；信息传输、软件和信息技术服务业；科学研究和技术服务业。河南为信息传输、软件和信息技术服务业；制造业；房地产。与前几年相比较，中部省份制造业利用外资总体保持排名前三的行业，但各省排名前三的其他行业每年都有变化，如：近几年，湖南主要引进了香港九龙仓集团，发展商贸业，2022年，第三产业占利用外资比重达 83.5%[3]。

---

[1] 大数据团队：《2022 年电子外商发展向好 助力电子行业实现更高水平对外开放》，微信公众号：工信数通，https://mp.weixin.qq.com/s/_4BZ5NHs-HN5FTqSvCjGfg，访问日期：2023 年 3 月 31 日。
[2] 各省《2023 年国民经济和社会发展统计公报》，各省统计网站。
[3] 《湖南省统计年鉴 2023》，湖南省统计局网站，https://tjj.hunan.gov.cn/tjfx/hntjnj/index.html，访问日期：2024 年 3 月 30 日。

表2-4　中部地区各省实际利用外资排名前三的行业占比（%）

山西（2022）			江西（2022）			黑龙江（2022）		
采矿业	制造业	电力、热力、燃气及水生产和供应业	制造业	租赁和商务服务业	批发和零售业	制造业	电力、热力、燃气及水生产和供应业	租赁和商务服务业
51.8	19.9	13.9	35.7	18.3	11.4	38.5	22.1	14.0
安徽（2022）			河南（2022）			湖北（2022）		
制造业	科学研究和技术服务业	租赁和商务服务业	信息传输、软件和信息技术服务业	制造业	房地产	制造业	信息传输、软件和信息技术服务业	科学研究和技术服务业
49.9	30.0	4.0	50.5	18.6	9.1	24.3	16.1	15.9

数据来源：2023年各省《统计年鉴》；吉林、湖南数据缺失。

西部地区实际利用外资主要集中于四川、重庆、陕西和广西。2023年，四川外商直接投资34.8亿美元[1]，境外世界500强已达258家[2]。重庆全年实际使用外资金额10.53亿美元，年末累计有319家世界500强企业落户重庆[3]。陕西实际利用外资14.69亿美元，同比增长0.3%[4]。广西、云南全年实际利用外资分别为12.3亿美元[5]、8.46亿美元。甘肃、青海、新疆、内蒙古全年实际利用外资分别为1.39亿美元、0.22亿

---

[1] 根据《2023年四川省国民经济和社会发展统计公报》公布的"外商直接投资245.2亿元"，按照国家统计局2023年人民币兑美元年平均汇率"1美元=7.0467人民币"换算得出。

[2] 《2023年四川省国民经济和社会发展统计公报》，四川省统计局网站，https://tjj.sc.gov.cn/scstjj/c111701/2024/3/14/f403a921ad204ecfaecde2866aec3aac.shtml，访问日期：2024年3月14日。

[3] 《2023年重庆市国民经济和社会发展统计公报》，重庆市统计局网站，https://tjj.cq.gov.cn/zwgk_233/fdzdgknr/tjxx/sjzl_55471/tjgb_55472/202403/t20240326_13084652.html，访问日期：2024年3月26日。

[4] 《2023年陕西省国民经济和社会发展统计公报》，陕西省统计局网站，http://tjj.xa.gov.cn/tjgz/tjyw/1777151845830565889.html，访问日期：2024年3月27日。

[5] 根据《2023年广西壮族自治区国民经济和社会发展统计公报》公布的"外商直接投资82.8亿元"，按照国家统计局2023年人民币兑美元年平均汇率"1美元=7.0467人民币"换算得出。

美元、6.81 亿美元①、7.92 亿美元②。部分省、自治区主要依靠矿产、能源等资源优势吸引外商投资（见表 2-5）。如内蒙古占全国实际利用外资比重很低，在 2019—2020 年，排名前三的行业：制造业，采矿业，农、林、牧、渔业。2021 年，行业主要为农、林、牧、渔业，制造业和电力、燃气及水的生产和供应业③。

表 2-5 中部地区各省实际利用外资排名前三的行业占比（%）

重庆（2022）			贵州（2022）			陕西（2022）			云南（2022）		
制造业	租赁和商务服务业	批发和零售业	租赁和商务服务业	房地产	科学研究和技术服务业	采矿业	制造业	房地产	电力、热力、燃气及水生产和供应业	房地产	制造业
24.8	22.8	21.9	63.5	15.3	5.0	30.6	21.3	21.3	34.5	20.3	16.4

数据来源：2023 各省《统计年鉴》；其他省份数据缺失。

三、各区域利用外资存在的问题

由于我国各区域利用外资条件各异，导致面临的问题也存在各自差异。

（一）地缘政治冲突等外部环境变化对东部地区利用外资、稳外资形成的冲击更为明显，吸引全球高技术资源要素还面临较多障碍

受美国等发达国家"脱钩断链"政策等影响，叠加全球金融市场

---

① 各省《2023 年国民经济和社会发展统计公报》，各省统计网站。
② 根据《2023 年内蒙古自治区国民经济和社会发展统计公报》公布的"外商直接投资 55.8 亿元"，按照国家统计局 2023 年人民币兑美元年平均汇率"1 美元 =7.0467 人民币"换算得出。
③ 《2020—2022 年内蒙古自治区统计年鉴》，内蒙古统计局网站，https://tj.nmg.gov.cn/，访问日期：2024 年 4 月 2 日。

的动荡，不确定风险持续上升，严重打击全球投资者信心。全球经济出现衰退趋势导致外需进一步减弱，也影响投资的扩张。根据研究公司 PitchBook 的数据显示，全球风险投资资金在 2023 年上半年几乎减少了一半。受美国"脱钩断链"政策及三年疫情对全球产业链供应链重构影响，外资对全球产业链供应链做了一些新的调整。欧美发达国家加强对外投资安全审查，我国在引进国外集成电路、新能源等高科技企业面临外国政府阻力。2023 年，实际使用外资金额 11 339.1 亿元人民币，同比下降 8.0%。有企业反映，一些跨国公司明确要求 2023 年的全球订单中，减少从中国的采购比例。这一现象对外商投资最为集中的东部地区而言，稳存量、扩增量的难度显著增强。东部地区部分城市实际利用外资金额大幅下滑，如 2023 年，上海实际使用外资金额为 240.87 亿美元，同比仅增长 0.5%；广东省实际利用外资 1 591.6 亿元人民币，同比下降 12.5%。

江苏省境外招商交流中反映，外资企业依然重视在华投资，但考察的重点由原来关注减免等政策支持转为更关注物流、供应链、人才等配套供给及要素供给。东部地区作为我国利用外资最为活跃的区域，未来承担建设全球科技创新战略前沿阵地的使命，但我国在吸引国际优秀人才来华工作方面还存在较多障碍。据联合国人口统计数据显示，2020 年，各国国际移民存量占总人口的百分比：日本为 2.2%，韩国为 3.01%，德国为 18.6%，法国为 13.05%，英国为 14.25%，美国为 15.64%，中国仅为 0.06%，占比是非常低的。有外企反映，在华外籍人士还面临较多不公平待遇，我国要求常住外籍人员旅游履行 24 小时上报责任，部分省份限住、限投资、限信用卡，没有建立外籍人士在华退休养老制度等。

（二）中西部地区存在引资平台不足，部分平台发展受制约等问题

经济技术开发区、高新技术产业园区等是利用外资的重要平台，

2022年，我国有230家，国家级经济开发区实际利用外资额432亿美元，占全国实际利用外资额的23%[①]。截至2021年，东部地区有101家，中部地区有55家，西部地区有52家，东北地区有22家（见表2-6）。河南、新疆都反映，由于两省（自治区）利用外资起步较晚，其经济技术开发区、高新技术产业园区的数量远远少于沿海发达地区，是难以引导外资向本省转移的一大瓶颈[②]。如宁夏、贵州、青海各只有2家国家级经济技术开发区（见表2-6）。

表2-6 全国各省（自治区、直辖市）拥有的国家级经济技术区数量

地区	省（自治区、直辖市）	数量/家	地区	省（自治区、直辖市）	数量/家	地区	省（自治区、直辖市）	数量/家
西部	内蒙古	3	东部	河北	7	中部	山西	4
	广西	5		北京	1		河南	9
	重庆	3		天津	6		安徽	13
	四川	10		山东	15		湖北	9
	贵州	2		江苏	26		江西	10
	云南	5		上海	6		湖南	10
	西藏	1		浙江	22		合计	55
	陕西	5		广东	7	东北部	黑龙江	8
	甘肃	5		海南	1		辽宁	9
	青海	2		福建	10		吉林	5
	宁夏	2		合计	101		合计	22
	新疆	9						
	合计	52						

注：根据商务部有关资料不完全统计。

部分园区基础设施滞后于发展需求，基础设施建设和更新面临资

[①] 商务部：《商务部公布2023年国家级经济技术开发区综合发展水平考核评价结果》，商务部官网，http://www.mofcom.gov.cn/article/xwfb/xwrcxw/202312/20231203463391.shtml，访问日期：2023年12月28日。

[②] 《利用外资平台和政策资源相对不足》，《中国贸易报》2017年11月16日。

金短缺难题；园区发展饱和但仍有产业集聚优势①，亟待破解土地制约。一些地处中西部地区国家级经济技术开发区和高新区反映，园区缺乏能与外商对接的资源，更是缺乏为外商投资企业提供从招商到项目落地服务的优秀人才。难以做到跟上海、深圳等城市一样为外商提供国际学校、医院等配套设施。此外，部分中西部省（自治区）在促进利用外资的体制机制建设上远落后于东部地区，如多数省、自治区没有专门的外商投资促进机构，也缺乏支持促进外商投资的专项资金。

（三）中西部地区部分产业集聚不够，产业链供应链不完整，服务配套能力较弱

一是中西部地区工业基础相对薄弱，缺乏完整产业链，对外资吸引力弱。从湖南怀化的调研来看，在承接东部外企转移企业中，企业所需的零配件仍需要到沿海地区或国外采购，同时，企业的研发、销售总部还在东部地区，呈现明显的"两头在外"。与东部、中部地区大城市或超大城市相比较，甘肃、宁夏、新疆等西部地区城市规模小，消费需求相对不足，有消费半径要求的外资企业难以引入；且大多以重工业为主，现代服务业发展明显滞后，配套引入的外资企业以小型加工和商贸服务为主，难以引入有龙头带动作用的大企业，无法形成产业集群，创新资源相对匮乏，研究与试验发展（R&D）经费投入强度等创新投入远低于全国平均水平（见表2-7）。外资企业落户西部地区多以满足消费半径需求型，或者开发利用当地药材、矿产等资源的企业为主。二是在承接东部外资转移产业进程中还面临不少问题，包括转移后的劳动密集型企业面临"两头在外"产生的高物流成本，企业因此产生的物流成本，抵消了企业在中部地区土地、能源、劳动力等成本方面的相对优势。重点工业企业依然缺乏技能型、管理型、研发型人才。

---

① 《利用外资平台和政策资源相对不足》，《中国贸易报》2017年11月16日。

表 2-7 各省（自治区、直辖市）研究与试验发展（R&D）经费支出相当于国内生产总值比例（%）

地区	省（自治区、直辖市）	R&D 经费支出/国内生产总值 2021	R&D 经费支出/国内生产总值 2022	地区	省（自治区、直辖市）	R&D 经费支出/国内生产总值 2021	R&D 经费支出/国内生产总值 2022	地区	省（自治区、直辖市）	R&D 经费支出/国内生产总值 2021	R&D 经费支出/国内生产总值 2022
西部	内蒙古	0.93	0.90	东部	河北	1.85	2.00	中部	山西	1.12	1.07
西部	广西	0.81	0.83	东部	北京	6.53	6.83	中部	河南	1.73	1.86
西部	重庆	2.16	2.36	东部	天津	3.66	3.49	中部	安徽	2.34	2.56
西部	四川	2.26	2.14	东部	山东	2.34	2.49	中部	湖北	1.12	1.07
西部	贵州	0.92	0.99	东部	江苏	2.95	3.12	中部	江西	1.70	1.74
西部	云南	1.04	1.08	东部	上海	4.21	4.44	中部	湖南	1.12	1.07
西部	西藏	0.29	0.33	东部	浙江	2.94	3.11	东北部	黑龙江	1.31	1.37
西部	陕西	2.35	2.35	东部	广东	3.22	3.42	东北部	辽宁	2.44	2.54
西部	甘肃	1.26	1.29	东部	海南	0.73	1.00	东北部	吉林	1.43	1.39
西部	青海	0.8	0.8	东部	福建	1.98	2.04		中国（除港、澳、台）	2.44	2.54
西部	宁夏	1.56	1.57								
西部	新疆	0.49	0.51								

数据来源：国家统计局统计年鉴。

（四）不同区域营商环境差异大，外商无所适从

在实地调研中发现，我国各区域营商环境差异很大，不同区域营商环境有共性问题也有个性问题。总体而言，中西部地区营商环境建设远落后于东部地区，影响外企企业落户中西部地区的积极性。全国来看，"一网通办"各地链接入口不一样，部分地区仍存在线上提交电子材料，线下仍需提交纸质材料。一些在全国各地设立分公司的外资头部企业反映，各省甚至同一省份不同地市级政府在办理开办企业、建筑工程许可等备案、核准事项过程中，所要求填报的表格格式与内

容、准备的资料、办理流程、办理时限等差异大，让企业无所适从①。部分地区规划证、施工许可证等相关证照办理依然存在周期长、效率低的情况。不同部门对《外商投资产业指导目录》有关规定的理解不同，导致一些项目难以落地。外资企业当前生产经营面临的主要挑战分别是：对经济的担忧、地缘政治紧张局势引发民众抵制的顾虑、国家安全扩大化对在华企业竞争力的影响等，其中，中美紧张局势及中国经济发展放缓是最令人担忧的原因②。江苏代表团入欧招商时，德国企业反映中小企业对华投资没有受到足够的重视。我国引进外资方面过于关注规模，缺乏对拥有关键核心技术的中小型外资企业的关注和重点引进。

四、促进东中西部地区更大力度吸引和利用外资的对策建议

我国超大规模市场是吸引跨国投资的独特优势，应充分释放其潜力，进一步发挥外资在促进我国区域发展战略中的作用。加强区域一体化政策协调，破除地方保护主义和区域市场分割，发挥各地要素禀赋所长，实现区域联动、优势互补、扬长避短，促进各区域利用外资差异化、特色化、平衡化发展。

（一）支持东部地区探索更宽领域开放试点和项目引进

进一步加大现代服务业领域开放力度，全面落实最新版外商投资准入负面清单。上海、北京深入实施国家服务业扩大开放综合试点，率先推进电信、数据、医疗、绿色、教育、文化等重点领域试点开放，

---

① 李娣：《打造市场化、法治化、国际化营商环境决心不会变》，《学习时报》2023年12月13日。
② Robert Lawrence Kuhn：《在华经营的外企的认知、挑战和机遇》，CGTN微信公众号，https://mp.weixin.qq.com/s/w3_RwEVUbOuBqTQItac5Gw，访问日期：2024年3月2日。

加快推进金融、航运等开放领域项目落地。加大对符合条件的外资人身险、养老金管理、证券、基金、期货、理财、财务公司落户上海、北京引入力度。鼓励符合条件的国际集装箱班轮公司开展沿海捎带业务试点，进一步扩大沿海捎带政策效应。支持上海、江苏、广东等自贸试验区内的海关特殊监管区域试点扩大全球维修产品范围，试点成熟后向全国自贸试验区外的海关特殊监管区域复制推广。推进上海、北京、深圳等在数字贸易，以及金融、信息、会展等领域探索扩大开放措施，加快集聚国际高能级专业服务业主体。

（二）支持东部地区率先探索制度型开放

加快落实《关于在有条件的自由贸易试验区和自由贸易港试点对接国际高标准推进制度型开放的若干措施》，实施自贸试验区提升战略。研究《全面与进步跨太平洋伙伴关系协定》和《数字经济伙伴关系协定》（DEPA）等高标准国际经贸规则，推动国际经贸规则创新变革。依托东部地区产业领先优势，重点探索跨境电商、数字贸易、5G、人工智能、新能源等前沿关键技术新规则、新标准制定，推动构建与国际有机协调的标准体系。依托东部地区重点金融区国际经济、金融、贸易等领域要素集聚优势，研究探索金融高水平开放型经济新体制，着力构建适应新发展格局需要，满足日趋严峻复杂国际环境下我国"走出去"与"引进来"所需的国际结算、风险管理、国际融资、离岸金融市场业务、跨国投资与并购等国际金融业务平台，探索研究国际化金融管理制度。

（三）引导各区域找准产业定位，优化外商投资产业结构

引导外资更多投向《鼓励外商投资产业目录（2022年版）》各省市（自治区）的鼓励产业领域，支持符合条件的鼓励类外商投资项目按照有关规定，享受进口自用设备免征关税优惠政策，优先向集约用地的鼓励类外商投资工业项目供应土地。充分发挥外资资本和技术优

势，鼓励围绕本省（自治区、直辖市）重点产业及鼓励类产业加大投资，鼓励各省自贸片区不断提升园区利用外资的吸引力、竞争力，推行市场化差异化招商模式，避免各区域无序竞争。支持外商投资企业平等享受各类产业政策和技术改造、数字化改造等政策。针对有技术优势、国内紧缺技术的中小外资企业出台引资政策，强化强链、补链行动。中西部地区要加大与东部地区产业对接，坚持以现有产业为基础，吸引吸纳相关外资企业向有产业基础和资源禀赋的区域集聚，有效承接东部地区产业转移，做大做强主导产业。

（四）支持外资企业总部提质增能，推动外资研发中心加快发展

支持上海、北京、江苏、深圳、四川、湖北等省市，积极营造更好环境，出台相关鼓励政策，大力吸引外资设立跨国公司地区总部、事业部总部、贸易型总部等各类总部型机构。落实总部企业在贸易便利、人才引进、科技创新、资金运作与管理、商事登记、出入境便利等方面的支持举措，推动总部企业集聚业务、拓展功能、提升能级。

支持外资在条件比较合适的城市设立研发中心。优化知识产权对外转让和技术进出口管理流程，推进知识产权对外转让制度配套、机制衔接和流程优化。对研发数据依法跨境流动进行专题培训和专项指导。支持用于鼓励本地科创单位、企业开展科技创新活动的优惠政策覆盖到外资研发中心，支持外资研发中心平等享有使用省级科技创新公共服务平台的大型仪器设备、检验检测等科技服务，鼓励外资研发中心开展基础研究。鼓励知识产权质押融资、知识产权证券化等金融产品服务于外资企业。鼓励外资设立开放式创新平台，加强土地、设备、基础设施等要素保障。推动外资研发机构与各地企业、科研院所、高等院校开展协同创新，设立外资研发机构协同创新项目，组织外商投资企业参加协同创新案例评选。

（五）强化要素保障

强化外资项目落地服务保障。中西部地区、东北地区要持续改善产业园区、交通等基础设施，促进区域互联互通，提高物流服务保障能力。参照《鼓励外商投资产业目录（2022年版）》及现有产业基础，制定和完善产业发展规划，找准产业发展定位，提前预留重点产业发展所需用地。建立、健全重大和重点外资项目工作专班机制，动态调整项目清单，强化项目专员服务，加强全方位要素保障，依法依规给予项目规划、用地、用能、建设等政策支持。加强全流程跟踪服务，在外商投资项目核准和备案、环评、物流、跨境资金收付、人员出入境等方面提高便利化服务水平，积极引进和推进符合产业规划的重大和重点外资项目落地、建设和投产。

提高中西部地区要素保障能力和配套服务能力。缓慢降低中部地区用能成本，支持地方政府完善教育、医疗、居住等方面的配套能力，提高中西部地区引资能力和产业竞争力。给予重点承接区土地指标以政策倾斜，解决项目落地难的问题。进一步完善产业目录，尤其是以钢材、铝材等传统制造业为主中西部地区，钢材、铝材等已被认定为过剩产能，对于一些用于先进制造业的金属材料深加工行业，应按照《新产业新业态新商业模式统计分类（2018）》要求，完善以产业目录为指导的金融政策体系，解决传统制造业转型升级大项目、大企业的融资难、融资贵的问题。进一步畅通国内大循环，逐步实现中西部地区多数省份能便捷地通江达海，进一步推进专用铁路线进产业园区，加快打通铁路、公路的断头路，以及对外连接的水运大通道，提高物流体系的信息化水平，着力降低物流成本。

加大外资项目落地财税和金融支持。各区域可结合实际，在法定权限范围内，对符合本省市区产业发展导向的外商投资企业、外商新增投资项目、外商投资企业利润再投资项目，按照其对本区域的经济社会综合贡献度给予奖励。探索符合条件的外商投资企业在上海、深圳、北京证券交易所上市模式，支持在符合条件的外商投资企业在新三板和区域性股权市场挂牌以及发行公司信用类债券进行融资。定期举办银企政策对接活动。发挥全国中小企业融资综合信用服务示范平台作用，创新开展融资信用服务，拓展外商投资中小企业融资渠道。进一步拓展合格境外有限合伙人（QFLP）试点区域，创新 QFLP 投资领域与方式，拓宽 QFLP 基金的外商投资渠道，优化流程、简化手续，进一步支持试点企业在境内开展循环投资。

促进外籍人士往来便利。全面落实提高外国人来华工作各项便利政策，支持北京、上海、重庆、杭州、广州、深圳开展外籍"高精尖缺"人才认定标准试点工作，鼓励一定范围内跨行政区实施外国高端人才（A类）和外国专业人才（B类）"一地认定，多地互认"措施。鼓励外国人工作、居留"单一窗口"审批业务办理，推动实现"单一窗口"外国人来华工作类业务全类别覆盖。落实国家支持北京、上海、粤港澳大湾区等国际科技创新中心建设，支持北京、上海、粤港澳大湾区等高水平人才高地，探索实施更为开放便利的出入境政策措施。提高外籍人员境内工作、学习、生活便利化水平，切实增强永久居留外国人的获得感，进一步优化外籍人才发展环境。

（六）优化营商环境和缩小差距

持续加大外商投资企业政策支持。围绕稳外资、稳外贸等政策落实情况，深入开展调查研究，准确掌握外商投资企业面临的实际困难和政策诉求。持续关注企业从研发到售后全生命周期中营商环境改革诉求，开辟反映问题的便捷通道，多渠道听取企业意见，及时解决困扰企业发展的问题，做好反馈工作。突出重点难点加强政策创新，聚焦支持外资企业稳就业、促增收，助力外企纾困发展，及时出台新的务实管用举措。广泛开展吸收和引进外资、促进在华外资企业健康发展等优惠政策宣传解读，通过各种方式推动政策进商会、进企业，确保企业应知尽知、应享尽享。

缩小中西部地区与东部地区营商环境差距。建立东部与中西部地区在技术、人才、资金、产业等方面的对接合作机制，填补要素鸿沟，为外资向中西部流动创造制度环境。进一步推动中部与东部地区市场准入、质量标准、政府服务、知识产权、社会信用、招标投标等方面政策对接，深化营商环境改革，推进营商环境无差异化。

营造公平高效法治环境。及时出台《知识产权法》实施细则等，进一步完善适应社会主义市场经济发展需要的法律法规体系，确保法律透明、稳定和可预见。适应数字经济、低碳经济等发展需要，研究出台相关法律法规，确保新兴领域适时有法可依。建立涉及外资企业案件的快速反应机制，有效解决商业纠纷，提高司法公正性和效率。进一步强化知识产权法律保护，严厉打击侵权行为，简化知识产权申请流程，提高保护效率。提高外资政策制定的参与度和知情权，持续清理废除妨碍公平竞争的各种地方性政策法规，进一步推进行政执法各环节透明、规范、合法、公正。积极参与国际规则制定，加强与其他国家和地区法治领域交流合作，借鉴国际先进经验，提升国内法治环境国际化水平。

民营经济向好发展趋势持续稳固

朱 玉[①]

党的二十届三中全会审议通过了《中共中央关于进一步全面深化改革、推进中国式现代化的决定》，继续强调要"毫不动摇巩固和发展公有制经济，毫不动摇鼓励、支持、引导非公有制经济发展"，提出将制定出台民营经济促进法，充分体现了党和国家支持民营经济的坚定决心和信心。2024年以来，国内促进民营企业发展壮大的政策环境持续优化，各地区、各部门聚焦民营企业的现实关切和利益诉求，及时回应帮助企业解决实际困难。随着一系列促进民营经济发展的政策红利加速释放，民营企业向好发展因素持续累积。但也要看到，在当前外部环境变化带来的不利影响增多、国内有效需求不足、经济运行出现分化的背景下，民营企业普遍规模较小、应对市场波动、抗风险能力不足，企业生产经营依然面临一些难点和痛点。

一、民营经济运行总体发展向好，积极因素持续累积

2024年以来，国内促进民营企业发展壮大的政策环境持续优化，各地区、各部门聚焦民营企业的现实关切和利益诉求，及时回应帮助企业解决实际困难。随着一系列促进民营经济发展的政策红利加速释放，民营企业向好发展因素持续累积。

[①] 朱玉，中国中小企业协会专职副会长，中国人民大学特邀研究员。

（一）民营经济供需两侧均展现较好发展韧性

从供给侧看，民营企业生产经营基本稳健。2024年上半年，我国规模以上私营工业企业增加值累计增速为5.7%，与2024年1—5月持平，较上年同期有3.8个百分点的显著提升。同时，民营企业营收、利润以及成本控制等方面的指标继续改善。2024年上半年，规模以上私营工业企业营业收入累计增速为3.4%，较1—5月、上年同期分别提高0.2个、4.7个百分点；规模以上私营工业企业利润总额累计增速为6.8%，较上年同期大幅提升20.3个百分点；规模以上私营工业企业每百元营业收入中的成本为86.72元，较1—5月、上年同期分别减少0.13元、0.55元（见图2-4）。民营企业利润增速持续高于营业收入增速，成本控制能力有所增强，表明企业经营效益正在提升。

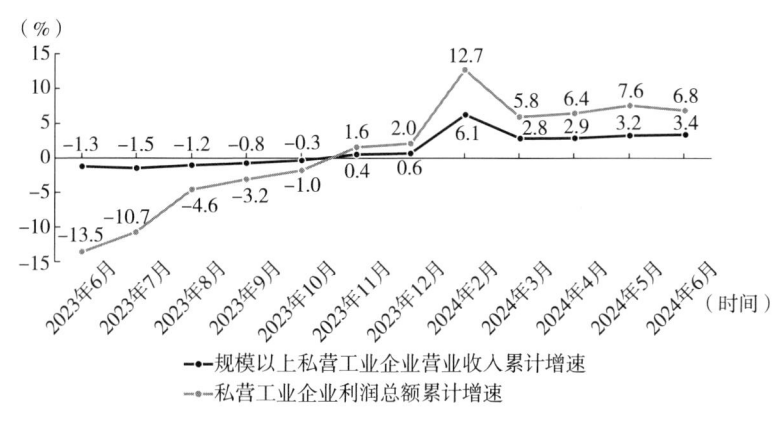

图 2-4　2023年6月—2024年6月规模以上私营工业企业营业收入、利润总额累计增速

数据来源：国家统计局。

从需求侧看，民营企业市场需求持续改善。2024年以来，随着一系列鼓励民间投资的政策持续落地显效，民间投资的意愿和能力有所恢复。2024年上半年，民间固定资产投资达到127 278亿元，占到全部固定资产投资完成额的51.87%，同比增长0.1%，与2024年1—5月持

平，较上年同期提高 0.3 个百分点。同时，民间制造业投资实现 11.5% 的快速增长，扣除房地产开发投资，民间投资增长 6.6%。2024 年上半年，民营企业保持外贸第一大经营主体地位，进出口占到外贸总值的 55%，增速达 11.2%，明显高于全国 6.1% 的增速，较上年同期提高了 2.3 个百分点（见图 2-5）。得益于国内营商环境持续改善，支持跨境电商、海外仓发展，减免企业税费、加强保险支持等一系列稳外贸政策措施稳步落实，民营企业外贸国际竞争力不断稳固，为我国外贸质升量稳贡献重要力量。

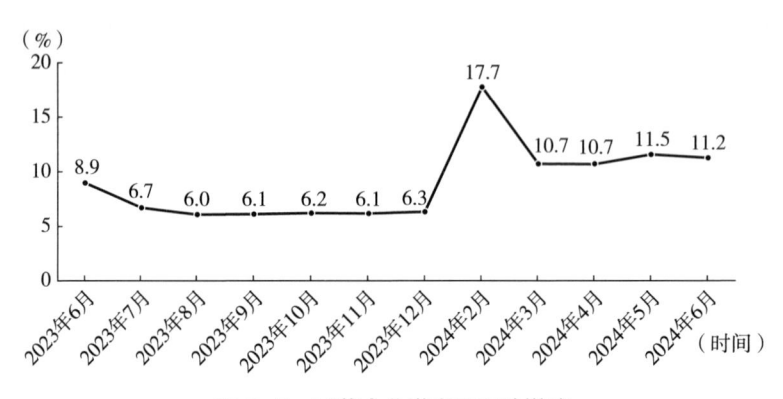

图 2-5　民营企业进出口累计增速

数据来源：海关总署。

（二）民营企业市场环境继续改善

民营企业获取市场订单、承接项目活跃度较强。招投标大数据显示，2024 年上半年，民营企业中标项目数量、金额累计同比分别增长 42.6%、30.9%，均实现快速增长，其中中标项目数量较上年同期增长 8.5 个百分点（见图 2-6）。

基础设施建设领域民企投资逐步激活。2024 年上半年，土木工程建筑业领域民企中标项目数量实现 24.9% 的较快增长。今年以来，国家发展改革委等相关部门鼓励和支持民营企业参与国家重大工程、补短板项目建设等方面的政策措施逐步落地，政府和社会资本合作

（PPP）新机制加快实施，各地区也在持续加大民间资本的优质项目推介力度，加强重点项目融资和要素保障，加上国家加大基础设施建设投入，基础设施建设领域的民间投资活力正在稳步释放。

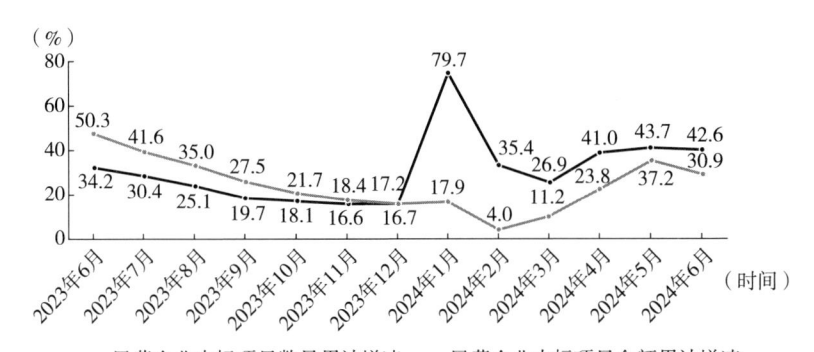

图 2-6　民营企业中标项目数量、金额累计增速

数据来源：招标网，中经网测算。

中高端制造领域民企新动能持续激发。2024 年上半年，民营企业在七大装备制造业领域的中标项目数量同比增长 30.2%，较 1—5 月提升 1.5 个百分点。装备制造业是我国培育壮大新质生产力、扎实推进高质量发展的重要支撑，当前民营企业也在抢抓机遇、积极参与，充分利用国家支持政策，加大投入推动工艺、设备、软件等创新突破，通过不断进行技术创新和产品升级来提升自身竞争力。

（三）民营企业对发展环境预期和信心更为积极

百度搜索指数显示，2024 年 6 月，"民营企业开办企业"指数为 1 520 点，与 2024 年 5 月、上年同期相比均有显著改善，分别提高 325 点、253 点；"民营企业破产办理"指数为 381 点，较 2024 年 5 月、上年同期分别下降 7 点、57 点（见图 2-7）。总体来看，目前民营企业面临的政策环境持续改善，加上企业盈利状况向好、市场环境趋于稳定，开办企业活动显著增加，破产风险有所缓解。同时，6 月，中型和小型企业制造业生产经营活动预期指数（PMI）分别为 55.1 点、50.3 点，均位于荣枯线以上，其中中型企业预期指数较 5 月、上年同期分别提升 1.5 点、2.0 点，显示民营企业对未来生产活动总体保持乐观预期。

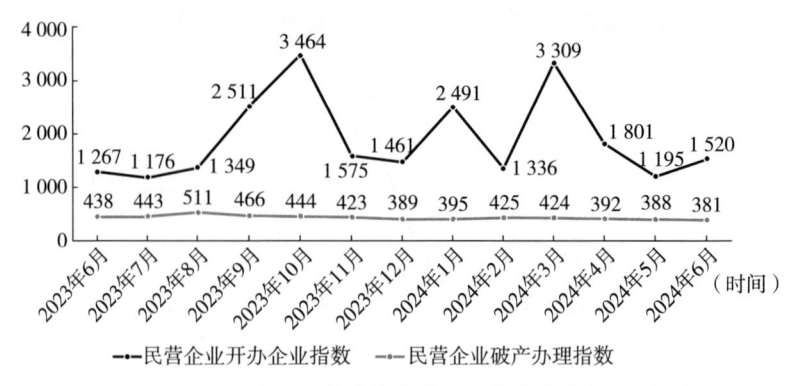

图 2-7　民营企业开办企业指数、民营企业破产办理指数

数据来源：百度搜索指数。

二、民营企业发展仍面临难点痛点，经营压力较大

民营经济是推动经济持续高质量发展的重要力量。但也要看到，在当前外部环境变化带来的不利影响增多、国内有效需求不足、经济运行出现分化的背景下，民营企业普遍规模较小、应对市场波动、抗风险能力不足，民营企业生产经营依然面临一些难点痛点。

（一）民营企业融资难问题仍需关注

2024 年 6 月，民营上市公司总市值达到 262 879 亿元，较 2024 年 5 月、上年同期分别下降 1 172.9 亿元、79 988.5 亿元；北交所当月未有新的民营企业发行募资活动，募资金额为 0 亿元。上述指标反映了资本市场对经济前景的担忧，投资者对民营经济相关的新股发行持谨慎态度。特别是小微民营企业面临的融资压力更为显著。6 月，百度搜索"信贷业务+小微金融"指数为 225 点，较 5 月、上年同期分别下降 21 点、60 点，市场对小微金融的关注度不足。6 月，小型企业制造业 PMI 较 5 月、上年同期分别下降 0.8 点、1.1 点，走势与中型企业分化明显，也说明小型企业面临更多的市场不确定性，对未来发展预期和信心仍然偏弱。

（二）民营企业行政审批相关政策仍有完善优化空间

2024年6月，百度搜索"民营企业办理许可"指数为390点，较2024年5月、上年同期分别下降33点、72点，表明当前民营企业在获取经营许可证、相关行政审批程序等方面仍面临一定的困难，相关支持政策仍需加力加码，仍有完善优化空间。

（三）房地产领域民企经营仍面临严峻挑战

2024年上半年，房地产行业对民间投资的拖累作用明显，民间固定资产投资同比增长0.1%，而扣除房地产开发投资后，民间投资增长6.6%。房地产开发民营企业中标项目数量累计增速为24%，较2024年1—5月、上年同期分别放缓1.4个、13.9个百分点。当前国内房地产行业深度调整的态势尚未改变，房地产开发领域的民营企业发展仍面临较大压力。

三、下一步工作建议

促进民营经济发展壮大工作要以习近平新时代中国特色社会主义思想为指导，深入贯彻习近平总书记关于民营经济工作的重要论述，贯彻落实党的二十大精神和二十届三中全会精神，认真落实中央经济工作会议和全国"两会"部署，持续推动《中共中央 国务院关于促进民营经济发展壮大的意见》落实，在市场准入、要素获取、公平执法、权益保护等方面推出务实管用举措，进一步加强民营经济发展形势综合分析和政策统筹协调，全力优环境、强服务、疏堵点、提信心、破壁垒、解难题，针对民企改革发展难点痛点堵点，精准施策、多方协同，切实推动各项促进民营经济发展壮大的政策措施落地见效，更大程度激发民营企业经营活力，稳定市场预期，增强企业信心，更好推动民营经济健康发展、高质量发展。

（一）持续优化民营经济发展环境

进一步完善市场准入制度相关政策，推动各类经营主体依法平等进入负面清单之外的行业、领域、业务。全面落实公平竞争政策制度，出台公平竞争审查条例，修订公平竞争审查制度实施细则，制定招标投标领域公平竞争审查规则。持续完善信用激励约束机制，建立部门协同信用修复工作机制。研究完善具有中国特色的营商环境指标体系，持续优化市场化法治化国际化营商环境。开展"十五五"时期优化民营经济发展环境研究。

（二）持续加大对民营经济政策支持力度

持续对涉及不平等对待民营企业的法律法规政策开展清理，在宏观政策一致性评估中对涉民营经济政策开展专项评估。建立健全对民营中小微企业和个体工商户支持政策"免申即享"机制，落实落细惠及民营经济发展的各项税费优惠政策。丰富金融供给，加大对重点领域民营企业的信贷投放，大力支持民营企业发行上市和再融资。优化供地、人才等要素保障。管好用好民间投资引导中央预算内投资专项，推动更多符合条件的民间投资项目发行基础设施领域不动产投资信托基金（REITS），规范实施政府和社会资本合作新机制，引导民间资本参与重大工程和补短板领域建设。在公共资源采购过程中，落实中小企业预留采购份额、价格评审优惠、优先采购、适当提高份额，支持中小企业发展，适时推出全国公共资源交易中小企业活跃指数。

（三）强化民营经济发展法治保障

推动尽快出台民营经济促进法。依法严厉打击破坏企业生产经营、侵吞企业资产损害企业商誉、恶意抢注商标等侵害民营企业合法权益的违法行为。依法惩处民营企业内部腐败犯罪，持续深入推进涉案企业合规改革走深走实。依规依纪依法开展审查调查工作，最大限度避免或减少对涉案民营企业正常生产、经营活动的影响。研究制定涉企收费长效监管机制。

（四）着力推动民营企业加强能力建设

完善中国特色现代企业制度政策，引导民营企业完善治理结构和管理制度。加大对民营企业科技创新的政策引导激励，鼓励民营企业培育新质生产力。支持民营企业开展生物医药、高端仪器、新能源、现代农业等领域核心技术攻关，开展数字化转型、参与国家重大科研任务、参与新型基础设施投资建设。深入推进实施制造业创新中心建设工程，持续培育专精特新中小企业和中小企业特色产业集群。加强对民营企业境外投资、拓展海外市场服务。

（五）持续营造关心促进民营经济发展壮大社会氛围

深入宣传阐释习近平总书记关于推动民营经济健康发展、高质量发展的重要讲话精神，促进民营经济发展壮大的政策，加大民营经济典型经验做法的宣介力度，规范涉民营经济传播秩序。培育和弘扬企业家精神，支持民营企业更好履行社会责任，表彰光彩事业方面表现突出的民营企业家，支持民营企业参与乡村振兴、应急救灾、慈善捐赠等社会事业。

（六）加强协调服务和督促落实

研究制定关于构建亲清政商关系的指导性文件，持续构建亲清政商关系。建设民营经济发展综合服务平台，开展"一起益企"中小企业服务行动、中小企业服务月活动。修订完善民营经济统计划分标准，建立健全民营经济发展形势监测指标体系，研究编制民营经济发展指数。用好促进民营经济发展壮大部际联席会议制度，持续落实常态化沟通交流和解决问题机制，推动解决拖欠账款等民营企业急难愁盼问题。聚焦民营经济政策落实的堵点痛点，开展政策督导和政策评估，推动各项政策落地见效。

附表 1　民营经济监测指标表

时间	民间投资	对外贸易	宏观运行 企业生产	
	民间固定资产投资累计增速（%）	民营企业进出口增速（%）	规模以上私营工业企业增加值累计增速（%）	规模以上私营工业企业营业收入累计增速（%）
2023年6月	-0.2	8.9	1.9	-1.3
2023年7月	-0.5	6.7	2.0	-1.5
2023年8月	-0.7	6.0	2.2	-1.2
2023年9月	-0.6	6.1	2.3	-0.8
2023年10月	-0.5	6.2	2.5	-0.3
2023年11月	-0.5	6.1	2.8	0.4
2023年12月	-0.4	6.3	3.1	0.6
2024年1月	—	—	—	—
2024年2月	0.4	17.7	6.5	6.1
2024年3月	0.5	10.7	5.4	2.8
2024年4月	0.3	10.7	5.6	2.9
2024年5月	0.1	11.5	5.7	3.2
2024年6月	0.1	11.2	5.7	3.4

续表

时间	营商环境			发展环境			市场环境		
	百度搜索—民营企业办企业指数	百度搜索—民营企业办理许可指数	百度搜索—民营企业破产办理指数	民营企业中标项目数量累计增速（%）	民营企业中标项目金额累计增速（%）	土木工程建筑业民营企业中标项目数量累计增速（%）	七大装备制造业民营企业中标项目数量累计增速（%）	房地产开发民营企业中标项目数量累计增速（%）
2023年6月	1 267	462	438	34.2	50.3	26.9	31.5	37.9
2023年7月	1 176	430	443	30.4	41.6	24.1	26.1	31.2
2023年8月	1 349	452	511	25.1	35.0	21.2	18.5	23.8
2023年9月	2 511	437	466	19.7	27.5	17.2	8.9	16.5
2023年10月	3 464	383	444	18.1	21.7	17.4	6.2	12.5
2023年11月	1 575	422	423	16.6	18.4	15.8	4.4	9.5
2023年12月	1 461	364	389	17.2	16.7	-0.9	19.4	-10.9
2024年1月	2 491	351	395	79.7	17.9	96.6	66.6	72.9
2024年2月	1 336	261	425	35.4	4.0	38.6	11.1	33.5
2024年3月	3 309	413	424	26.9	11.2	21.0	14.7	14.7
2024年4月	1 801	432	392	41.0	23.8	25.5	31.4	22.4
2024年5月	1 195	423	388	43.7	37.2	26.8	28.6	25.4
2024年6月	1 520	390	381	42.6	30.9	24.9	30.2	24.0

续表

时间	现代金融			产业要素 实体经济				未来景气	
	民营上市公司总市值（亿元）	北交所当月发行募资金额（亿元）	百度搜索—信贷业务+小微金融指数	私营工业企业利润总额累计增速（%）	私营工业企业应收账款平均回收期（天）	私营工业企业每百元营业收入中的成本（元）	民营企业存续数量增速（%）	中型企业制造业PMI	小型企业制造业PMI
2023年6月	342 867.5	14.6	285	-13.5	63.5	87.27	9.2	53.1	51.4
2023年7月	342 646.4	9.9	303	-10.7	64.1	87.14	9.2	54.4	54.3
2023年8月	323 194.2	18.3	229	-4.6	64.2	87.01	9.4	56.3	51.6
2023年9月	318 035.1	9.6	240	-3.2	63.7	86.89	9.6	55.4	53.1
2023年10月	313 334.7	6.9	237	-1.9	63.8	86.70	10.1	55.4	53.7
2023年11月	315 788.0	15.4	245	1.6	63.6	86.40	9.9	56.3	52.7
2023年12月	310 933.4	12.6	253	2.0	61.8	85.93	10.0	56.2	51.4
2024年1月	252 717.1	11.5	244	—	—	—	10.5	56.7	47.5
2024年2月	282 209.8	5.3	177	12.7	74.6	86.74	20.6	53.2	54.3
2024年3月	288 082.7	4.0	209	5.8	70.5	86.91	8.8	56.6	55.8
2024年4月	290 581.7	2.1	226	6.4	69.2	86.90	8.7	56.2	52.9
2024年5月	264 051.9	1.3	246	7.6	68.9	86.85	8.1	53.6	51.1
2024年6月	262 879.0	0.0	225	6.8	68.2	86.72	7.7	55.1	50.3

完善高水平对外开放体制机制的战略部署

孙文营[①]

党的二十届三中全会审议通过的《中共中央关于进一步全面深化改革、推进中国式现代化的决定》对"完善高水平对外开放体制机制"作出一系列部署。这是在以中国式现代化全面推进强国建设、民族复兴伟业的关键时期,以习近平同志为核心的党中央统筹国内国际两个大局作出的重大战略部署,为当前和今后一个时期推进高水平对外开放提供了根本遵循和行动指南。我们要以习近平新时代中国特色社会主义思想为指导,深入学习贯彻党的二十届三中全会精神,加强党对高水平对外开放的全面领导,坚持对外开放基本国策,坚持以开放促改革,在扩大国际合作中提升开放能力,建设更高水平开放型经济新体制。

一、进一步完善高水平对外开放体制机制的重大意义

"开放是中国式现代化的鲜明标识。"[②] 我国改革开放的实践充分证明,开放带来进步,封闭必然落后。对外开放是我国发展的关键一招。新征程上,我们要实现人类历史上规模最大、难度最大的现代化,必

---

① 孙文营,中国行政体制改革研究会学术委员会秘书长。
②《中国共产党第二十届中央委员会第三次全体会议文件汇编》,人民出版社,2024,第45页。

须站在新的历史起点上，完善高水平对外开放体制机制，进一步推进高水平对外开放。

（一）高水平开放适应新质生产力发展要求，促进经济高质量发展

二十届三中全会提出，"健全因地制宜发展新质生产力体制机制"[①]。新质生产力的显著特点是创新。人工智能、数字经济、绿色经济是创新前沿，数字化、绿色化是世界经济发展新的重要引擎，是新质生产力的重要形式。党的十八大以来，我国数字经济、绿色经济加快发展，新能源领域贸易投资合作为全球绿色转型作出巨大贡献。未来，推进高水平对外开放，就要推动中国的产业和企业深度融入全球供应链、价值链和创新链，以数字化、绿色化为方向，加快发展方式转型，深化数字经济和绿色发展国际合作，走"专精特新"道路。

长期以来，我国出口导向型的发展模式使得高技能劳动力形成了相当规模，产业门类和体系逐渐完善，技术水平得到迅速提升，内需市场也得到了极大成长。但这种发展模式存在开放水平不高、产业国际竞争力不强的问题。随着改革开放的深入，我国在对外开放中的比较优势也正在发生从低成本优势向高技术优势的转变，我国对外开放的水平逐步提高。坚持高水平对外开放，积极参与到经济全球化之中，可以将别国先进的技术、资金、管理经验引入我国，促使我国企业实现产业转型升级，提升生产效率、提高产品质量、优化产业结构，也能推动服务业和高端制造业的发展，符合经济高质量发展的要求。高水平开放还能促使中国消费市场更加多元化，通过对外开放消费者可以接触到更多优质商品和服务。这不仅能提升民众的生活品质，还能刺激国内消费，对推动经济高质量发展具有重要作用。

[①] 《中国共产党第二十届中央委员会第三次全体会议文件汇编》，人民出版社，2024，第27页。

（二）高水平开放以增进民生福祉为根本目的，促进进一步全面深化改革

高水平对外开放的根本目的就是通过经济层面的交流与合作增进民生福祉。党的十八大以来，对外开放有力推动稳增长、稳就业、惠民生，外贸外资直接和间接带动就业超过2亿人，大量优质进口促进了产业升级和消费升级。消费者可以在国内购买到更多价格合理、质量优良的国际品牌，满足了多样化消费需求。教育、医疗、文化等服务领域的开放，让中国百姓有机会接触并享受到国际先进的服务，提升生活品质。当前，人民对美好生活的向往总体上已从"有没有"转向"好不好"。推进高水平对外开放，就是要在开放中保障和改善民生，让开放成果更多更好惠及人民群众，将开放红利转化为改革和发展的动力。二十届三中全会围绕全面深化改革总目标提出了"七个聚焦"，其中之一就是"聚焦提高人民生活品质"。也就是说，开放和改革的目的是一致的，都是为了增进人民福祉，人民是进一步全面深化改革的主体力量和根本推动力。

高水平开放不仅仅是扩大贸易和投资的简单之举，更深层次的是对我国经济体制、社会结构乃至国家治理模式的全面性、系统性改革。改革与开放相辅相成、相互促进。改革到位了，开放能力才能更强，开放空间才能更大；反过来，开放扩大了，改革动力才能更足，改革效果才能更好。我国改革开放40多年的实践表明，"以开放促改革"的倒逼机制是推动改革的可行路径。在全球化背景下，中国面临着国际规则的挑战，这要求我国政策、规则的制定要消除与国际标准的差距。当前，我国很多领域的改革已经深水区、攻坚期，改革的复杂性和困难度大幅提升，经济体制中的制度供给创新不足，体制障碍和机制梗阻都比较多。高水平开放正是推动制度创新的重要驱动力。我们必须用好以开放促改革、促发展这个重要法宝，坚持以开放促改革，建设更高水平开放型经济新体制，以扩大开放增强改革动力，激发市

场活力，为中国式现代化提供动力保障。

（三）高水平开放符合社会大生产要求，促进社会主义市场经济体制建设

市场经济是开放经济，开放促进市场经济发展。市场取向的改革必然要求对外开放。马克思和恩格斯在《共产党宣言》中描述了诞生于中世纪末期新兴的市民阶级为追逐利润而扩大生产、开拓世界市场的过程。可以说，市场经济产生于新兴市民阶级对利润的追逐，市场经济是一种为价值增值而进行的生产与交易行为。"从经济学的角度定义，对外开放是一国市场经济关系在对外经贸领域的延伸，是一国为保障独立市场主体平等地参与国际市场竞争而作出的一系列制度安排。"①

在当今全球化时代，对外开放符合社会化大生产向全球拓展、经济全球化不断深化的必然趋势。构建高水平社会主义市场经济体制必须推进高水平对外开放。高水平对外开放能够引入外资和先进技术，倒逼企业进行技术创新和管理革新，促使国内政策调整，激发市场活力，提升经济运行效率。高水平开放促使国内企业面临国际竞争，促进构建公平竞争的市场环境，确保内外资企业在统一的规则下公平竞争，促进规则与国际接轨，在扩大国际合作中提升开放能力，同各国共享发展机遇和红利。因此，高水平对外开放是发展社会主义市场经济的必然要求。

（四）高水平开放坚持互利共赢，促进中国在全球治理中发挥更大的作用

高水平对外开放不是只谋求一国私利、不惜损人利己，而是以共

---

① 焦建华、李文溥：《论市场经济与对外开放：基于中国实践的经济史考察》，《中国经济史研究》2023年第6期。

建人类命运共同体为基本目标，实现共同发展、合作共赢。党的十八大以来，我们坚定奉行互利共赢的开放战略，成为140多个国家和地区的主要贸易伙伴，对世界经济增长的贡献率保持在30%左右。当前，"人类社会要破解发展难题，比以往任何时候都更需要国际合作和开放共享"[①]。推进高水平对外开放，就是要把开放的蛋糕做大，把合作的清单拉长，拉紧与世界各国的利益纽带，维护多元稳定的国际经济格局和经贸关系，推动建设开放型世界经济，促进世界各国合作包容、互利共赢。

当前，世界百年未有之大变局加速演进，新一轮科技革命和产业变革深入发展，人类越来越成为你中有我、我中有你的命运共同体。同时，全球发展深层次矛盾突显，单边主义、保护主义上升，经济全球化遭遇逆流，一些国家搞"脱钩断链""小院高墙"，"世界开放指数"呈下滑趋势，世界经济复苏乏力。越是风高浪急的时候，越不能被逆风和回头浪所阻，而是要坚持命运与共，坚定站在历史正确的一边，进一步扩大高水平对外开放，推动经济全球化向前发展，推动建设开放型世界经济。高水平对外开放不仅符合中国经济高质量发展的内在需求，也顺应了国际经济发展的趋势，体现了中国在全球化时代中的责任与担当。通过高水平对外开放，用自身所有的劳动力、自然资源、科技等与别国合作，推动产业链、供应链国际合作，推动各国携手应对挑战、实现共同繁荣。通过高水平对外开放，高质量共建"一带一路"，推动落实全球发展倡议、全球安全倡议、全球文明倡议，推动国际经济秩序朝着更加公正合理的方向发展。通过高水平对外开放，积极参与全球治理，推动贸易规则的公平公正，为建设开放、包容、普惠的经济全球化注入正能量，为构建人类命运共同体作出更大贡献。

---

① 王文涛：《完善高水平对外开放体制机制》，《〈中共中央关于进一步全面深化改革、推进中国式现代化的决定〉辅导读本》，人民出版社，2024，第262页。

二、贯彻落实好完善高水平对外开放体制机制战略部署

二十届三中全会就完善高水平对外开放体制机制，从稳步扩大制度型开放、深化外贸体制改革、深化外商投资和对外投资管理体制改革、优化区域开放布局、完善推进高质量共建"一带一路"机制等方面作出系统的战略部署。要把这些部署转化为任务清单、工作清单，落到实处。

（一）更加积极地自主开放和单边开放

二十届三中全会要求，扩大自主开放和对最不发达国家单边开放。新征程上的高水平对外开放，就是要进一步放宽市场准入，更加积极主动地向世界开放市场，让中国大市场成为世界大机遇。当前，在部分西方发达国家出现逆全球化思潮的背景下，我国应更加积极主动地扩大开放，全面推动对发达国家的互利共赢开放和对发展中国家的包容性开放。一要积极推动中美、中欧关系稳定健康发展。着力改善中美以及中国与其他西方发达国家的关系，以此拓展高水平开放的外交基础。积极对接和促进与发达国家的产业链、供应链和创新链的深度融合，最大限度避免脱钩断链。在与美国的经贸往来当中，积极引领中美政策对话，利用多边机制构建中美战略框架。努力寻求扩大与欧洲的利益共同点，引领中欧关系健康发展。二要推动共建"一带一路"高质量发展。推动与共建"一带一路"国家贸易投资合作优化升级。继续实施"一带一路"科技创新行动计划，加强绿色发展、数字经济、人工智能、能源、税收、金融、减灾等领域的多边合作平台建设。开展绿色、数字、创新等新领域合作，深化智慧农业、智能制造、智能服务、数字经济等前沿领域合作。扩大中西部地区和沿边开放，推动贸易、投资、技术创新协调发展。完善陆海天网一体化布局，构建"一带一路"立体互联互通网络，加快同周边国家和地区基础设施和开放制度体系互联互通建设。统筹推进重大标志性工程和"小而美"

民生项目。高质量建设经贸合作区等境外合作园区。加大对最不发达国家支持力度,进一步扩大最不发达国家输华零关税待遇的产品范围,以自身开放促进全球共同开放,实现良性互动。三要坚持多边主义。为化解过度依赖少数国家贸易投资、技术依赖的风险、拓宽全球产业链供应链技术链的回旋余地、弱化地缘政治冲突可能对我国经济内循环的冲击,要充分发挥区域全面经济伙伴关系协定、中欧投资协定等多边机制的作用,在多边框架下进行充分磋商和谈判。

(二)稳步扩大制度型对外开放

党的十八大以来,我们对标国际高标准经贸规则,既持续深化要素流动型开放,又稳步拓展制度型开放。稳步扩大制度型开放的重要内容是对接国际高标准经贸规则,实现规则、规制、管理、标准相通相容。在自贸试验区先行先试,我们推出了首张负面清单、首个单一窗口、首个自贸账户,很好地发挥了改革开放综合试验平台作用。当前,制度型开放仍有提升空间。新征程上的高水平对外开放,一方面,要主动对接高标准国际经贸规则。要以推动加入《全面与进步跨太平洋伙伴关系协定》和《数字经济伙伴关系协定》为契机,推动重点领域规则、规制、管理、标准等同国际规则更高水平对接,建立同国际通行规则衔接的合规机制。在产权保护、产业补贴、环境标准、劳动保护、政府采购、电子商务、金融领域等方面实现规则、规制、管理、标准相通相容,打造透明稳定可预期的制度环境。扩大自主开放,有序扩大我国商品市场、服务市场、资本市场、劳务市场等对外开放,扩大对最不发达国家单边开放。维护以世界贸易组织为核心的多边贸易体制,全面深入参与世界贸易组织改革,推动恢复争端解决机制正常运转,力争达成首个多边数字贸易规则。另一方面,要深度参与国际经贸规则制定和改革。要积极参与全球经济治理体系改革,努力从以往融入、接轨、参与国际规则转向主动倡议、引领国际规则的制定。要积极推进建立 5G、人工智能、数字经济、电子商务等方面的全球治理规则。

(三) 深化外贸体制改革

深化外贸体制改革是推进高水平对外开放的重要一环。一要加强贸易制度建设。要"打造贸易强国制度支撑和政策支持体系，强化贸易政策与财税、金融、产业政策协同。推进通关、税务、外汇等监管创新，营造有利于新业态新模式发展的制度环境，加快内外贸一体化改革。"[1]要进一步简化通关流程，推行电子化、无纸化和一站式服务，减少贸易壁垒。健全贸易风险防控机制，完善出口管制体系和贸易救济制度，制定出口管制法配套法规和规章，推动形成多主体协同的贸易摩擦应对机制，筑牢贸易领域国家安全屏障。二要优化贸易结构。要从单纯的数量扩张转向质量提升，鼓励高技术、高附加值产品的出口，提升国际市场影响力。创新提升服务贸易，扩大数字服务、专业服务等服务贸易比重。全面实施跨境服务贸易负面清单，推进服务业扩大开放综合试点示范，鼓励专业服务机构提升国际化服务能力。建立健全跨境金融服务体系，丰富金融产品和服务供给。创新发展数字贸易，发展数字产品贸易、数字服务贸易、数字技术贸易和数据贸易，加快贸易全链条数字化赋能。三要加强外贸公共服务平台建设。建设大宗商品交易中心，建设全球集散分拨中心，支持各类主体有序布局海外流通设施，支持有条件的地区建设国际物流枢纽中心和大宗商品资源配置枢纽，构建高效跨境物流体系，打造智能物流网络。

(四) 深化外商投资和对外投资管理体制改革

优化外商投资和对外投资管理，构建与国际接轨的营商环境，是实现高水平对外开放的核心环节。在外商投资方面，要打造"投资中

---

[1] 王文涛：《完善高水平对外开放体制机制》，《〈中共中央关于进一步全面深化改革、推进中国式现代化的决定〉辅导读本》，人民出版社，2024，第263页。

国"品牌，加大力度吸引和利用外资，持续放宽外资市场准入。"扩大鼓励外商投资产业目录，合理缩减外资准入负面清单，落实全面取消制造业领域外资准入限制措施，推动电信、互联网、教育、文化、医疗等领域有序扩大开放。深化外商投资促进体制机制改革，保障外资企业在要素获取、资质许可、标准制定、政府采购等方面的国民待遇，支持参与产业链上下游配套协作。"①进一步完善外资企业圆桌会议制度，及时协调解决外资企业困难问题，依法保护外商投资权益。完善境外人员入境居住、医疗、支付等生活便利制度。在对外投资方面，要完善促进和保障对外投资体制机制，健全对外投资管理服务体系，推动产业链供应链国际合作。推动实施"走出去"战略，引导企业进行海外并购、绿地投资和设立研发中心，提升国际竞争力。要完善对外投资的法律法规，强化事前指导和事后监管，确保对外投资健康有序进行。

（五）优化区域开放布局

要优化区域开放布局，通过差异化的区域开放政策，促进各区域经济的协调发展，增强区域间的协同效应。要优化区域开放功能，更好发挥开放对区域经济发展的促进作用。"巩固东部沿海地区开放先导地位，提高中西部和东北地区开放水平，加快形成陆海内外联动、东西双向互济的全面开放格局。发挥沿海、沿边、沿江和交通干线等优势，优化区域开放功能分工，打造形态多样的开放高地。"②要积极实施自由贸易试验区提升战略，赋予自由贸易试验区更大改革自主权，鼓励首创性、集成式探索，推动全产业链创新发展，积极复制推广制度创新成果。完善自贸区体制机制，进一步提高贸易便利化，降低贸

---

① 王文涛：《完善高水平对外开放体制机制》，《〈中共中央关于进一步全面深化改革、推进中国式现代化的决定〉辅导读本》，人民出版社，2024，第264页。

② 《中国共产党第二十届中央委员会第三次全体会议文件汇编》，人民出版社，2024，第47页。

易成本，以更高水平的贸易促进产业集聚、人才集聚、技术积聚，破除制度藩篱，促进贸易、外商投资、对外投资、物流、金融服务、外汇结算、多式联运高质量发展。有效发挥自由贸易试验区、自由贸易港、经济特区、开发区、保税区等对外开放前沿高地的作用，聚焦投资与服务贸易便利化改革。加快建设海南自由贸易港，适时在其他有条件的地区扩大自贸港建设。推广自由贸易试验区和自由贸易港的成功经验，提升全国对外开放程度和质量。健全香港、澳门在国家对外开放中更好发挥作用机制。巩固提升香港国际金融、航运、贸易中心地位，支持香港、澳门打造国际高端人才集聚高地，维护香港、澳门国际一流营商环境。完善促进两岸经济文化交流合作制度和政策，深化两岸融合发展。

（六）在法治基础上推进高水平对外开放

高水平开放必须建立在完善的法治基础之上，以确保开放的稳定、公平和可持续。一体推进涉外立法、执法、司法、守法和法律服务等体系化建设。要加快健全营商环境法律制度体系。继续完善外商投资法等法律法规，确保外资企业与内资企业在市场准入、产权保护、税收政策等方面享有同等待遇。通过简化外商投资审批流程，提供透明、可预期的法律环境，吸引并保护外国投资。针对国际营商环境等领域难点、堵点问题，尽快将行之有效并可长期坚持的实践做法上升为制度规范。加强新兴领域涉外立法，为广大外资企业营造更加稳定、公平、透明、可预期的投资环境。要继续优化涉外案件办案程序和工作机制。加强涉外司法机构的建设，提高其处理跨国纠纷的能力，确保法律的有效执行。完善和深化双边、多边执法司法合作机制，增加联合执法、司法协助的范围广度和内容深度。严格执行产权保护司法政策，明确和统一裁判标准，增强外商对中国市场投资的信心。优化涉外法律服务市场，不断激发涉外律师服务、仲裁服务、调解服务、公证服务、法律援助服务等各类经营主体活力，积极提供高质量、高水平的涉外法律服务。

（七）统筹高质量发展和高水平安全

统筹发展和安全是中国高水平对外开放的内在要求。各国由于文化差异和国家利益不同，有些国家在合作中会因为片面从自身民族利益出发而阻碍经济发展。我们既要看到自由贸易推动经济发展的积极作用，也要看到自由贸易给我们带来的挑战。党的十八大以来，我们坚决贯彻总体国家安全观，织密织牢开放安全网，注重防范和化解各类经济风险，建立健全风险预警和防控机制。例如，强化对外资流入流出的监测，通过宏观审慎管理，防止资本市场的过度波动。在产业安全方面，我们鼓励创新驱动，发展关键核心技术，减少对外部依赖。当前，开放合作面临复杂严峻的国际形势，不确定因素增多。推进高水平对外开放，就要坚持高质量发展和高水平安全良性互动，着力提升开放监管能力和水平，在扩大开放中维护好国家经济安全。要完善风险防控机制，特别是在金融、数据安全等领域，建立有效的防火墙，通过国家安全审查，确保重要产业、关键技术和资源的安全。要通过法治统筹发展和安全，完善相关法律法规，确保所有经济活动均在法治轨道上运行。

新质生产力赋能银发经济高质量发展

李 芳 赖红月[①]

以中国式现代化全面推进中华民族伟大复兴是新时代新征程上党的中心任务和奋斗目标。中国式现代化既有一般现代化的共同特征，更有基于国情的中国特色，其首位特色是人口规模巨大。全面推进中国式现代化必须基于人口数量上的规模巨大和负增长趋势，以及结构上的老龄化和少子化的重要人口国情[②]。党的二十届三中全会吹响了以进一步全面深化改革开辟中国式现代化广阔前景的时代号角，提出了"因地制宜发展新质生产力""发展银发经济"等战略举措，进一步丰富了积极应对人口老龄化国家战略的重要抓手。作为发展主体构成的系统性变化，人口深度老龄化的社会迫切需要大力发展与之相适应的经济形态，更需要以新质生产力赋能银发经济高质量发展。基于此，本文旨在立足经济新需求和人口新形势，全面阐释新质生产力赋能银发经济的价值意蕴，揭示新质生产力赋能银发经济的现实堵点，并从要素配置、供给体系、需求管理及市场机制四个维度探寻有效赋能的实践路径，以期推动新质生产力高质高效赋能银发经济，实现银发经济高质量发展。

---

① 李芳，北京科技大学教授。赖红月，北京科技大学马克思主义学院研究生。
② 原新：《人口规模巨大是建设中国式现代化的基础》，《中国科技论坛》2023年第3期。

一、新质生产力是银发经济高质量发展的必由之路

银发经济是我国人口老龄化加剧所催生的新经济形态，是向老年人提供产品或服务，以及为老龄阶段做准备等一系列经济活动的总和①。银发经济涉及面广、产业链长、业态多元、潜力巨大，包含"备老"和"养老"两个阶段，涵盖个体发展的全生命周期。大力发展银发经济，是基于积极落实应对人口老龄化国家战略和"健康中国"战略需要而作出的具有辩证性思维、时代性特征和前瞻性思考的决策。

新质生产力是生产力现代化的具体体现。作为驱动社会前行最具活力与革命性的核心要素，生产力并非静止不变，而是在人类对自然的利用、改造及追求和谐共存的进程中，随着关键性技术革新与发展阶段的更迭，持续经历革新与演进，并表现为生产力从旧质到新质的跃迁。新质生产力是创新起主导作用，摆脱传统经济增长方式、生产力发展路径，具有高科技、高效能、高质量特征，符合新发展理念的先进生产力质态②。新质生产力的提出，是马克思主义生产力理论的中国创新和实践，是科技创新交叉融合突破所产生的根本性成果。

习近平总书记指出："发展新质生产力是推动高质量发展的内在要求和重要着力点。"③ 这一重要论断揭示了发展新质生产力与推动高质量发展之间的本质关联，体现出将策略和战略相统筹、路径与趋向相结合的显著特征。2024 年，国务院办公厅发布的《关于发展银发经济增进老年人福祉的意见》(下文简称《意见》)提出："加快银发经济规模化、标准化、集群化、品牌化发展，培育高精尖产品和高品质服务

---

① 国务院办公厅：《国务院办公厅关于发展银发经济增进老年人福祉的意见》，2024 年 1 月 15 日。

② 王晓晖、黄强：《以发展新质生产力为重要着力点推进高质量发展》，《人民日报》2024 年 3 月 12 日，第 9 版。

③ 《加快发展新质生产力扎实推进高质量发展》，《人民日报》2024 年 2 月 2 日，第 1 版。

模式",赋予了银发经济高质量发展的具体内涵。银发经济规模化、标准化、集群化、品牌化发展是银发经济高质量发展的核心要义,以新质生产力赋能银发经济高质量发展是必由之路。

(一)通过提高产品生产效率与变革商业经营模式来催生银发经济规模化浪潮

从新质生产力的运行机理来看,"要素系统处于运行的输入端,产业系统处于输出端,而技术系统充当传导体的角色……如果承接新技术的产业属于新兴产业,那么将创造出新的产业或者壮大既有的新兴产业,带来新兴产业数量和门类的扩张"①。具体到银发经济领域,新质生产力推动科技的不断进步和创新,智能设备的普及、数据分析能力的提升以及各类资源配置效率的提高使银发经济的相关产品和服务能够更高效地生产和提供。这种效率的提升直接促进了市场的扩大,吸引了更多的老年消费者,从而推动了银发经济的规模化发展。同时,新质生产力带来了新的商业模式和服务方式,线上平台的崛起和定制化服务的普及满足了老年人日益多样化的需求,也进一步拓宽了银发经济的市场规模,为规模化发展提供了有力支持。

在国际层面,众多率先步入老龄化社会的国家已率先探索并成功实践了银发经济规模化发展的高效路径。荷兰积极探索居家照护领域数字化应用,日本大力支持研发和推广护理机器人和辅助数字技术,英国推动银发经济基础研究和商业模式创新等。由此可见,新质生产力是激发银发经济内在活力的必由之路。截至 2023 年底,我国开展养老相关业务企业达 49 万余家。到 2024 年 3 月,17 家央企、64 家省属国企已在智慧健康养老、康养旅游、养老金融、抗衰老产业、老年用

---

① 蒋永穆、乔张媛:《新质生产力:逻辑、内涵及路径》,《社会科学研究》2024 年第 1 期。

品制造等关键领域进行前瞻性布局[①]。新质生产力的发展已经催生出银发经济规模化新浪潮。

（二）通过提供精准技术支持与促进行业交流合作来筑牢银发经济标准化基础

一方面，科技创新为制定更为科学、合理的行业标准和服务规范提供了技术支持。通过大数据分析，可以更加精准地确定服务质量的评估标准；通过人工智能技术的应用，可以实现对服务流程的自动化监控和优化。"物联网、数字技术、云计算等新技术形态和强大的算力能够对生产过程进行精准的数字化刻画，将其分解为多个模块并求得最优参数，这使大量原本难以标准化、精确化的精密劳动能够为算力指挥的机械力完成，或将其分解为更加细致的简单标准化劳动。[②]"

另一方面，新质生产力的赋能也促进了行业内的交流和合作，推动了行业标准的统一和普及。随着行业内企业竞争态势的加剧与协作模式的深化，标准化的需求也愈发强烈。新质生产力推动释放数据要素潜能，推进健康产业、智慧养老等行业的数据标准化体系建设，在关乎老年群体"急、难、愁、盼"的关键领域建立全国统一的数据格式、接口、存储等软硬件通用标准。这种标准化不仅有助于规范银发经济整体的服务水平，也有助于明确银发经济市场准入门槛，为市场参与者提供更多机会。

（三）通过优化整合产业链条与促成产业集聚效应来驱动银发经济集群化发展

新质生产力的赋能带来了产业链的优化整合。随着科技创新和服

[①] 陈炜伟、严赋憬、赵晨捷等：《老年人口近3亿，银发经济如何开启新蓝海》，《新华每日电讯》2024年4月23日，第6版。

[②] 赵峰、季雷：《新质生产力的科学内涵、构成要素和制度保障机制》，《学习与探索》2024年第1期。

务模式的创新，银发经济领域的企业和机构之间的联系日益紧密，形成了产业链上下游的协同合作。上游科研机构输出的新技术、新动能引领银发经济产业链的高端化，为养老产品、医疗设备、健康监测等关键环节提供了先进的技术支撑；下游形成龙头企业创新引领、中小企业快速成长、初创企业不断涌现的企业梯队。这种优质产业链的形成打破了传统老年产业合作壁垒，推动了跨行业、跨领域的交叉合作，形成了综合性的银发经济体系。

新质生产力的赋能也带来了产业的集聚效应。在核心技术的吸引下，一些地区或城市打造了银发经济产业集聚发展高地，形成了一批结构合理、各具特色、优势互补的区域经济新增长极，吸引了更多企业和人才聚集。在广东，广州首个银发经济产业园揭牌，东莞松山湖高新技术产业开发区依托生物医药、智能终端等产业基础积极打造银发经济集聚区；在山东，青岛高新区重点培育以康养为特色的银发经济产业集群，打造具有国际影响力的"中国康湾"。《意见》提出，未来要在京津冀、长三角、粤港澳大湾区、成渝等区域，规划布局10个左右高水平银发经济产业园区。同时依托自由贸易试验区、各类开发区、国家服务业扩大开放综合示范区、国家服务贸易创新发展示范区等平台，推进银发经济领域跨区域、国际性合作。新质生产力推动了银发经济的集群化，从而极大地提升了整个产业的竞争力，促进地区经济的繁荣发展。

（四）通过精准捕捉市场信息与创新品牌经营理念来铸就银发经济品牌化道路

从品牌化管理的内在规律来看，达维多定律认为，任何企业在本产业中必须不断更新自己的产品，新产品的技术含量要高于旧产品，并且要比旧产品更能够满足客户的需求，该定律背后是"创新"和

"淘汰"两个关键词①。在银发经济领域，企业借助数字信息收集和分析，及时淘汰即将过时的、不能满足老年群体需求的产品和技术，不断追求创新，引入先进的品牌理念和管理模式。品牌引领效应打造了企业的核心竞争力，使其在新质生产力的浪潮中保持领先地位

从新质生产力赋能银发经济品牌化发展的实践来看，大数据、互联网等数字媒介强化了品牌的宣传和推广度，促进了含有新科技、新突破的银发经济品牌的知名度和影响力提升，使得银发经济品牌能够更好地融入市场、服务消费者，从而进一步提升其市场地位和竞争力，打通品牌化道路。例如，某新中式植物营养品牌通过短视频、电商直播等手段，借助古法养生打通销售道路，已于半年内完成数千万的两轮融资，成功跻身药食养生类头部品牌；某知名家电品牌携手互联网企业搭建"互联网+"智慧健康养老服务平台，已累计导入120个社区，注册老人20万以上，服务100万人次以上，激活了品牌新活力。新质生产力赋能的传播方式使得品牌独特的文化内涵和价值理念转化为较高的知名度和美誉度，为银发经济的品牌化发展提供了有力支撑。

二、新质生产力赋能银发经济面临现实堵点

随着技术、资本等新生产要素的投入，新的资源配置效率和全要素生产率由此产生，拉升了"边际效应"的非线性递增②，形成了新的供需动态平衡，有效推动了市场发展。然而，在新质生产力赋能银发经济的实践过程中，仍存在技术、资本、供需、市场等方面的现实"堵点"。

---

① 袁惠爱、赵丽红、岳宏志：《数字经济发展与共同富裕促进："做大蛋糕"与"分好蛋糕"辩证思考》，《现代财经（天津财经大学学报）》2023年第1期。

② 夏杰长：《以新质生产力驱动数实融合》，《社会科学家》2024年第2期。

（一）科技创新"知易行难"与数据赋能"任重道远"形成技术壁垒

当前，加快打造以科技创新为引擎、以数据为关键生产要素的新质生产力成为大国竞争的"关键变量"和高质量发展的"最大增量"。但在技术层面，新质生产力赋能银发经济仍面临着科技和数据的双重制约。

在科技方面，第一，当前科技成果转化过程中，常规性技术的同质化现象严重，从"创新"逐渐沦为"复制"。大量相似性、重复性的品类和服务充斥市场，导致银发经济市场陷入机械循环，缺乏新鲜活力和增长动能。第二，科研机构与企业之间的融合程度不够，科研成果难以有效转化为实际的生产力和核心竞争力。即便是成熟的科技产品在适老化改造时也存在流于表面的现象，例如适老版本的软件入口设计得过于隐蔽，操作按钮难以控制，页面流程烦琐等，这实际上并没有真正解决老年人在使用数字产品时遇到的难题。第三，关键性、原始创新领域的原创性、颠覆性科技尚显不足，技术创新体系尚待完善。现有的研发水平难以充分发挥科技创新对新质生产力的引擎作用。在诸如老年辅助科技领域和老龄生物健康技术的先进领域，由于关键性技术的研发和推广需要经历较长的周期，且受到资金短缺的制约，部分企业更倾向于追求短期内的直接回报，忽视了长期的技术积累和创新投入，这进一步制约了新质生产力的作用效果。

在数据方面，第一，目前银发经济不同市场主体之间存在利益冲突和数据不均，一些龙头企业利用数据垄断作为竞争优势来限制其他企业的发展，促成了"数据孤岛"效应，这不仅割裂了数据循环，也制约了产业数字化转型的发展空间。数字化基础薄弱的传统产业，如传统养老机构等，因无法快速响应市场变化而难以享受数字经济带来的红利，这进一步加剧了银发经济产业升级的堵滞。第二，在大数据时代，数据安全问题愈发凸显，针对老年人的"数字陷阱"和"数据欺诈"现象频发，这进一步加深了新质生产力面临的数据难题。如何确保老年人在享受数字化服务的同时，保障其数据安全和个人隐私，是银发经济健康发展亟待解决的问题。

（二）人力资源"青黄不接"与资金来源"银根紧缩"形成资本困境

生产力理论认为人是生产力中最活跃的要素，资金作为重要的劳动资料，直接关系到生产力的发展和劳动生产率的提高，二者都是影响新质生产力发展的关键资本，人力和财力的不足会造成新质生产力赋能困境。

人才供给不足是制约新质生产力赋能银发经济的一个重要困境。从人才数量来看，一是现有的专业养老服务人才数量不足，无法满足银发经济产业的快速发展。根据有关调查显示，在参与居家社区养老服务中，社会服务机构服务人才匮乏、员工劳动强度较大、员工队伍不稳定、流动性较大等问题较为突出，人力资源和人才队伍建设情况堪忧[1]。且由于工作强度大、待遇相对较低、晋升空间有限，大量专业人才投身变现率更高的行业，加剧了银发经济领域人才流失，形成人才供需失衡局面，产业稳定性和可持续发展面临危机。二是具备扎实养老护理知识和护理实践经验的高端人才更加稀缺。目前持证的养老护理员仅50万，特别是具备医学、病理学、心理学等专业知识，能承担失能失智老人专业性护理工作的高素质技术技能人才更是急缺[2]。从人才质量来看，银发经济领域的人才供给也存在较大问题。银发经济产业的发展需要一批既懂技术又懂市场、既具备创新思维又具备实践

---

[1] 刘晓梅、王艺臻：《我国社区居家养老服务多职业主体联合问题研究》，《社会保障研究》2024年第1期。

[2] 《养老护理人才缺口大，怎么看、怎么办？——人民网研究院关于养老护理人才队伍建设的调研报告》，人民网研究院，http://yjy.people.com.cn/n1/2024/0429/c244560-40226657.html，访问日期：2024年9月2日。

能力的高素质人才。然而，目前银发经济领域的人才结构并不合理，很多从业者只具备单一技能或知识背景，缺乏跨学科的知识和综合能力，这使得他们在面对日益复杂化、高标准、高需求的银发市场时往往难以提出有效的解决方案，从而影响银发经济发展效率。

资金投入短缺是制约新质生产力赋能银发经济的又一重要因素。银发经济市场前景和盈利模式尚不完全清晰，且投资周期长、回报慢，增加了投资者的风险感知，导致资金投入不足。一方面，资金短缺会限制银发经济产业的规模扩张和技术创新。缺乏足够的资金支持使得关键项目无法顺利推进，导致产业发展缓慢。同时，资金短缺也制约了银发经济领域的技术创新和研发能力，使得其产品和服务难以满足市场需求。另一方面，资金短缺会造成银发经济产业链关键环节建设迟滞。缺乏资金不仅导致银发经济产业链的基础建设无法跟上顶层设计，还会使研发主体和生产主体难以获得足够支持，造成银发经济产业链主体缺失，影响银发经济产业的协同效应和整体竞争力。

（三）供给侧"粗放供给"与需求侧"无效需求"形成供需失调

在新质生产力的发展过程中，供需的高效匹配是促进新质生产力发展的基础，新质生产力系统中的连边特征则揭示了生产力供需关系的复杂性和动态性①。由于当前银发经济领域的供需两端的高效对接和要素资源的合理流动尚未完成，供需失调的状况依然存在。

从供给侧看，一方面，银发经济的优质供给依然相对不足，尚未形成优质、精准的产品供给和服务体系。目前，银发经济市场主体规模较小、产业能级较低，相关企业产品开发和自主创新能力相对较弱，当前市场上针对老年人的产品和服务往往局限于基本的养老护理、医疗保健等，抗衰老产业、康养文旅服务等多样化、个性化和原创性的

---

① 江成、聂丽君、张嘉诚：《复杂系统视角下新质生产力特征及内涵分析框架研究》，《技术经济与管理研究》2024年第4期。

技术创新和产品研发较少。这种单一的供给模式无法满足老年人日益增长的多元化需求，从而导致供需不匹配。另一方面，银发经济领域的供给效率有待提高。银发经济作为一个新兴领域，其产业链尚需完善，上下游科研机构与企业集群之间的协同配合不够紧密，导致生产效率低下，产品和服务的更新速度和供给质量难以得到保障，整体形成了粗放型的供给模式。

从需求侧看，一方面，潜在需求未能完全转化为有效需求。不可否认，伴随老年人口数量的快速增长，老龄消费的潜在需求也在快速增长，但老年人的消费观念、支付能力以及需求表达能力受到多种因素的影响。例如，传统观念可能导致老年人对新兴产品和服务持怀疑态度；收入水平的不均衡可能导致部分老年人支付能力不足；信息获取渠道的有限性可能使老年人难以准确表达自己的需求等。这些限制使老年人的消费意愿最终未形成实际的消费行为，抑制了有效需求的形成。另一方面，社会对于老年人的关注度和理解程度较低造成了"需求误区"的形成。在传统社会文化中，老年人通常被视为社会的负担而非资源。这种观念偏见导致市场对于老年群体的需求认知形成偏差，将子女、晚辈的消费行为等量代换为父母、长辈的消费需求，造成老年群体的真实需求隐匿化，在需求指向上形成了误导。

（四）国内市场"失灵失范"与国外市场"潜力未挖"形成市场失序

市场是生产力发展到一定阶段的产物，生产力的飞跃催生了新的市场形态，而新市场的拓展为新质生产力创造了强大的战略引领力和战略发展空间[①]。但在国内国际两个市场，新质生产力赋能银发经济均面临不同的失序情况。

---

① 罗建文：《新质生产力是马克思主义生产力理论的新发展》，《学术交流》2024年第4期。

从国内来看，银发经济本应成为市场机制和产业政策交织互促的典型领域，却出现了多种失灵失范现象。第一，信息不对称导致消费决策困境。在银发经济市场中，老年消费者由于年龄、健康状况、技术能力等方面的限制和数字时代下市场发展的迟滞性，难以获取全面、准确的产品和服务信息，无法有效分辨产品质量的优劣。加之银发经济消费市场缺乏数字人文关怀，使老年消费者更容易陷入消费陷阱。第二，市场监管的缺失导致市场秩序混乱。由于银发经济市场的监管体系尚不完善，部分不法商家得以钻营监管漏洞，通过虚假宣传、误导性广告等欺瞒老年消费者，甚至销售假冒伪劣产品，构成违法犯罪行为。这不仅损害了老年消费者的权益，也破坏了银发经济市场的公平竞争环境。第三，市场资源错配导致市场生态失衡。银发经济领域的中小企业在创新价值链的实践过程中，由于缺乏足够的资源支持和发展空间，创意转化和创意传播难以实现，成长受到限制。同时，经济发展水平相对落后的地区难以吸引资源要素流入，无法形成规模化、统一化的银发经济市场。

从国际来看，当今世界，最稀缺的资源是市场[①]，由于经济发展的历史原因，许多发达国家提前我国十几年甚至几十年迈入老龄化阶段，银发经济的海外市场有着巨大的可开发潜力，但也存在一定制约。第一，受制于文化差异导致市场需求的识别困难，在开拓国外市场时，国内企业往往因为不同国家和地区的老年人在消费习惯、价值观念、生活方式等方面存在显著差异，在进入新市场时难以准确把握当地老年群体的需求特点，导致产品和服务无法有效满足市场需求，这种文化差异带来的困境限制了国内企业在国际市场上的拓展空间。第二，进入国外市场往往会受到各种市场准入障碍和国际贸易壁垒的限制。这些障碍包括高关税、复杂的认证程序、严格的质量要求等，这不仅

---

① 周文、张奕涵：《中国式现代化与现代化产业体系》，《上海经济研究》2024年第4期。

增加了国内企业进入国外市场的成本和难度,还会激化企业同质化竞争。第三,国内企业在面对发达国家时仍存在软肋,在高精尖技术和高新技术领域依然存在"卡脖子"情况。在品牌建设和市场拓展方面,国内企业也缺乏足够的经验和资源,难以在国际市场上树立品牌形象和知名度,难以充分展现自身优势,不利于国际市场的开拓。

三、"四新结合"贯通新质生产力赋能银发经济的全过程

在促进新质生产力赋能银发经济的过程中,要始终以习近平总书记关于新质生产力的重要论述为指导,以人民为中心作为价值指引,坚持党对银发经济工作的全面领导。在全面深化改革过程中,需要持续强化科技、人才、金融、数据等新要素保障、实现供需两端高效对接、增强国内国际两个市场两种资源联动效应,助推新质生产力有效赋能银发经济,引领银发经济迈向高质量发展新台阶。

(一)强化新要素保障,着力提升全要素生产率

生产力各要素的高效率配置是实现生产力跃迁、形成新质生产力的必要条件。促进新质生产力有效赋能银发经济,需要通过加强科技、人才、金融、数据等要素的保障和优化配置,推动技术创新和产业升级,提高银发经济企业的核心竞争力和市场占有率,进而推动银发经济的持续健康发展。

1. 科技创新是新质生产力赋能银发经济的核心动力

一方面,加大科技研发投入,推动智能养老设备、健康监测技术、远程医疗等领域的创新,将物联网、人工智能等先进技术应用于养老设备、健康监测等领域,提升智能化水平。例如,通过智能传感器和算法,实现养老设备的自动化和智能化操作,降低使用门槛;利用互联网和移动应用建立线上养老服务平台,为老年人提供便捷的在线服务等。另一方面,加强抗衰老、脑科学等颠覆性领域的科研进程,围

绕康复辅助器具、智慧健康养老等重点领域，谋划一批前瞻性、战略性科技攻关项目，推动科技适老化，促进老龄科技创新成果与老龄产业深度融合，结合云计算和大数据技术，处理和分析健康数据，为老年群体提供个性化的健康建议和预防方案。

2. 数据要素是新质生产力赋能银发经济的关键引擎

第一，要通过数字驱动的个性化服务收集和分析老年群体的消费习惯、健康状况、兴趣爱好等数据，提供更加精准有效的服务。例如，基于老年群体的购物偏好和健康状况，电商平台可以推荐适合的保健产品、生活用品等；医疗机构则可以根据老年人的健康数据提供定制化的健康管理和疾病预防建议。第二，推动银发经济领域公共数据开放共享。政府与企业的适度数据公开既能帮助市场主体及时辨明产业发展状况，制定更加科学合理的经营策略，优化产品结构和市场布局；也能帮助有关部门形成更加精准的产业政策和扶持措施，推动银发经济产业的健康发展。第三，重视老龄群体数字权益，落实加强数据安全管理、完善隐私保护的政策，确保各种传统活动被智能技术数字化、信息化之后，老龄群体依然能够享受高质量生存发展的数字权益[1]，为数据的合规利用提供保障。

3. 人才资源是新质生产力赋能银发经济的重要支撑

一方面，要加强银发经济与教育链条的衔接，推动高等院校开办高职智慧健康养老服务与管理等相关专业，鼓励职业技术培训院校开展相关培训课程，培养高素质的银发产业服务人才和具备创新思维的市场开发人才，为促进新质生产力赋能银发经济提供有力的人才保障。另一方面，要充分发挥人才在创新中的作用，鼓励从业者提出新思路、新方法和新技术，建立健全的人才激励机制，建设银发经济人才智库，积极引进国内外的优秀人才，特别是在养老、医疗、科技等领域具有

---

[1] 吴妍纯、沈一航：《银发经济背景下老年人数字权益的现实困境及解决对策》，《环渤海经济瞭望》2023年第10期。

丰富经验和科研能力的高素质人才，为促进新质生产力赋能银发经济提供智力支持。

4.金融资本是新质生产力赋能银发经济的源头活水

第一，应鼓励金融机构针对银发经济的特殊需求，创新设计金融产品与服务。例如，推出针对老年人的养老保险、健康保险、长期护理保险等，为老年人的养老生活提供全面保障。发展养老储蓄、养老投资等多元化金融产品，满足不同层次老年人的金融需求。第二，推动金融机构加大对银发经济领域的信贷支持力度，特别是对于智慧养老和健康产业等具有潜力的领域，通过降低贷款利率、延长贷款期限等优惠政策鼓励更多的社会资本投入银发经济领域，推动相关产业的快速发展。第三，高度重视和积极推动多层次资本市场的发展，为银发经济领域的企业提供上市融资、债券发行等直接融资渠道，利用资本市场开展并购重组、股权融资等资本运作，推动银发经济领域的资源整合和产业升级，推动新质生产力高质高效赋能银发经济。

（二）培育新供给体系，提供高质量消费供给

习近平指出："要坚持供给侧结构性改革这条主线……提升供给体系对国内需求的适配性，以高质量供给满足日益升级的国内市场需求。"[①] 在促进新质生产力赋能银发经济过程中，推动形成新供给体系势在必行。

第一，重点培育高质量经营主体。实施银发经济市场主体培育计划，支持打造一批创新平台，构建从技术策源、成果转化到产业培育、组织创新的新产业生态，前瞻布局未来，重点投向成长潜力大，科技含量高，带动能力强的创新型企业和产业项目。引导传统产业进军银发经济领域，鼓励企业结合主责主业积极拓展银发经济相关业务，从

---

① 习近平:《在深圳经济特区建立40周年庆祝大会上的讲话》，《人民日报》2020年10月15日，第2版。

而激发各市场主体活力，为新质生产力赋能银发经济提供重要载体。

第二，推进产业集群示范。促进形成国有企业引领示范、民营经济快速成长的经营主体结构，打造高水平银发经济产业园区，推动相关产业融合集群发展，打造一批结构合理、各具特色、优势互补的区域经济新增长极。助推银发经济相关产业的协同发展和融合创新，通过加强产业链上下游企业的合作与交流，实现资源共享、优势互补，推动银发经济产业的整体升级。同时，建立银发经济产业联盟或协会等组织，加强行业自律和协作，推动银发经济产业的健康发展。

第三，开展高标准领航行动。重点推进智慧养老信息技术软硬件产品产业化、规模化应用，提高老龄科技产品基础软硬件、核心电子元器件、关键基础材料和生产装备的供给水平，提升关键软硬件技术创新和供给能力[1]。

（三）加强新需求侧管理，促进高水平供需动态均衡

习近平总书记强调："内需是中国经济发展的基本动力，也是满足人民日益增长的美好生活需要的必然要求。"[2] 从需求角度出发探究新质生产力的有效赋能成为实现银发经济高质量发展的重要路径。

第一，挖掘潜在需求，形成消费行为。当前，以"60 后"为代表的"新老年群体"推动着需求结构从生存型向发展型转变，既包括传统的"衣食住行用"等物质需求，也包括艺术、旅游、休闲、娱乐等"诗和远方"的精神需求。然而，老年消费群体的消费能力与偏好尚未完全转化为实质性的消费行为，其庞大的规模带来的市场潜力依然停留在未开发阶段，未能直接转化为现实的经济成效[3]。因此，优化消费

---

[1] 金牛、原新：《银发经济高质量发展：人口基础、战略导向与路径选择》，《河北学刊》2024 年第 2 期。

[2] 习近平：《开放共创繁荣 创新引领未来》，《人民日报》2018 年 4 月 11 日，第 3 版。

[3] 杜传忠、疏爽、李泽浩：《新质生产力促进经济高质量发展的机制分析与实现路径》，《经济纵横》2023 年第 12 期。

环境，加强市场监管，推动支付 App 和消费网站适老化改造，让老年人能消费、敢消费、愿消费是优化需求侧管理的当务之急。

第二，识别目标群体，辨明有效需求。当前的老年消费存在广泛的"代替消费"情况，即由年轻人购置产品和服务赠与老年人，消费行为和消费倾向在一定程度上被年轻群体覆盖，无法辨析老年群体真实的购物欲望和消费评价。因此，需要充分利用大数据、区块链等数字技术信息收集和分析能力，采取市场调研、数据分析等手段，进一步了解老龄群体多元化、差异化、个性化的消费需求和支付能力，分辨使用者和购买者之间的差异，谨防供给和需求脱节，为产品和服务的设计流通提供精准指导。

第三，搭建信息平台，对接消费需求。借助互联网、物联网等信息传播媒介，形成银发产品和服务的宣介网络，实时同步宣传银发经济领域的新成果、新技术，做到供给端和需求端信息同步、供需互补，搭建银发产业"产供销需"对接平台，增强市场细分度，为新质生产力赋能银发经济提供现实进路。

（四）建设银发经济新市场，实现国内国际双循环

1. 在国内，加快建设高水平统一大市场

第一，严格落实市场准入负面清单制度。银发经济既包含关乎国计民生的银发事业领域，也包含与医疗药品紧密相关的老年保健品、养生疗护等特殊银发产业领域，必须设立清晰透明的准入"红绿灯"。应明确列出禁止和限制投资经营的行业、领域、业务，明确划定投资经营的边界，确保市场主体的合规运营。在各类市场主体可平等进入的领域，有关部门也应利用新质生产力的数据优势，强化信息披露与透明度，要求企业定期发布产品和服务的相关信息，包括成分、功能、适用人群等，并鼓励引入第三方权威检测和评估，为老年消费者提供科学、可靠的消费指南，助力其做出更加明智的选择。

第二，破除全国统一大市场的卡点和堵点。依托信息技术互联互

通的便利性，优化市场结构，拒绝市场分割，形成银发经济龙头企业资源带领中小企业，新兴企业科技带动传统企业的良好格局。推动跨区域合作，打破地域限制，实现资源共享和优势互补，扩大银发经济的市场规模，推动银发经济产业链协调发展，构建城乡、区域协调发展的银发经济新格局。同时，利用互联网和大数据技术，建立银发经济信息平台，整合市场资源，形成数字资源库，方便市场主体和老年群体共享新质生产力发展成果。

第三，营造公平竞争的市场环境。加强反垄断执法，充分利用智能监控与数据分析技术，防止龙头银发企业利用数据、算法、技术手段等方式排除、限制竞争。同时完善监管体系，强化执法力度，健全统一市场监管规则，明确权责，建立多部门联合监管机制，加大老年欺诈等违法行为的处罚力度，推进市场监管公平统一。

2. 在国际，布局开拓全球化进出口市场

第一，深化文化研究与市场细分。企业需要针对文化差异导致的市场需求识别困难问题深化对目标市场的文化研究，了解当地老年群体的消费习惯、价值观念和生活方式。在此基础上运用数据分析与挖掘技术，精准划分细分市场，针对不同群体制定因地制宜的、差异化的市场策略和产品方案。通过精准营销和定制化服务，满足当地老年群体的需求，提高市场占有率和品牌影响力。

第二，突破市场准入障碍与贸易壁垒。本土银发经济企业需要加强与国际组织的合作与交流，了解目标市场的政策法规和贸易环境。通过积极参与国际贸易谈判和合作，争取更有利的贸易条件和市场准入机会。加强技术创新与品牌建设，提升产品质量与附加值，利用跨境电商平台与物流网络，突破市场准入障碍与贸易壁垒，拓展银发经济的国际市场版图。

第三，加强国际品牌建设与市场推广。国际市场的品牌知名度和美誉度对于企业的成功至关重要。要良好运用社交媒体、数字营销等现代传播手段，讲述品牌故事，传递品牌价值，深化与当地消费者的情感链接。同时，结合目标市场的实际情况，制定精准的市场推广计划，提升产品认知度与接受度，让中国品牌在国际银发经济舞台上绽放光彩。

新质生产力赋能银发经济是银发经济高质量发展的必由之路，更是人口老龄化国情下中国式现代化的必然选择。当前，新质生产力赋能银发经济仍面临着技术壁垒、资本困境、供需失调、市场失序等堵点问题，需要强化科技、数据、人才、金融等新要素保障，培育新供给体系，加强新需求侧管理，完善银发经济新市场，从而推动银发经济从"养老"迈向"享老"，以期实现银发经济高质量发展，走出一条具有中国特色的应对人口老龄化发展的新道路。

供销合作社：马克思主义合作经济思想中国化的制度成果

艾永梅[①]

供销合作社有着悠久的历史、光荣的传统，是推动我国农业农村发展的一支重要力量。从理论维度看，其理论渊源是马克思主义合作经济思想，伴随理论研究的深化和我国"三农"形势发展，其理论基础不断夯实；从历史维度看，供销合作社是我国合作社发展的重要分支，是马克思主义合作经济思想与我国"三农"实际相结合的制度成果；从现实维度看，坚持党的领导是供销合作社的本质特征，为农服务是其根本宗旨，综合合作是其显著特性，供销合作社正在坚定走好中国特色的合作社发展道路，为乡村振兴、农业农村现代化、农业强国建设和城乡融合发展做出贡献。

一、理论维度：马克思主义合作经济思想是供销合作社产生和发展的理论渊源

马克思主义合作经济思想对于供销合作社的产生与发展起到重要的启蒙和指导作用。中国共产党在引进、学习马克思主义合作经济思想的同时，结合中国实际不断完善和发展合作社理论。供销合作社就是在这样的背景下诞生和发展起来的，其理论渊源也就此而来。

[①] 艾永梅，中华全国供销合作总社管理干部学院教务处处长、研究员。

（一）马克思、恩格斯、列宁的合作社思想

马克思和恩格斯的合作经济思想主要分析的是国家意志与改造小农相衔接的问题。马克思、恩格斯认为，合作社就是生产者联合劳动的制度，合作社在社会体制过渡方面有重要作用，要以这种制度代替资本主义雇佣劳动制度；在小农经济占主导地位的国家，农民合作社不仅是向社会主义生产方式过渡的变革形式，而且是社会主义农业生产方式的基本形式。关于发展农民合作社的原则，恩格斯系统论述了国家政权对合作社性质所起的决定性作用，无产阶级在夺取了国家政权以后，采取自愿、示范和国家帮助的原则，发展生产合作社，其性质应为公有制。马克思主义合作经济思想还提到，不能强迫农民入社，更不能剥夺农民，而是通过示范和为此提供社会帮助；合作社的形式不能简单化一，而要因地制宜、灵活多样。

列宁继承和发展了马克思和恩格斯的合作经济思想，他认为，合作社使千百万农民感到简便易行，是容易接受的，是由农民个体经济过渡到社会主义集体经济的形式，是社会主义工业与分散的农业经济结合的最好形式，是小农参加社会主义建设的阶梯、工农联盟的重要纽带。马克思主义合作经济思想为供销合作社的产生与发展奠定了理论基础。

（二）新民主主义革命时期中国共产党老一辈革命家的合作社思想

中国共产党早期革命家一边参与革命战争，一边发展合作社，并在理论上继承和发展了马克思主义合作经济思想。

早在大革命时期，毛泽东就积极提倡合作社运动，使合作社成为工农群众反抗统治阶级压迫和剥削的重要工具。1927年，《湖南农民运动考察报告》中指出，农民买进货物要受商人的剥削，卖出农产品要受商人的勒抑，钱米借贷要受重利盘剥者的剥削，这都是迫切需要

解决的问题。他曾在两次主持农民运动讲习所期间，专门开设合作社课程，宣传合作社知识。他曾指出，必须组织生产的、消费的和信用的合作社；关于合作经济的具体形式，他主张各种类型、各种层次合作经济全面发展。在土地革命时期，毛泽东对江西兴国长岗乡进行调查后认为，从组建消费合作社开始，进而开拓供销、运输、生产、借贷等业务，成为综合性合作社的经验，即南区合作社式的道路，就是发展边区人民经济的重要工作之一。

在解放战争时期，1948 年 8 月，薄一波在华北临时人民代表大会上所作的《关于华北人民政府施政方针的建议》报告中指出："必须自上而下、自下而上地普遍组织供销合作社，这是把小生产者和国家结合起来的一根经济纽带。"同年 9 月，刘少奇在《论新民主主义的经济与合作社》一文中指出，在中国这样一个小生产者占极大优势的农业国中，要经过一种商业关系把千千万万分散、独立的小生产者联系起来，并使之与大工业联系起来，构成国家和社会的经济整体。这种"商业关系"，就是由新民主主义的国家机关和合作社来实行的。张闻天在为中共中央东北局起草的《关于东北经济构成及经济建设基本方针的提纲》中提出，无产阶级在领导农民小生产者走向社会主义前途时，合作社是农民小生产者所能接受的经济办法，农村供销合作社是在经济上指挥农民小生产者的司令部，是组织农村生产与消费的中心环节，是土地改革后在经济上组织农民与小手工业者最主要的组织形式。这些重要论述都对供销合作社的产生和发展产生深远影响。

（三）新中国成立后党和国家领导人关于供销合作社的重要论述

新中国成立后，党和国家领导人多次对供销合作社作出重要论述，不断丰富马克思主义合作经济思想中国化的时代内涵。

毛泽东于 1951 年 12 月发表《关于试办集体农庄的意见》，1955 年 7 月发表《关于农业合作化问题》，先后对办好合作社作出论述。1955 年 9 月，毛泽东在编辑《中国农村的社会主义高潮》一书时，对平湖新仓供销合作社与农业生产合作社订立结合合同的经验给予充分肯定并作出重要批示:"供销合作社和农业生产合作社订立结合合同一事,应当普遍推行。"1962年3月,周恩来在第二届全国人民代表大会第三次会议上的《政府工作报告》中强调:一切国营商店、供销合作社、消费合作社和合作商店,要切切实实为城乡人民的生活服务,为农业和工业生产服务。1975年初,周恩来在身患重病住院期间曾指出:中国农村大,农民多,农民问题是我们党始终要注意的问题,我们过去犯错误,在农民问题上较多,要加强农村商业工作,恢复全国供销合作总社。1962年7月,邓小平在接见出席中国共产主义青年团三届七中全会全体同志时的讲话中提道:为了恢复农业,还要解决市场和物价问题。市场要管好。中央已经决定把全国的供销合作社普遍搞起来。搞好供销合作社,不仅有利于交易,而且还可以组织和促进生产,增加市场供应,使农民增加收入。1996年,江泽民在致供销合作社全国代表会议的信中指出,要引导农民进入市场,把千家万户的农民与千变万化的市场紧密地联系起来,推动农业产业化,这是发展社会主义市场经济的迫切需要,也是广大农民的强烈要求。2008年11月,胡锦涛在纪念刘少奇诞辰110周年大会上讲话中,充分肯定了供销合作社在加强城乡物资交流、恢复国民经济中发挥的重要作用。党和国家领导人关于供销合作社的重要论述,为供销合作社在不同时期更好融入时代发展需要、进行转型升级,提供了重要指引,也进一步丰富了马克思主义合作经济思想中国化的内涵。

(四)党的十八大以来习近平总书记关于供销合作社的重要指示批示

习近平总书记一直以来高度重视供销合作社发展,党的十八大以来多次对供销合作社工作作出重要指示批示。

2014年7月,习近平总书记在中华全国供销合作总社成立60周年之际作出重要指示批示:供销合作社要全面深化改革,加快建成适应社会主义市场经济需要、适应城乡发展一体化需要、适应中国特色农业现代化需要的组织体系和服务机制，努力成为服务农民生产生活的生力军和综合平台。2016年4月，习近平总书记在安徽小岗村的农村改革座谈会上指出，按照为农服务宗旨和政事分开、社企分开方向，把供销合作社打造成为同农民利益联结更紧密、为农服务功能更完备、市场运作更有效的合作经营组织体系。2020年9月，习近平总书记在中华全国供销合作社第七次代表大会召开前夕作出重要指示批示：供销合作社是党领导下的为农服务的综合性合作经济组织，要牢记为农服务根本宗旨，持续深化综合改革，完善体制机制，拓展服务领域，加快成为服务农民生产生活的综合平台，成为党和政府密切联系农民群众的桥梁纽带，努力为推进乡村振兴贡献力量，开创我国供销合作事业新局面。

习近平总书记一系列重要指示批示明确了供销合作社的性质、功能、职责定位和改革发展方向，为做好供销合作社改革发展各项工作提供了根本遵循，极大丰富了新时代马克思主义合作经济思想中国化的内涵，是供销合作社深化理论与实践的重要指引。

二、历史维度：供销合作社的发展历程也是马克思主义合作经济思想中国化的探索过程

中国共产党从成立那天起就高度重视发展合作社，在不断总结经验的基础上创办了供销合作社。可以说，供销合作社是马克思主义合作经济思想与中国实践相结合的产物。

（一）中国共产党领导下的合作社实践

合作社思想在中国的传播始于1915年的新文化运动和1919年的"五四运动"。"五四运动"以后，以陈独秀、瞿秋白等为代表的革命青年在宣传马克思主义的同时，也使马克思主义合作经济思想得以传播。

中国共产党在早期农民和工人运动中已经非常关注合作社,并创办了包括安源路矿工人消费合作社在内的一批合作社。随着革命根据地的逐步建立,合作社事业也如火如荼地开展起来。不论是土地革命、抗日战争还是解放战争后期,中国共产党领导下的消费、运输、信用、生产等各类合作社都在支援革命战争、发展农业生产、满足当地农民群众生活等方面发挥了重要作用。

新中国成立后的合作经济主要有四种形式:一是农业合作化。1949—1958年这段时间是农业合作化运动时期,农民经历了从佃农、自耕农转变为拥有自己土地的农业劳动者,并经历了农业社会主义改造,成为集体共有农业经济。二是人民公社。人民公社是在高级社的基础之上联合组成的劳动群众集体所有的经济组织,存在着管理过于集中、经营方式过于单一和分配上的平均主义等缺点。三是农民专业合作社。农民专业合作社产生于20世纪80年代,从2006年《中华人民共和国农民专业合作社法》(2017年修订)颁布以来,农民专业合作社迅猛发展,目前已超过220万家。四是供销合作社。供销合作社萌发于解放战争时期,自1954年中华全国供销合作总社成立以来,至今已在全国构建起"全国—省—市—县—乡"的五级合作经济组织体系,还在农民有需求的行政村重建村基层社。

(二)中国共产党领导下供销合作社的产生发展

1.供销合作社成立初期的发展

解放战争时期,我国合作社如火如荼发展的同时,也碰到规模小、服务区域有限等问题,随着农业生产的发展,也难以满足农民生产、销售和生活等多方面的需求。因此,普遍建立解决生产生活资料供应和农副产品购销的综合性供销合作社便被提上了党和各级人民政府的工作日程。在中国共产党和解放区政府的大力推进下,供销合作社得以建立和快速发展。截至1949年6月底,华北地区各行署区、省供销合作总社均已成立,建立了县社186个、区社469个。

新中国成立之初，党中央高度重视占人口绝大多数的农民组织化问题，积极引导农民走合作化道路，供销合作社是农民最容易接受的合作形式。1949年11月，政务院设立了中央合作事业管理局，1950年7月，中华全国合作社联合总社成立，统一领导和管理全国的供销、消费、信用、生产、渔业和手工业合作社。1954年7月，中华全国合作社第一次代表大会上，中华全国合作社联合总社更名为中华全国供销合作总社（以下简称"总社"），建立起全国统一的供销合作社系统。到1957年，供销合作社在全国得到迅速发展，形成了一个上下连接、纵横交错的全国性流通网络，不仅成为满足农民生产生活需要、组织农村商品流通的主渠道，而且成为联结城乡、联系工农、沟通政府与农民的桥梁和纽带，对恢复国民经济、稳定物价、保障供给、促进农业和农村经济发展发挥了重要作用。1958年以后，与共和国的发展历程同步，供销合作社走过了"大跃进""人民公社"运动、三年自然灾害和"文化大革命"等艰难岁月，在与国营商业"二分二合"的剧烈变动中，仍凭借其庞大的农村商贸体系，成为国家促进农村互助合作、组织城乡物资交流、支援国家经济建设的重要依托。

2.改革开放以后的市场化转型

1978年之后，我国农村实行了以家庭联产承包经营为基础、统分结合的双层经营体制，极大提升了农民的生产积极性，但"小农"在对接大市场时仍存在诸多困难。国家迫切需要一种组织形式将农民有效整合，将农民"黏合"起来，而供销合作社恰恰能够发挥出这种"黏合"作用。

1982年，总社第三次与商业部合并，这次保留了总社的牌子，设立了总社理事会，保留了省以下供销合作社的独立组织系统。从1982年到1988年，供销合作社先后进行了恢复"三性"（群众性、民主性、灵活性）、"五突破"（劳动制度、农民入股、经营范围、内部分配、价格管理）、"六发展"（发展系列化服务、横向联合、农副产品加工、多种经营方式、农村商业网点、科技教育）三个阶段性改革。

进入 20 世纪 90 年代，供销合作社又进一步探索向综合性农业服务组织发展。1995 年，《中共中央 国务院关于深化供销合作社改革的决定》（中发〔1995〕5 号）正式出台，决定恢复成立中华全国供销合作总社；1999 年，《国务院关于解决供销合作社当前几个突出问题的通知》（国发〔1999〕5 号）出台，对基层社清产核资、实行民主管理、清理社员股金、解决亏损挂账等突出问题作出具体部署。2000 年，全系统扭亏为盈，当年系统汇总利润 13.77 亿元，扭亏工作中积累的经验为 2002 年总社三届三次理事会报告提出的"四项改造"（即以参与农业产业化经营改造基层社，以实行产权多元化改造社有企业，以实现社企分开、开放办社改造联合社，以发展现代经营方式改造经营网络）提供了实践层面的支撑。

2006 年 5 月，党中央同意启动"新农村现代流通服务网络工程"（以下简称"新网工程"），提供配套财政资金，推动了供销合作社经营网络的建设，各项经营服务得到恢复和加强。2009 年，《国务院关于加快供销合作改革发展的若干意见》（国发〔2009〕40 号）正式发布，提出供销合作社要加快构建运转高效、功能完备、城乡并举、工贸并重的农村现代经营服务新体系，真正办成农民的合作经济组织。有了政策的加持和自身的持续改革，2011 年，总社下属企业中国供销集团以 960 多亿元的营业收入首次入选中国百强企业。

3. 党的十八大以来的改革发展

党的十八大之后，总社主动谋划供销合作社改革发展，在广泛调研、论证基础上提出了开展综合改革试点的建议。2014 年，国务院正式批复同意河北、浙江、山东、广东 4 省供销合作社作为试点，成为十八届三中全会之后中央层面批复的第一家全国性改革试点。随后，总社召开"供销合作社综合改革试点动员部署会"，正式启动综合改革试点工作。2015 年，党中央、国务院出台《关于深化供销合作社综合改革的决定》（中发〔2015〕11 号），文件指出：服务"三农"是供销合作社的立身之本、生存之基，供销合作社要把为农服务放在首位，要由流通服务向全程农业社会化服务延伸，向全方位城乡社区服务拓展，加快形成综合性、规模化、可持续的为农服务体系。该文件标志着供销合作社正式开始深化综合改革。2018年4月，全国总社部署进一步推进专项改革试点。通过深化综合改革，全系统经济实力、为农服务能力、发展活力明显提升，在服务党和国家工作大局中的作用不断显现。2023年底，全系统实现销售总额7.3万亿元，同比增长12.6%。

三、现实维度：供销合作社作为马克思主义合作经济思想中国化制度成果的主要特征

实践证明，坚持将马克思主义合作经济思想中国化，走中国特色的合作社发展道路，使供销合作社历久弥新，不断焕发生机活力。习近平总书记在对供销合作社作出的重要指示批示中强调，供销合作社是党领导下的为农服务的综合性合作经济组织。这一重大论断表明：坚持党的领导是供销合作社的本质特征，为农服务是其根本宗旨，综合合作是其显著特性，为供销合作社走出一条中国特色的合作社发展道路提供了根本遵循。

（一）党的领导是供销合作社的本质特征

供销合作社自诞生之日起，就是我们党组织群众、动员群众、服务群众的重要抓手，是巩固工农联盟的重要力量。坚持党的领导，是供销合作社永不褪色的红色烙印，是供销合作社独具特色的政治优势，是供销合作事业持续健康发展的根本保障。

供销合作社的改革发展始终紧扣党和国家发展目标。在新民主主义革命时期，中国共产党领导供销合作社围绕推翻"三座大山"、建立新中国，着力推动发展农业生产、物资流通和支援革命战争。新中国成立以后，中国共产党领导供销合作社着力构建组织体系和经营服务网络，支援农业生产，推动城乡物资交换，繁荣农村市场，发展社

会主义经济。改革开放以后,中国共产党领导供销合作社围绕建设中国特色社会主义市场经济目标,推进改革创新,发展农村生产力,带动农民增收致富。党的十八大以来,中国共产党领导供销合作社围绕"三农"工作大局,深化综合改革,助力乡村振兴和农业农村现代化。

在供销合作社发展的不同阶段,随着发展形势和农民需求的变化,供销合作社被赋予不同的功能。与政府行政部门、一般市场经济主体、社团组织相比,供销合作社既能充分发挥市场在资源配置中的决定性作用,增强发展活力,又能更好地发挥政府作用,弥补市场失灵,这些特点与优势赋予供销合作社特殊使命,也使供销合作社不论在任何时期都能够与党和国家发展目标相适应,成为党和政府做好"三农"工作的重要"抓手"、载体。

(二)为农服务是供销合作社的根本宗旨

供销合作社始终坚持为农服务根本宗旨,把服务"三农"作为供销合作社的立身之本、生存之基,把为农服务成效作为衡量工作的首要标准,做到为农、务农、姓农。

供销合作社成立的初衷就是解决中国特殊的农民问题。毛泽东等老一辈革命家设计中国社会主义制度的出发点,就是当时占中国人口90%以上的农民。从新中国成立初期到党的十七届三中全会,供销合作社的职能作用从恢复国民经济、畅通城乡流通,到努力成为农业社会化服务的骨干力量、农村现代流通的主导力量、农民专业合作的带动力量。党的十八大以来,供销合作社综合改革加快推进,积极助力脱贫攻坚,启动"县域流通服务网络建设提升行动",努力打通为农服务两个"一公里"难题,农业社会化服务方式不断创新,为农服务质量和水平进一步提升。党的二十大以来,供销合作社持续深化综合改革,加强基层社改造,启动"千县千社质量提升行动",着力将小农户引入现代化进程,不断密切与农民的利益联结,助推乡村全面振兴、农业农村现代化和农业强国建设。可以说,供销合作社的发展紧密契合着我国的"三农"形势和农民的需求，在促进小农户与现代农业发展、与"大市场"有机衔接的过程中不断发展壮大。

（三）综合合作是供销合作社的显著特征

合作经济属性是供销合作社区别于其他经济组织的本质特征。供销合作社改革发展的实践表明，只有不断强化合作经济属性，坚持把民主管理、互助互利等合作制理念贯穿到改革发展全过程，供销合作社才能拥有旺盛的生命力。

供销合作社在成立初期，是按照自愿、互利、民主、平等的原则，以农民社员为主体组建的合作经济组织，各级供销合作社之间是逐级联合的经济关系。1958—1995年，供销合作社服从国家经济体制改革需要，其所有制性质在"全民所有"和"集体所有"之间历经反复，还因多种原因退还过社员股金，如今已经不是简单意义上以农民社员为主体的合作社了，而是体现为国家、集体与农民之间多层次的合作联合，已经演化为一种新型的合作经济组织体系。

当前我国社会主要矛盾已经转化为人民日益增长的美好生活需要和不平衡、不充分的发展之间的矛盾。要满足人民群众尤其是广大农民对美好生活的向往，就需要搭建服务农民生产生活的综合平台，提供便利化、综合化、一站式的综合服务。供销合作社凭借全国性的网络体系和较为健全的农业社会化服务体系，为小农户以及各类新型农业经营主体提供农资供应、农产品收购、日用消费品供应、电子商务、冷链物流、再生资源回收利用、代理代办等一站式综合服务，充分发挥出"服务农民生产生活的综合平台，党和政府密切联系农民群众的桥梁纽带"作用，有助于提高农村公共服务水平，助力城乡融合发展。

第三章

推进行政体制改革的重要领域

加快推进质量强国建设

——学习贯彻习近平总书记关于质量强国的重要论述

安森东　李　萌[①]

一、习近平总书记关于质量强国的深邃思考和战略判断

党的十八大以来，习近平总书记关于质量强国的重要论述主要集中在供给体系质量、产业链供应链质量、企业质量管理、质量治理能力、生活质量、城市和科教文卫体质量、质量基础设施、国际质量交流八个方面。

一是高度重视供给体系质量和效率。2015年11月，习近平总书记在中央财经领导小组第十一次会议上指出："加强供给侧结构性改革，着力提高供给体系质量和效率，增强经济持续增长动力，推动我国社会生产力水平实现整体跃升"。二是高度重视产业链供应链质量。2020年12月，在中央经济工作会议上指出："产业链供应链安全稳定是构建新发展格局的基础。要统筹推进补齐短板和锻造长板"。三是高度重视企业质量管理工作。2015年7月，习近平总书记在吉林考察时指出："创新是企业的动力之源，质量是企业的立身之本，管理是企业的生存之基，必须抓好创新、质量、管理，在激烈的市场竞争中始终掌握主动"。四是高度重视质量治理能力提高。2013年12

[①] 安森东，中国行政体制改革研究会常务理事、研究员。李萌，国家市场监督管理总局发展研究中心。

月，习近平总书记在中央农村工作会议上指出："食品安全，首先是'产'出来的，也是'管'出来的。必须完善监管制度，强化监管手段，形成覆盖从田间到餐桌全过程的监管制度"。五是高度重视人民生活质量。2015年5月，习近平总书记在浙江召开华东7省市党委主要负责同志座谈会上指出："要科学布局生产空间、生活空间、生态空间，扎实推进生态环境保护，让良好生态环境成为人民生活质量的增长点"。2020年10月，习近平总书记在党的十九届五中全会上的讲话中指出，推动生活性服务业向高品质和多样化升级，推进服务业标准化、品牌化建设。六是高度重视城市和科教文卫体发展质量。2020年9月，习近平总书记在教育文化卫生体育领域专家代表座谈会上的讲话中指出："加快提高卫生健康供给质量和服务水平""推动体育产业高质量发展，不断满足体育消费需求"。七是高度重视质量基础设施建设。2020年10月，在党的十九届五中全会上的讲话中指出，完善国家质量基础设施，加强标准、计量、专利等体系和能力建设，深入开展质量提升行动。2014年3月，习近平总书记在河南兰考调研时指出，标准决定质量，有什么样的标准就有什么样的质量，只有高标准才有高质量。2018年2月，习近平总书记在党的十九届三中全会上的讲话中指出，推进质量认证体系建设。八是高度重视国际质量交流合作。2021年9月，习近平总书记在向第四届中国质量（杭州）大会所致贺信中指出，中国愿同世界各国一道，加强质量国际合作，共同促进质量变革创新、推进质量基础设施互联互通，为推动全球经济发展、创造人类美好未来作出贡献。2022年10月，在党的二十大报告中指出，稳步扩大规则、规制、管理、标准等制度型开放。

通过学习领会习近平总书记关于质量强国的重要论述，我们认为，质量强国具有深刻的内涵和丰富的内容，至少包括以下五个方面：一是深入人心的质量第一意识。要让质量第一的理念深入落实到每个行业、每个企业和每个人的思想和行动中，使重视质量、创造质量成为一种社会风尚。二是科学完备的质量供给体系。产品和服务质量显著提升，形成立体多元、优质高效的供给体系，拥有一大批享誉世界的国际知名品牌。三是健全完善的质量促进机制。企业质量主体作用充分发挥，政府职能有效履行，优质要素向质量领域集聚，质量红利极大释放。四是协同高效的国家质量基础设施。建成融合协同发展和完整高效运行的国家质量基础设施体系，国家质量基础设施公共服务能力和国际化水平居世界前列。五是强大可靠的质量安全保障能力。全面建成国家质量安全法治体系，形成公平竞争、优胜劣汰的市场秩序，人民群众的质量获得感、幸福感、安全感显著增强。

二、习近平总书记关于质量强国的重要论述是建设质量强国的根本遵循

习近平总书记指出，人类社会发展历程中，每一次质量领域变革创新都促进了生产技术进步、增进了人民生活品质。中国的质量事业将坚持党对质量工作的全面领导，以满足人民日益增长的美好生活需要为根本目的，以质量强国建设推动高质量发展，展现大国崛起的别样图景。习近平总书记关于质量强国的重要论述是我国质量强国建设的强大思想武器。

第一，习近平总书记关于质量强国的重要论述是从党和国家事业发展大局出发进行的战略思考。习近平总书记高瞻远瞩、审时度势，深刻指出要"把推动发展的立足点转到提高质量和效益上来"，强调"以提高发展质量和效益为中心"，努力实现更高质量、更有效率、更加公平、更可持续的发展，把质量摆到了战略高度。同时指出，"能不能在食品安全上给老百姓一个满意的交代，是对我们执政能力的重大考验"。质量问题事关转型发展，事关民生民心，事关国家形象，事关党的执政基础。近年来，国际形势严峻复杂，风险挑战接踵而来，世界经济增长乏力，复苏进程艰难曲折；我国发展不平衡不充分问题仍然突出，长期积累的结构性矛盾逐步显现，推进高质量发展还有许多

卡点瓶颈。习近平总书记既强调经济、文化、社会、生态等宏观质量问题，又重视行业、区域、领域等中观质量问题，还关注消费品质量、食品农产品质量、建筑工程质量等微观质量问题。我们深切体会到，习近平总书记对质量强国的思考，始终从党和国家事业发展大局出发，充分体现了人民至上的发展思想和对历史负责的殷殷情怀，体现了马克思主义政治家治国理政的远见卓识和雄才大略。

第二，习近平总书记关于质量强国的重要论述是立足新时代新阶段新征程不断变化的新特点提出的科学方案。习近平总书记强调，要推动中国制造向中国创造转变、中国速度向中国质量转变、中国产品向中国品牌转变。习近平总书记指出供给侧结构性改革的主攻方向是提高供给质量。坚持以提高质量和核心竞争力为中心，坚持创新驱动发展，扩大高质量产品和服务供给。树立质量第一的强烈意识，开展质量提升行动，提高质量标准，加强全面质量管理。这些重要论述，既有对质量强国的战略谋划，也有对质量提升的路径指引，在把握世界质量发展普遍规律的基础上，提出了我国建设质量强国的科学方案。当前，我国处在转型发展的关键时期，既要借鉴发达国家建设质量强国的成功经验，也要立足社会主义初级阶段、发展中大国这个最大国情，走出一条具有中国特色的质量强国道路。

第三，习近平总书记关于质量强国的重要论述是当前和今后一个时期质量强国建设的强大思想武器和行动指南。党的十八大以来，习近平总书记深刻总结我们党推动质量发展和建设质量强国的理论和实践，认真汲取我国传统文化精髓和国际先进经验，把理论与实践、质量观与方法论有机结合起来，在质量强国建设上形成了具有中国特色和时代特征的立场观点方法，标志着我们党对质量发展规律和质量强国建设的认识达到了新的高度。实践充分证明，党和国家推动质量强国建设的过程，也是党关于质量强国建设的理论和路线方针政策日益丰富、日趋成熟、日臻完善的过程。在新时代新阶段新征程，推进质量强国建设使命光荣、任重道远。习近平总书记关于质量强国的重要论述，为建设质量强国提供了强大思想武器，指明了前进方向、行动路径和工作重点。

三、以习近平总书记重要论述为指引加快推进质量强国建设

建设质量强国是全面建设社会主义现代化国家的重要组成部分，是新时代、新阶段、新征程国家发展的重大战略，是我们党谋篇布局强国建设的关键一环。《质量强国建设纲要》是质量强国建设的纲领性文献，面对新形势、新目标、新任务，我们必须坚持党对质量工作的全面领导，狠抓工作落实，将纲要主要任务与国民经济和社会发展规划有效衔接、同步推进，同时加强中央质量督察工作，形成有效的督促检查和整改落实机制，以质量强国建设推动高质量发展。

第一，充分发挥企业主体作用。习近平总书记指出，质量是企业的立身之本，管理是企业的生存之基。目前，我国已有逾1.7亿经营主体，他们既是提供产品和服务的市场主体，也是质量提升的责任主体。质量是企业的生命，不重视质量的企业是没有希望的企业。提高质量，主体在企业；质量出问题，源头也在企业。为充分发挥企业主体作用，一要靠法治督促落实质量责任，建立健全商品质量惩罚性赔偿等质量安全多元救济制度，营造公平竞争、优质优价的良好环境，让市场主体愿意为质量买单，能够因质量获益。二要靠服务提高质量发展能力，精准帮扶服务中小企业质量建设，把质量第一意识贯彻到生产一线，把质量基础设施覆盖到生产一线，把质量管理活动开展到生产一线，广泛开展质量技术服务进企业活动，帮助企业特别是广大中小企业建立健全质量管理体系，提高企业技术标准、计量测试水平和质量控制能力。三要靠增强质量意识提升市场竞争力，推动实行现代企业管理制度，弘扬企业家精神和工匠精神，广泛开展质量改进、质量攻关、质量对比和群众性质量活动，推动质量水平持续向好。

第二，创新政府质量监管。习近平总书记指出，必须完善监管制度，强化监管手段。按照转变政府职能的要求，大力简政放权，激发市场活力，维护公平竞争的市场环境，同时还要加强市场监管，净化市场环境。强化产品和服务提供者质量主体作用的同时，政府也要坚持有所为、有所不为，优化宏观管理和微观管理职能，构建市场主体自治、行业自律、社会监督、政府监管的质量共治格局。一要围绕供给侧结构性改革创造多元的质量供给。突出标准引领和制度规范保障作用，积极培育发展团体标准，鼓励企业制定高于国家标准或行业标准的企业标准，全面实施产品和服务标准自我声明公开和监督制度，提升企业改进质量的内生动力和外在压力。二要深化"放管服"改革转变质量治理方式。从习惯被动等企业上门转变为主动为企业服务，从主要"督企"转变为"督产品""督企""督政"并重，从管资质和事前审批转变为注重管产品、管服务和事中事后监管，充分运用大数据、云计算等现代技术，推行"双随机、一公开"监管全覆盖，加强全面质量监管。三要实施质量信用分类管理，加强企业信用约束，使失信企业"一处失信、处处受制"。

第三，积极推进质量社会共治。习近平总书记指出，要健全共建共治共享的社会治理制度，提升社会治理效能。在质量治理方面，我们要健全以法治为基础、政府主导、社会各方参与的多元治理机制，强化基层治理、企业主责和行业自律，充分调动各方面积极性，促进质量升级和质量安全，形成质量安全社会共治的良好局面。要大力支持行业协会等社会组织开展工作，引导行业诚信自律，促进行业规范发展。积极推进社会主义先进质量文化建设，动员和组织社会各方面力量广泛参与质量奖、质量月、品牌日等活动，强化社会监督和舆论监督，不断提升质量工作社会影响力。要加强舆论引导和质量文化公益宣传，既要坚决曝光企业重大质量违法行为，更要宣传优质产品、优秀企业，树立"中国制造"的品牌形象。

第四，更加注重质量基础建设。习近平总书记指出，要完善国家质量基础设施。作为国家质量基础设施的基本构成，计量、标准、认证认可、检验检测四者之间要形成相互衔接、科学严谨的完整链条。这一国际公认的质量技术体系，为保证产品质量安全和对外贸易提供了支撑保障。目前，世界各国在质量领域的竞争，很大程度表现为质量基础设施体系的竞争。对此，我们要加快质量基础设施建设，提高技术水平和服务能力。一是要加强中央、省、市、县四级与行业、企业的质量技术体系融合发展，形成泛在协同、准确统一、可靠高效的质量基础设施体系。二是要发挥政府和市场两个作用，推动质量基础设施广泛服务于产业转型升级、中小企业质量提升，确保企业随时随地获得即用即有、可靠便捷的质量技术服务。三是要加快战略性新兴产业特别是高端制造装备、网络安全和信息化、数据资源体系等的标准制定和标准升级。四是要参与国际治理，加强计量、标准、认证认可、检验检测等国际互认和推广应用，广泛参与制定和引领国际规则，在全球质量治理中发挥更大作用。

第五，提升中国质量的美誉度和竞争力。习近平总书记指出，品牌是信誉的凝结。一个品牌一旦在老百姓心目中树立起来，就可以成为质量的象征、安全的象征。我国经济要实现由大变强，就要有一批享誉世界的中国产品和服务，叫响中国质量和品牌。要加强品牌培育和保护，实施中国精品培育工程，引导企业提升产品和服务附加值，培育更多具有国际竞争力的民族品牌，打造更多百年老店和金字招牌。要大力推进内外销产品同线同标同质工程，特别是在服务"一带一路"建设中，促进政策、规则、标准三位一体联通，确保质量安全，消除技术壁垒，畅通国际贸易。

数字时代政府公信力的构建

黎娟娟[①]

政府公信力作为现代国家治理的重要资源和政府合法性的重要衡量指标[②]，是行政主体在社会治理过程中依赖于社会公众的普遍信任，本质上是社会公众对公共权力的一种政治认同[③]。数字时代加速了现代化的流动性和抽离化机制，个体的流动性加速带来了时空分离的同时，个体也从原有的社会关系中不断抽离[④]，从熟人社会进入"陌生人社会"甚至是"虚拟数字化社会"。面对"陌生人社会"中普遍存在的自由与信任之间的内在伦理张力，政府公信力作为一种基于自由的制度信任可以为"陌生人社会"的维系提供底线伦理路径，促进构建美好伦理生态和推动社会文明发展进步[⑤]。同时，政府公信力也是政府权威和政府动员能力的重要来源，不仅涉及人民群众对党和政府的满意度和信任度，更关系到党和政府权威性和有效性。数字时代为政府提供先进治理工具，优化政府治理效率的同时，也给政府公信力的构建带来了前所未有的挑战。

---

① 黎娟娟，首都师范大学马克思主义学院讲师。
② 胡晓明：《提升政府公信力的逻辑内涵与实施路径》，《人民论坛》2021年第34期。
③ 陶振：《政府公信力：属性、结构与本质》，《理论月刊》2013年第4期。
④ 吉登斯：《现代性与自我认同》，三联书店，1998，第17—19页。
⑤ 冯庆旭：《自由与信任："陌生人社会"的伦理视点》，《哲学动态》2022年第5期。

一、数字时代政府公信力面临的挑战

政府公信力是政府凭借其对于公共事务的处理获得公众信任的能力，公众对政府的信任关系是其本质。信任具有时间差和不对称性，属于主观的倾向与愿望，是一种相信某人的行为或周围的秩序符合自己的愿望的期待，在人的心理中发挥着简化复杂的功能，信息是一种交换与交流的媒介，其本质是信任感①。信任关系产生的机制源于人类社会的三种利他行为，亲族利他、互惠利他和人类社会中规范造就的利他②，由此产生了基于亲族关系的信任、基于互惠关系的信任、基于社会规范的信任，相比后两种信任，基于亲族关系的信任更为稳固。政府公信力则主要是基于社会规范的信任，是一种非人格化的信任，即公众通过与政府有关的信息对政府的动机和行为形成一定的判断，在此基础上，对政府形成的一种信任感知。公众对于政府的信任感有赖于与政府有关的各种信息的传递。在数字时代，由于信息生产和传播方式发生变化，信任产生机制发生变化，从而使得公众对政府的信任感面临挑战。

第一，数字时代信息供给方式的变化，弱化政府公共信息供给的权威地位。数字社会中媒体技术的发展日新月异，信息生产和传播的方式出现革命性的变化。在传统媒体时代，政府作为公共信息的权威生产者和传播者，甚至是垄断了公共信息的生产和传播，这在提高公众对政府公共预期和依赖的同时，也会因为信息提供的确定性而增加公众对政府的公信力。数字时代媒体技术的革新，使得社会中信息生产和传播者呈现出多样化的特征，在信息生产过程中会出现大量的信息噪声，信息爆炸时代，缺少的不是信息，而是注意力③。大量无用信

---

① 郑也夫：《信任论》，中信出版社，2015，第41、169页。
② 郑也夫：《信任论》，中信出版社，2015，第56页。
③ 向玉琼：《注意力竞争的生成与反思：论政策议程中的注意力生产》，《行政论坛》2021年第1期。

息的存在，对于公众的注意力而言是一个巨大的浪费和干扰。大量信息噪声的存在，又会干扰公共信息的传递，尤其是当出现重大公共危机时，社会广泛需要的信息具有明显公共品属性时，仅靠基于自愿、自发的市场原则组织信息生产，无法有效满足人们的需求，需要政府构建以促进社会总体福利为宗旨的公共信息体制[①]。信息噪声的存在对于公共信息体制的构建形成一种干扰。大量信息噪声的存在，会影响公众的信息选择，进而会影响公众对政府的价值判断。当信息数量少且来源相对单一时，公众的选择有限，但是当信息数量多且来源相对多元化时，对于公众而言，面临的问题不再是缺乏信息，而是选择信息的问题。信息噪声的存在和自媒体平台的出现，也会弱化政府在信息传播过程中的权威地位，由于政府信息在信息来源审查方面更为严格，政府信息的宏大叙事模式，相比自媒体平台微观共情的叙事模式，更不具有优势。在信息爆炸的数字时代，政府信息传播相比非政府信息平台的优势正在不断弱化。这种从信息生产到信息传播过程中的弱化趋势，将进一步弱化政府的公信力。

第二，数字时代时空进一步分离、弱化政府与公众之间的关系连接。信任从心理功能来说，是一种对于复杂的简化，是"以过去的经验去预见未来，对预期抱有信心"[②]。这种对于复杂的简化，天然对于时间和空间有一定的依赖，即在一个边界清晰的空间范围内，由于可以持续性的互动，更容易建立起信任和合作关系。在一个基于过去连续经验记忆的基础上，也更容易建立起信任和合作关系。在数字时代，信息技术的发展在推动社会进步的同时，进一步加剧社会流动性，使得时空分离进一步加速。信息化工具的发展为政府的治理提供了便捷，在"一网通办"数字化工具的普遍推广下，公众足不出户可以办理各种事务，足不出户可以知晓政府的各种政策举措。各种虚拟数字技术

[①] 戴昕：《"防疫国家"的信息治理：实践及其理念》，《文化纵横》2020年第5期。
[②] 郑也夫：《信任论》，中信出版社，2015，第96页。

的出现,甚至在现实世界之外又出现如元宇宙这样的多个虚拟空间,政府与公众之间基于在特定时空的为了某项事务的完成而出现的连接越来越弱,连接的弱化将进一步弱化政府与公众互动的关系,这会对政府公信力的构建形成挑战。

第三,数字时代多元价值观念并存,弱化既有社会信任体系。与传统的熟人社会不同,数字时代呈现出"陌生人社会"的特征,社会信任关系由熟人社会中的人际信任走向抽象的系统信任,货币系统和专家系统是系统信任的典型[①]。数字时代也呈现出现实社会、网络社会、虚拟社会并存的局面,社会将进一步呈现出多种群体、多元价值并存的局面。多元化的价值体系的并存,在网络社会和虚拟社会圈层化、部落化的发展趋势下,会进一步降低主流价值的影响力,进而降低社会系统信任的影响力,如今随着数字技术的发展,各种充满价值对立的观点充斥在互联网世界,对于专家的信任、对于科学的信任开始瓦解,各类金融诈骗和庞氏骗局也让社会开始对货币系统的信任有所动摇。政府信任是一种非人际信任,是以社会系统信任作为支撑,多元价值体系对于社会信任体系的弱化将会进一步传导到政府系统,即带来政府公信力的下降,最终带来全社会的信任异化,即出现普遍的不信任问题。

二、数字时代政府公信力的影响因素

政府公信力的本质是公众与政府的关系,是公众对政府的信任感,涉及政府、公众及信任关系三个方面,信任关系又源于政府与公众互动中的信息的传递。因此,数字时代影响政府公信力的因素无外乎也是这三个方面。

第一,技术的发展带来信息生产和传播方式的变化,进而放大信

---

① 郑也夫:《信任论》,中信出版社,2015,第96页。

息噪声。数字技术和媒体技术的发展，使信息发布由原来的媒体集中式转向个体分布式。信息生产和传播方式的变化，使个体都成了信息的生产者和发布者，尤其是在社交媒体平台，公众个体可以不经审核而随意发布信息，甚至只是因为发泄情绪而发布一些虚假的信息。与此同时，媒体平台信息把关人的职能有所弱化，尤其是在自媒体时代，注意力经济盛行，为了博眼球和博流量，使部分媒体平台在发布信息和审核信息时并不严格。人工智能等技术的发展，尤其是新闻写作机器人的出现，使得信息生产的速度大大提升。新闻写作机器人只是按照设定的程序来进行信息的编写，对于信息的背景、信息的来源等审核也有所不足，会存在内容失真风险、内容导向风险、内容偏见风险、内容黑箱风险，一旦偏离轨道，可能产生的不良后果波及面更广泛，影响更严重[1]。数字时代多媒体技术的发展，使得信息从生产到传播的时间大大缩短，信息传播的广度也大大拓宽，信息传播方式和传播平台更为多元，这大大消解了政府的信息发布权威地位。由于浅阅读的盛行，公众在信息选择上更容易受到情绪的影响，这会进一步弱化政府信息对公众的影响力。

第二，公众认知偏差和社会发展转型带来的信任异化。数字时代带来信息爆炸，公众选择阅读和相信什么样的信息，取决于公众的认知水平。由于公众信息消费的被动性，公众往往不会花过多时间和精力进行信息的筛选和校验，会将信息的校验权交给信得过的专家或者是信得过的熟人。加上公众信息素养的差异，公众在进行信息筛选时，往往会加剧"信息茧房"效应[2]，由于群体极化效应、网络圈层效应的存在，这会进一步加剧公众的认知偏见，进而偏离主流价值。信任异化是由政治不信任演化来的一种社会逆反心理，呈现为无原则信任和

---

[1] 陈建飞：《机器人新闻写作的风险评估及责任机制探讨》，《新闻潮》2021年第3期。

[2] 桑斯坦：《信息乌托邦》，毕竞悦译，法律出版社，2008，第8页。

强迫性不信任两种表现形态[①]。现代社会日益复杂和充满风险,增加了社会的不确定性,降低了形成信任的机制;多元价值观念和利益的分化,带来了公众道德的相对性;现代性和后现代性社会思潮对于公共理性的消解,也使公众的价值共识进一步消解;社会转型带来的社会结构变化,使社会组织程度进一步弱化,个体陷入更为原子化的社会状态,这将进一步加剧社会的不信任和政治不信任,进而加剧公众的信任异化。公众的信任异化主要表现在当进行信息选择和价值判断时,存在着习惯性质疑和轻信并存,容易陷入非黑即白的二元对立的价值判断中,受到情绪化和非理性化的影响,对于社会公共信息的思考很容易忽略基本事实而陷入简单的价值判断,进而影响政府公信力。

第三,政府与公众互动过程中的不足扩大了政治不信任。政府公信力本质上是公众对政府的信任关系,源于公众与政府在日常互动过程中建立的相互信任关系。数字时代政府公信力面临诸多挑战,但最大的挑战在于政府与公众在互动过程中存在的不足给公众带来的不信任感。这涉及政府能力、政府责任、政府的合法性等政治治理能力的多个方面,单独从政府与公众的信息互动来看,主要包括政府作为信息供给方时有效供给不足和作为信息接收方时对公众需求的回应不足。一方面,政府作为公共信息的权威提供方,有责任向公众披露相应的公共信息,由于执政理念的偏差,政府与公众对于公共事务定位的差异等,目前存在着相应的信息公开不及时、不到位的情况。尤其是当出现公共危机时,公众对于公共信息的预期提高,政府对于公共信息的发布时间、质量等都影响着公众对政府的信任。另一方面,政府对于公众的需求回应尚有不足。政府回应性对于政府公信力的建设至关重要,所谓回应,即为"民有所呼,政有所应",即针对公众的需求进

[①] 全燕:《"后真相时代"社交网络的信任异化现象研究》,《南京社会科学》2017年第7版。

行的回应，其中体现的是一种互动。对于政府而言，要做到有效的回应，首先，需要了解公众所需，其次，要有针对性的及时回应。面对个体化的、需求和价值观多元化的公众，政府的回应性面临着天然的挑战。作为社会公共利益的维护者，在面临日益多元化的价值取向和利益取向时，政府即使能做到及时回应，但是回应内容是否符合公众预期，也是一个巨大的挑战，尤其是当面对诸多争议的问题时，政府的回应往往也面临着"众口难调"的困境。对于公众回应的不足，也会影响政府的公信力。

三、数字时代提升政府公信力的机制举措

虽然数字时代政府公信力面临前所未有的挑战，政府公信力问题还存在"塔西佗陷阱"，即当公权力失去公信力时，无论发表什么言论、无论做什么事，社会都会给以负面评价[①]，政府公信力的构建在数字时代是一个值得深入思考的命题。但是由于政府在公共事务中的独特地位，政府公信力的构建又具有天然的优势，即在与社会公共事务相关的问题中，政府由于其信息的垄断地位优势，公共服务的提供者等角色地位，而天然能够获得公众的信任。因此，在数字时代，构建和提升政府公信力是可能的。

第一，坚持为民服务的执政理念，优化政府与公众互动。政府公信力本质上是政府与公众的关系问题。因此，构建良好的政民关系至关重要，这必然要求政府要转变行政理念，从根本上树立以人民为中心的理念，坚持实事求是，优化与公众的互动，将和谐的政民关系构建作为化解政府公信力挑战的重要手段。要坚持以人民为中心，坚持实事求是，坚持以人民的利益为根本的出发点和落脚点，从政策制定、发布、执行等各个环节都切实考虑到公众的利益，及时与公众进行沟

---

① 习近平：《做焦裕禄式的县委书记》，中央文献出版社，2015，第35页。

通，对公众的诉求做到及时、有温度的回应，构建和谐的政民关系。

第二，推动政府职能转型，完善公共信息供给机制。政务公开是政府职能转型的重要内容，也是构建和谐政民关系的重要方面。在数字信息时代，公众面临着信息爆炸和信息孤岛并存的情况，政府公共信息的公共产品属性日益突出。要建立常态化和应急性并存的政府信息发布制度，常态化政府信息发布需要涉及政府、政策出台的全过程、多个环节，内容包括政府日常运行、重大政策解读、政策变更提示、政策发布效果、重点民生事项、重大改革举措等多个方面。应急性政府信息发布需要根据应急事件的紧急程度、社会公众对于信息的关切程度，及时调整新闻发布节奏。在政府信息发布的议题设置中，积极引入社会公众的参与，将公众关注的议题及时反映到政府信息发布的议程设置中，回应公众的信息诉求。对于公众的信息诉求，根据公众利益相关度、公众关注度等不同的维度，判断公众对信息的需求。根据公众的实际需求，建立和完善公共信息有效供给机制。要优化政府信息传播策略，及时掌握现代信息传播规律，利用现代信息技术和数字技术，掌握公众对于公共信息的需求心态，调整政府信息发布的叙事方式和主持形式，提升政府新闻发言人的媒介素质和业务能力，根据公众对于信息的不同需求，提供不同的信息供给和信息传播策略。加大对不实信息的校正力度，减少信息噪声的干扰。

第三，加大对舆论的监测和引导，引导公共理性的回归。在数字时代，多媒体技术的发展使信息生产和发布的平台日益多元化，也带来了媒体平台作为把关人职能失守，信息噪声不断放大的弊端，进而影响公众的信息选择和价值判断。数字时代政府公信力的构建，要求在构建和谐政民关系的同时，加大对于信息噪声的治理力度，进一步呼唤社会公共理性的回归。罗尔斯从政治哲学的角度提出了公共理性的概念，来弥补传统的个人理性概念。要在公众中实现一种重叠共识，即对基本的社会正义理念达成某种共识，这种共识的取得是以公众的公共理性为基础的①。要加大对于传统媒体的舆论监测和引导，引导媒体强化自身把关人的职能，加大对于不实信息的审查力度；加大对于自媒体信息平台的监测和引导，鼓励各大自媒体平台加强自我审查，加大对于信息噪声的审查力度，从源头上减少信息噪声；鼓励广大媒体以身作则，引导公众合理认知、积极参与公共事件的讨论，引导公共理性的回归。加大社会主义核心价值观的弘扬力度，以主流价值观应对多元价值观对于价值共识的消解，尤其是当出现重大社会公共危机时，主流价值观对于凝聚社会共识，增进政府公信力具有重要的作用。

第四，提升公众信息素养，增强公众的信息甄别能力。在数字时代，随着我国信息基础设施的不断完善，网民数量日益增长，据中国互联网络信息中心（CNNIC）第53次《中国互联网络发展状况统计报告》显示，截至2023年12月，我国网民规模达10.92亿人，较2022年12月新增网民2 480万人，互联网普及率达77.5%。与庞大的网民数量不相匹配的是网民的信息素养不足，如虚假信息泛滥、谣言的广泛传播、网络暴力仍然存在，网络舆论的情绪化和非理性化现象仍然突出等。提升全民信息素养是顺应数字时代要求，提升国民素质，促进人的全面发展的内在要求，也是我国推进网络强国建设的必由之路。要加强历史、经济、政府、法律、生活常识等常识教育，在常识教育中培养公众的认知力和思辨力，以常识应对瞬息万变的信息。鼓励全民阅读，通过深度阅读提升公众的思辨能力和逻辑推理能力。通过广泛阅读，提升公众的深度阅读和深度思考的能力，培养公众的思辨能力和逻辑推理能力，这有助于提升公众的信息甄别能力。加强核心价值观的引导，加强网络表达规范的引导和对于不合法行为的惩治力度，引导公众合理合法地利用网络进行表达。

---

① 陈嘉明：《理性与现代性——兼论当代中国现代性的建构》，《厦门大学学报（哲学社会科学版）》2004年第5期。

政府的公信力构建是一个动态的过程，而且是一个无止境的过程。在一件事情上取得了公众的信任不等于在另一件事情上取得公众的信任，永远不能一劳永逸①，与此同时，政府公信力的"塔西佗陷阱"一直存在，因此，政府公信力的构建是一项长期的工作，能够支撑政府做好这项长期工作的基础是良性的政民关系。坚实的群众基础，坚持以人民为中心，坚持实事求是，真正以人民的利益为出发点和落脚点是长期构建政府公信力的根本所在。

---

① 李景鹏：《政府的公信力是在公众的质疑中逐渐实现的》，《国家行政学院学报》2011 年第 6 期。

生成式人工智能：效能、风险及其治理

杨华锋　丁　涵①

一、生成式人工智能及其效能

生成式人工智能（Generative Artificial Intelligence，GAI）技术的发展与应用，是以人工智能技术为基底的。早在 1956 年，人工智能这一概念被提出，其发展一直囿于计算机有限的内存和处理能力。直到数字社会的来临，先进的科技与设备以及互联网中的海量数据信息使 AI 技术联通人工智能成为可能，其通过深度学习具备了高超的信息处理和分析能力，并能根据指令做出拟人态的互动反馈。2014 年，名为"尤金·古斯特曼"的聊天机器人首次通过图灵测试，标志着人工智能技术取得突破性进展。其后，世界各国纷纷抓住人工智能发展机遇，布局智能发展战略。

人工智能作为引领未来的新兴战略性技术，大幅跨越了科技与应用之间的"技术鸿沟"，成为驱动新一轮科技革命和产业变革的重要力量。2022 年 7 月全球数字经济大会提出，人工智能已经跨过技术理论积累和工具平台构建的发力储备期，开始步入以规模应用与价值释放为目标的产业赋能黄金十年。此时，基于深度学习框架上下延伸、构建智能生态平台成为国内外科技巨头的共同选择，生成式人工

---

① 杨华锋，国际关系学院研究生部主任、教授、博士生导师。丁涵，国际关系学院博士研究生。本文系北京市宣传文化高层次人才培养资助项目"首都数字经济发展中的网络安全问题及其对策研究"的阶段性成果。

智能登上历史舞台,专注于内容的生成,通过对智能机器训练大量的数据,实现在数据模式和结构中创造具有创新性的内容。2018 年 10 月,世界首次由人工智能创作的画作《埃德蒙·贝拉米画像》①在佳士得拍卖会上以 43.25 万美元的价格成交。2022 年 8 月,在美国举办的新兴数字艺术家竞赛中,使用模型生成的绘画作品《太空歌剧院》,获得了"数字艺术 / 数字修饰照片"类别一等奖。由此,人工智能生成内容(Artificial Intelligence Generated Content,AIGC)被看作继专业生成内容(Professional Generated Content,PGC)和用户生成内容(User Generated Content,UGC)之后,利用人工智能技术自动生成内容的新型生产方式。

就其模型类型而言,一类是自然语言模型,即输入和输出的内容均为自然语言描述;另一类是多模态模型,即输入和输出是跨模态的,实现了文字、图片和视频等在应用端的自由转换。前者以 ChatGPT 为例,能够帮助人类完成资料搜寻、代码编写和智能问答等复杂任务,可以替代 80% 工作种类中的至少 10% 的工作内容。后者以 Sora 为主要代表,将各种类型的视觉数据转化为统一表示法,实现对多模态模型的大规模训练,这也让 Sora 具备了理解和模拟真实世界模型的基础能力。生成式人工智能的发展之路,让机器逐渐具备了理解真实世界的能力,而从自然语言到多模态的进步,则体现着人类用 AI 技术,彻底打破虚拟与现实边界的尝试。

就其社会效能而言,AIGC 带来的内容生产变革极具应用价值。截至 2024 年 7 月,我国已经完成备案并上线,能为公众提供生成式人工智能服务的大模型已达 180 多个,注册用户已突破 5.64 亿,生成式人工智能所具备的多模态、高效率和专业化的内容生产拥有着广泛应

---

① 该画像系全球首幅进入大型拍场的人工智能创作的艺术作品,由法国艺术团体 Obvious 通过算法创作,基于 15 000 张创作于 14—20 世纪的人像艺术中生成人像生成与识别网络,借助"生成对抗网络"算法(GAN)完成,该画幅右下角的签名为:$min\ G\ max\ D\ Ex\ [log\ D(x)]] + EZ\ [log(1-D(G(Z)))]$,标明了其是由人工智能通过算法创作而成。

用空间和较低使用门槛。越来越多的 AIGC 应用也为社会营造了一个较好的人工智能使用生态，非专业人员能通过页面交互进行内容创作与生成，开源共享平台也同样降低了模型训练难度。AIGC 应用在消费端丰富了互联网内容、便捷了用户与计算机的交互、简化了烦琐重复性的工作。在产业端，营销、金融和科技领域都带来了全新突破[1]。这一技术改变着人类的生产生活方式，并为时代带来了强劲的发展动力。

二、潜在风险

新兴技术往往是一把双刃剑，AIGC 对信息的颠覆性变革重塑了人类的社会形态，并由此产生各类治理风险。

（一）数据风险

生成式人工智能的训练与使用均依赖于数据，其流量往往都在千亿级别以上。OpenAI 公司 GPT4.0 多模态大语言模型的参数量级是 GPT3.5 的 10 倍，达到万亿级别。风险在如此庞大的数据量中不断演化，表露出巨大的安全隐患。

在数据隐私方面，人工智能已成为个人信息保护和监管领域高度关注的对象。广泛的个人行为和偏好信息是人工智能进行训练的最佳语料。当前，生成式人工智能可能会在未征得用户同意的情况下，搜集并存储用户在网络上留下的庞大数字行为轨迹，处处留痕的互联网信息使人工智能刻画出一个"比你更懂你"的用户画像成为可能。由此，人们对无限制的搜集并使用个人信息的担忧，将信息泄露推上风口浪尖。2021 年，国家网信办依法查明滴滴公司存在过度收集乘客人脸识别信息 1.07 亿条、打车地址信息 1.53 亿条，其违法处理个人信息

---

[1] 陈永伟：《超越 ChatGPT：生成式 AI 的机遇、风险与挑战》，《山东大学学报（哲学社会科学版）》2023 年第 3 期。

达 647.09 亿条。如此规模的信息违法使用和分析，对社会安全与稳定产生了难以估量的影响。可以说，在人工智能面前，人们往往只能选择被动接受其对信息数据的"默认共享"，个人数据信息的控制权被进一步削弱，数据信息隐私安全难以得到有效保障。

在数据安全方面，其核心指向是数字时代的信息话语权。数据已然成为数字社会举足轻重的生产要素，牢牢掌握数据主权，是抢占人工智能技术发展先机的自然选择。当前，以互联网为基础的数字技术已经成为财富积累和维护国家安全的新途径，"数字思维"不仅强调技术进步对于网络主权和网络安全的影响，还强调了数字优势的重要性[①]。不过，当今世界人工智能的发展还深深地被美西方体系所掌握，作为人工智能发展最重要的学习语料，W3Techs 网站 2020 年预测前 100 万互联网网站使用的语言文字英语语言占比为 59.3%，而中文占比仅为 1.3%。同时，由于模型数据不可避免地带有开发者的价值判断与选择，算法上对人类偏见的继承，导致人工智能偏见（AI Bias）的产生。生成式人工智能的价值逻辑是继开发者而来的，偏见的训练既存在有意识地将含有人类偏见的语料提供给 AI 学习的方式，也有受限于开发群体、语料获取维度等无意识的偏见产生。当前互联网 15 个最大的数字平台中，11 个来自美国，4 个来自中国，我国与西方国家在政治、经济、文化和意识形态层面的差异决定了不可避免地产生 AI 主权的分野，对 AI 主权的把握意味着在数字社会对信息生产要素的掌控，数字空间里的新竞争，势必会以 AI 主权的争夺为主要形式。

（二）效用风险

生成式人工智能不同于以往分析性的人工智能技术，其内容生产力更为强大，能够掌握多模态模型算法的人工智能，不仅有着超越常人的内容生产效率，还具备关注用户偏好与反馈的社交智慧。毋庸讳

---

① 阎学通、徐舟：《数字时代初期的中美竞争》，《国际政治科学》2021 年第 1 期。

言,"技术性失业"的问题将不可避免地出现,"生成式 AI 可能替代的主要人群将是那些教育程度较高、技能较强,同时薪酬水平也较高的中高层白领"①,其独具智慧的生产方式改变了人类对以往机器替代劳动的认识,"人类大规模地退出生产性劳动,将是一种历史必然"②。

同时,数据生产的泛滥与真实性也影响着生成式 AI 的有序发展。AIGC 的关键特征是基于用户视角对内容的自动化生成,但当前的算法模型对语料的鉴别能力还相对有限,无法做出理性的判断与选择。大量真假混杂的信息不加区分地被人工智能反复学习并生产,进一步导致虚假信息的泛滥与传播。近年来,各类通过 AI 技术炮制虚假新闻,赚取利益谋取关注的事件屡见不鲜。在数字社会中的人们,在面对信息洪流时本就难以招架,更遑论区分鉴别信息真伪。过量且掺杂着虚假的信息催化着社会对 AIGC 的担忧与恐慌,数字化世界密集复杂的背后,是巨大的信息辨别成本,社会的安全稳定秩序将受到冲击。

(三)监管风险

生成式 AI 技术在带来生产变革的同时,也给政府有效监管带来了较大难题。"一方面,新兴产业的创新不应被过度和过时的监管框架扼杀;另一方面,确实有必要保护新兴产业服务的用户免受欺诈与侵害"③。治理 AI 技术,需要统筹安全与发展,兼顾风险和机遇。既要避免监管缺失带来的权力真空,又要避免一刀切式强硬的监管手段,压抑科技创新活力。

具体而言,一是监管的成本陡然上升,其内容选择与目标设定受

---

① Ajay A, Joshua G, Avi G. ChatGPT and How AI Disrupts Industries. Harvard Business Review, from https://hbr.org/2022/12/chatgpt-and-how-ai-disrupts-industries; Acemoglu D, Johnson S, What's Wrong with ChatGPT? Project Syndicate, 2023, Feb 6.

② 何哲:《人工智能时代的人类社会经济价值与分配体系初探》,《南京社会科学》2018 年第 11 期。

③ Ranchordás, Sofia. Does Sharing Mean Caring Regulating Innovation in the Sharing Economy. Minnesota Journal of Law, Science & Technology, 2015(16).

到挑战。生成式 AI 在多领域、多产业的广泛应用，使得监管内容的确定也变得困难，AI 巨大的信息生产能力，会诱发生产关系的失衡，导致个人权利和公共利益受到损害。二是具体领域中的 AI 问题，需要更为专业性的监管。通过不同领域训练资料的喂养，生成式 AI 在不同行业具备了专业性的内容产出能力，监管需要在专业性上付出更多成本和努力，政府通过监管政策来实现对产业发展方向的引领目标会受到科学化的质疑。三是快速发展的生成式 AI 技术打破了政府监管的体系和思维，政府难以按照既往的社会风险边界去判断风险和隐患。AI 技术加快了问题的孕育与演化，使监管的相对迟滞性更加凸显，传统的监管制度和响应机制难以适应 AI 技术的节奏，政府在人工智能治理中的监管定位亟待做出新的调整。

三、风险成因

数据作为 AI 技术的全过程参与要素，是生成式 AI 风险的主要来源。数据记录和反映着人类在现实世界的一切活动。数据风险的症结就在于人们对个体被数据掌控这一事实的恐惧。在此基础上，生成式 AI 风险还源于新技术本身的风险性、AI 市场的逐利性和监管的相对迟滞性。

第一，新技术的诞生和应用具有较高风险。新技术在点燃既往产业变革的同时，也会引发社会矛盾和利益冲突，技术的快速发展催化了风险的"技术性"，问题会比治理更快地吸纳技术并作用于社会。生成式 AI 的出现让社会治理变得更为复杂，开放的信息边界促进了要素行为的耦合，加深了内容识别的困难程度。此外，我们还很难预测生成式 AI 会把人类智慧的生产边界拓展到何种程度，但可以确定的是，突发且难以预测的风险会深刻作用于人类。

第二，AI 市场的逐利性。科技公司具有逐利性，常常只关注 AI 技术中的逐利性内容，与之相对的问题和困境则需要政府和社会进行消化，并最终演化为社会风险和人工智能的负外部性。数据固有其介质的风险因素，但资本市场在数据要素上的逐利性加剧了数据的风险情境，导致了个人隐私的泄露、数据的违规搜集与使用，以及 AIGC 的虚假泛滥等问题的出现。

第三，监管的相对迟滞性。政府往往希望通过宏观调控和规划来实现对 AI 技术发展节奏的把控，通过准入规则、奖惩等措施规范 AI 市场，并引导 AI 资本的有序运作。然而，"分工—协作"的政府组织形式决定了风险问题进入政策议程是有一个过程的，生成式 AI 因其特殊的信息属性加速了风险的演变，导致政府监管的相对迟滞性被快速放大，拉大了监管政策与风险问题之间的距离，人工智能时代的社会风险由此更为凸显。

四、对策建议

伴随着人类社会的快速转型，当今社会的高度不确定性和复杂性特征愈发明显，数字技术变革打破了信息生产与传播的边界，人工智能技术加速了孤立风险点的迅速联系，风险经过不断积累演化最终熔铸成风险社会[①]，面对不断演变的人工智能风险情境和未定的通用人工智能技术路线，需要针对性的风险治理。

（一）风险观念的调适

一方面，需要具备敏感且有效的数字风险感知。在互联网时代，每个人的轨迹和信息都被映射到网上，信息的搜集和处理能力是把握时代的关键。而在数字社会，AI 技术使搜集和处理信息不再是技术难题，生成式 AI 则进一步可以根据现实需求生成内容，信息数据正逐步成为当今时代最重要的生产要素。故而，对人工智能的敏锐感知成

---

① 张康之：《风险社会中人的存在及其行动》，《中州学刊》2022 年第 1 期。

了十分关键的意识内容,如何化解并超越数字社会难题是这个时代的应有之问。放眼国际社会,人工智能对信息数据的快速掠夺也促使着我国需要抢夺发展先机。数字技术代差和数字风险无感问题一旦发生,国家安全将会在信息风险下备受威胁。党的二十届三中全会多次论述对人工智能发展的引导和管控,整个社会仍需增强对人工智能风险问题的感知,深刻认识高度复杂和不确定的信息风险社会,以敏感的治理意识实现对人工智能风险的有效治理。

另一方面,要形成与 AI 技术相匹配的治理观念。AI 技术的核心生产要素是数据,而人工智能时代的风险治理亦是以数据为核心的。从治理主体来看,时代赋予了互联网平台在网络治理中责任主体地位,其在数智时代的治理地位变得越发重要。具体来说,互联网平台进一步参与到数据、技术和服务的多个环节,深度参与并左右着 AI 技术的发展。政府须与生产侧达成治理共识,明确互联网平台和 AI 研发企业的主体责任,实现时代背景下政府、产业、学术研究、公众用户等多元主体参与的数字协同共治。

(二)制度建设的推进

生成式 AI 治理的根本在于信息和数据,统筹大数据与 AI 学习语料间的规范转化是保障我国人工智能健康发展的关键一步。数据治理部门要参与 AI 技术发挥效能的全过程,在搜集阶段明确信息的搜集边界,加强对数据储存和传输管控。在使用阶段则重点加强对数据使用的监控,落实《中华人民共和国个人信息保护法》《互联网信息服务管理办法》《中华人民共和国网络安全法》《生成式人工智能服务管理暂行办法》等的相关法律法规,加强对生成式 AI 的监管,以确保个人隐私和数据得到法律保护[1]。此外,各 AI 技术参与主体也应坚守行

---

[1] 陈兵、董思琰:《生成式人工智能的算法风险及治理基点》,《学习与实践》2023 年第 10 期。

业自律和伦理道德规范，在规则允许的范围内不断探索数据相关的新理念，主动与世界接轨，共同探讨数据的获取与使用，开创我国人工智能发展的数据新局面。

不断优化常态化内容审核审查制度，在发现生成式 AI 应用存在风险隐患时，要及时叫停并审查该应用的模型搭建和数据训练，对违法的平台与个人给予严惩，并消除所带来的负面影响。国家和互联网平台需要及时过滤并剔除 AIGC 中的负面内容，引导社会对 AIGC 的正确认知，在兼顾经济与社会效益的同时，用智能造福人类。

伴随着新一代 AI 技术的广泛应用，人类的知识生产与互动逻辑都将迎来巨大的变革。国家、社会组织和互联网平台在发展技术的同时，更要具备普世的价值理念，坚持一切技术的发展都是以人为中心，不断地将 AI 技术进步转化成能够便捷人类使用的技术性工具。在满足人们对生产生活需求的同时，避免其沦为资本寡头排斥公共利益的牟利工具。智能时代是由大数据与人工智能等技术驱动发展的时代①，国家需要协同社会各参与主体一道，打造由我国主导的 AI 技术高地，以先进的基础科学研究推动生成式 AI 在各个领域中的应用突破，为数字社会营造更为充分的软硬件条件。再者，还要关注到被新技术影响的弱势群体和"AI 难民"，科学技术的发展始终要在价值理性光辉的照耀下前行，避免 AI 技术攫取并异化公权力和公共利益，是 AI 治理过程中必须要关注到的伦理视角。

（三）敏捷治理的更新

新兴技术的发展往往面临着配套治理的缺憾，如何对以生成式 AI 为代表的新技术发展进行有效治理是当前面临的巨大挑战。在协同治理的基础上，重视与创新者和技术本身的治理合作，尽力避免政府行

---

① 周佑勇：《智能技术驱动下的诉讼服务问题及其应对之策》，《东方法学》2019 年第 5 期。

动的相对迟滞性,让治理行动更为敏捷高效。可以说,走向敏捷治理是对数字社会中信息要素的充分尊重,是治理框架适应信息技术的主动调整。首先,要实现治理工具的智能转型,将人工智能技术与政策工具相结合,用科技赋能治理,遵循数字社会的信息发展逻辑,避免囿于传统治理工具的思维定式,与生成式 AI 的产业侧、消费侧一起,用创新思维面对 AI 风险。其次,敏捷治理蕴含着动态优化的治理理念,其关注着风险中的每一个治理环节,适时感知风险异动,及时有效地应对风险演变过程,以最快的速度找到治理痛点,压制风险的扩散和外溢。最后,要赋予互联网平台和科创主体更大的治理参与。所谓"春江水暖鸭先知",身处人工智能"潮头"的他们,能够更快地感知到人工智能的技术红利和潜在风险。政府要依靠多元主体对科技的敏感认知来提升自身对风险的识别能力,在科创与治理的平衡中实现对安全与发展的统筹兼顾,从及时性和全面性的角度对生成式人工智能采取更为敏捷的治理策略。

加快提升干部群众工作能力

——以宁海实践探索为例

杨 超 巢小丽[①]

宁海，位于中国东部沿海，属浙江省宁波市辖县，建县于晋武帝太康元年、距今已有1 700多年历史；全县土地面积1 861.20平方千米，海域面积235平方千米，地貌呈现"七山一水二分田"特征，是国务院批准的第一批沿海对外开放地区之一。2003年，宁海首次入选全国综合实力百强县，排在第94位；此后不断前进，2018年在全国综合实力百强县排第53位，2022年在全国县域高质量发展百强县排第40位。在宁海经济社会20余年的持续、稳健发展态势下，是其一贯以来对干部群众工作能力的重视，通过"分类施策、多能优化、心理赋能、实战淬炼、导师结对"等系列举措，增强县域内各级干部的群众工作能力，为现代化"双优"新宁海发展和共同富裕标杆县建设不断提供新动能。

一、宁海县提升干部群众工作能力的五大举措

（一）分类施策

依照不同职级、部门、领域干部群众工作能力的不同要求，加强

[①] 杨超，中共宁海县委党校讲师、宁海县心理卫生协会副秘书长。巢小丽，上海城建职业学院教授。

"维护力强、引领力强、担当力强、服务力强、廉洁力强"领导班子建设、制定党政领导班子规划纲要、政治素质考察办法、选派"政治素质好、创新意识强、热爱乡村、勇于奉献担当、善于处理复杂关系"县直单位优秀党员干部驻村（社）担任党组织"第一书记"、组工干部全员联系干部、新任县管干部法律知识考试办法、激励干部担当作为20条意见，储育"数字经济、海洋经济、现代金融、城市规划、乡村振兴、生态环保"紧缺专业年轻干部、加强和改进干部教育培训工作实施意见等政策文件，建强县域内各级领导班子和村社党组织，推进富民强村，做实为民办事服务，储备年轻紧缺优秀人才。

（二）多能优化

从治理层级上，县域干部可以总体分为县直、乡镇、村社三类，不同层级干部不管是在工作动员、政策宣讲，还是调查走访、项目实施、事件处置等各个工作环节中均会直接面对村民群众，尤其乡镇、村社干部更是时时处处在与群众打交道。依据国家层面对干部工作能力的基本要求，结合对县域民众干部群众工作能力需求调查，宁海县梳理概括出新时代干部群众工作能力框架体系，将县域干部群众工作能力细分为"思想政治引领、健康积极心态、公平公正处事、共情群众忧苦、服务沟通引导、惠民政策落实、统筹规划决策、矛盾纠纷调处、危机风险应对、新知识学习应用"十项具体能力，并按照不同层级干部对各项能力需求的迫切性进行有重点有针对性地优化。

（三）心理赋能

群众工作的日常、琐碎与繁杂特性，以及和村民群众生产生活的紧密相关性，要求县域干部不仅自身要拥有积极健康心态，还能对村民群众的愁苦忧乐感同身受、快速共情。于此，2016年宁海开始打造"123"立体服务平台，以"线下为主+线上联动"方式，形成组织健全、平台完善、队伍专业、机制长效、服务常态的干部心理服务体系，通过心理调适、压力纾解、情绪管理、挖掘内驱力等多角度来充盈宁海干部的心理素养。2021年县域干部心理素养调查显示，宁海干部中具有极高心理素养者占18.2%，能应对群众工作中极高压力和挑战；较高心理素养者占43.9%，能应对较高压力和挑战；中等心理素养者占30.1%，能应对一般压力和挑战；低心理素养者占7.7%。相比2016年，较高心理素养者和中等心理素养者的比例均有增加。

（四）实战淬炼

突出学用结合，以实战实干炼能。第一，通过"专题知识培训＋锋领论坛交流＋谈心谈话制度＋联系帮带"等学思用机制，让县域"一把手"在丰富实践场景中成为正确把舵、科学决策、公道用人的"好班长"。第二，实施"点将培养"制度，所点之将在学习了"治理能力提升、数字化改革、共同富裕、城市革新"等专业知识后，直接进入"新时代美丽乡村提质、城乡现代社区管理体制改革、数字乡村"等重大项目或工程去摔打和体悟。第三，选派新提任干部到信访、征地拆迁等一线岗位去挂职锻炼，在工作中强化新任干部的服务意识、为民情怀、处理复杂问题的能力。第四，建立选任干部实绩导向制度，综合项目攻坚成效和负面清单情况，勇于担责、实绩突出的干部优先使用，工作中畏首畏尾、不担当、不作为且考核常年落后的干部要被调整。

（五）导师结对

导师结对制是宁海县培养年轻干部的一个特色制度，源于2017年县政府发现年轻干部身上存在"站位不高、格局不够、履职不力、落实不佳、缺乏群众工作方法"等问题。于是，在县委党校设立"导师工作站"，选出徒弟和导师，通过导师带徒的模式来推动年轻干部快速成长。"导师"来自基层工作经验丰富、领导能力水平高、群众工作能力强的县管干部，"徒弟"出自新提任年轻县管干部、县管副职后备干部、

30 岁以下优秀中层干部和优秀党外干部。师徒先双向选择，后结合工作关系、业务关联和沟通便利等原则，由组织部确定"一对多"模式，每位导师指导 5—10 名干部，开始为期 1—2 年结对指导，并签订责任状。目前已经进行到第 3 批，共计 24 名导师结对帮扶 166 名年轻干部。

二、宁海县干部群众工作能力的状况与需求

为精准把握宁海干部群众工作能力提升的实际成效、并更好推进下一步县域干部群众工作能力的优化，2023 年 8—9 月，宁海县委党校成立课题组，以访谈、座谈和调查问卷综合方式，开展大规模"干部群众工作能力状况与需求调查"。

（一）县域干部群众工作能力的总体情况

座谈和访谈共计 18 次，访问到来自组织部、政法委、宣传部、信访局、治理中心等县直各部门，以及乡镇街道、村社干部和村民群众 100 余人。座谈和访谈表明，随着宁海县对干部群众工作能力的高度重视，并实行了"分类施策、多能优化、心理赋能、实战淬炼、导师结对"具体举措，县域干部整体在学历层次、岗位能力和专业素养上有明显提升。然而，对标"双优"新宁海现代化建设、对标县域民众对美好生活的更高追求，县域各级干部的群众工作能力尚显欠缺，与县域治理现代化的专业化、专门化和精细化趋势亦不相匹配。

县域干部在专业知识、专业能力和专业精神上均需提升。第一，学历层次还不够高。县管干部全日制大学以上学历占 36.4%；乡镇（街道）党政班子成员大学以上学历为 70.1%、研究生以上学历仅占 10.3%。第二，专业干部还不够多。符合现代化建设所需要的专业干部储备较少，复合型人才和干部更加紧缺。县管干部中精通城市管理、数字化改革、科技金融、海洋经济的比例不够高，兼具专业背景、工作经历、领导经验的专家型干部更不到三成。第三，新知识学习转化

应用能力不够强。部分干部还习惯于旧经验和老办法，动辄"过去这样、一直如此、他人如何"，对新知识、新理念、新技术和新方法感知不够敏锐，转化应用能力更弱。第四，斗争精神和斗争本领比较缺乏。不但在面对危机或突发事件时缺乏见识和胆识，应对历史遗留问题和信访积案等疑难问题时更常因怕担责而束手无策，斗争精神、斗争经验和斗争本领均不足。

（二）宁海县乡镇干部群众工作能力的现状与需求

宁海县各级乡镇街道，身处乡村振兴最前沿，上联县直各部门，下接全县村民群众，是各种利益关系的交汇点和社会矛盾的聚焦点，这要求乡镇干部群体要特别善于做群众工作并基层治理能力突出。鉴于此，此次问卷以乡镇干部为调查对象，同时采用"自评"和"他评"相结合方式进行。总共回收有效问卷3 154份，通过SPSS 26.0对问卷项目进行统计分析。问卷的Cronbach's Alpha值为.899，标准化后为.909，可见问卷数据具有极高信效度，即有关乡镇干部群众工作能力状况和需求的所有数据客观、真实、可信。

1. 受访者的基本情况与总体评价

3 154名受访者来自宁海县直各个部门、18个乡镇街道和377个村社，覆盖区域和人群极为广泛全面。其中，乡镇干部"自评"样本408份，占总样本量12.93%；县直部门、村社干部和普通村民的"他评"样本2 746份，分别占总样本量10.53%、34.91%、41.63%，详见表3-1。

从年龄来看，受访者最大79岁、最小17岁，均值为45.08；从性别来看，受访者中男性样本数量略多于女性；从党派来看，受访者中中共党员和非中共党员皆有分布，比例差异不大；从受教育年限来看，受访者中最低9年、最高22年，均值为13.67。该数据与座谈中组织部所述宁海近五年招引了51名现代金融、光伏储能等专业的硕博人才到部门及乡镇领导班子的情况相印证，也与近八成受访者是普通村民的情况相符。受访者普遍认为，乡镇干部群众工作能力状况对乡村振兴过程和结果影响甚巨，并给乡镇干部的综合群众工作能力打出 9.04 分。

表 3-1 受访者基本情况及相关变量的描述性统计（N=3 154）

变量名称		变量类型	均值/频次	标准差/比例
受访者身份	县直干部 =1	分类	332	10.53%
	乡镇干部 =2		408	12.93%
	村社干部 =3		1 101	34.91%
	普通村民 =4		1 313	41.63%
年龄		连续	45.08	11.418
性别	男性 =1	二分	.57	.495
	女性 =0			
党派	中共党员 =1	二分	.58	.494
	非中共党员 =0			
受教育年限	—	连续	13.67	2.604
能力影响	1-5 分	连续	4.70	.554
综合能力评价	1-10 分	连续	9.04	1.369

2. 乡镇干部群众工作能力的重要性排序

受访者认为，在乡镇干部群众工作的十项具体能力中，把握方向、大势和全局的思想政治引领能力（4.91）最为重要，其次是敢于攻坚、勇于担责，具备健康积极心态（4.82），再次是岗位经验丰富、业务能力扎实，并能公平公正处事（4.79），从次是时刻将群众冷暖记挂在心上，能服务沟通引导好村民生产生活（4.76），最后是熟悉风俗民情、与群众共情忧苦（4.73），详见表 3-2。

表 3-2 乡镇干部群众工作能力的重要性排序（N=3 154）

项目	极小值	极大值	均值	标准差	排序
思想政治引领	1	5	4.91	.412	1
健康积极心态	1	5	4.82	.424	2

续表

项目	极小值	极大值	均值	标准差	排序
公平公正处事	1	5	4.79	.465	3
服务沟通引导	1	5	4.76	.516	4
共情群众忧苦	1	5	4.73	.509	5
惠民政策落实	1	5	4.68	.552	6
统筹规划决策	1	5	4.66	.525	7
矛盾纠纷调处	1	5	4.63	.576	8
危机风险应对	1	5	4.61	.583	9
新知学习应用	1	5	4.59	.541	10

3. 乡镇干部的情绪压力和心态状况

乡镇干部的心理素养会外化于其形象、神情、言语和工作行止中，自己察觉的同时，也会为日常接触者所感知。乡镇干部情绪压力和心态的情况主要从"遇事紧张焦躁程度、工作生活压抑状态、他人评价影响程度、噩梦失眠情况、身心劳累程度"5个变量来考察。分值越小，表明类似心理反应越轻微。数据显示，"遇事紧张焦躁程度、工作生活压抑状态、他人评价影响程度、噩梦失眠情况、身心劳累程度"5个变量的众数为0、中位数是1，均值在1.72—1.94（见表3-3）。总体来看，宁海乡镇干部心理素养整体较好，少部分出现压力和情绪上的问题、但程度不太严重。

表3-3 乡镇干部情绪压力心态状况及成因（N=3 154）

心理变量	极小值	极大值	中位数	众数	均值	标准差
遇事紧张焦躁程度	0	5	1.00	0	1.89	1.882
工作生活压抑状态	0	5	1.00	0	1.84	1.876
他人评价影响程度	0	5	1.00	0	1.83	1.855
噩梦失眠情况	0	5	1.00	0	1.72	1.866
身心劳累程度	0	5	1.00	0	1.94	1.901
个人自身的身体健康状况	0	1	1.00	1	.64	.481

续表

心理变量	极小值	极大值	中位数	众数	均值	标准差
工作能力和岗位要求之间的巨大差距	0	1	1.00	1	.67	.471
婚姻家庭关系	0	1	.00	0	.30	.458
经济生活压力	0	1	.00	0	.35	.476
工作失误或纰漏	0	1	.00	0	.38	.485
绩效考核压力	0	1	1.00	1	.57	.495

分析引发乡镇干部情绪心态波动的因由，看到对其心绪最大影响的是"工作能力和岗位需求之间的巨大差距"（.67），"个人自身的身体健康状况"（.64）、"绩效考核压力"（.57）也带来明显影响（见表3-3）。工作失误或纰漏、婚姻家庭关系和经济生活压力3个因素，影响值域在.30—.38，相较而言，此3个因素对乡镇干部心理的影响相对较小。这些数据，也侧面印证了访谈和座谈中多个部门和受访者所屡次提到的，处在高速发展阶段的宁海，乡镇干部群体工作量特别大、重点项目特别多、能力要求特别高、绩效考核特别严。

4. 乡镇干部群众工作能力的实际水平

该项调查较为集中并直观地反映了近年来宁海干部群众工作能力提升实践的成效。评价中，受访者给的分数越高表明乡镇干部该项能力越强。数据显示，宁海乡镇干部群众工作十项具体能力的分项数据，极小值是1、极大值是10，众数是10，结合百分位数的详细情况，主要分值在8—10。这表明受访者对当下乡镇干部各项群众工作能力的评价极高，且村民群众的观点比较一致、差异性较小。在群众工作能力分项评价中，受访者对宁海乡镇干部"惠民政策落实"能力评价最高为9分；接着是"公平公正处事、思想政治引领"两项，数值均在8.90分以上；"服务沟通引导、健康积极心态、危机风险应对、共情群众忧苦"四项在8.85—8.89分，居于中间；"新知识学习应用、统筹规划决策、矛盾纠纷调处"排后三位、在8.85分以下（见表3-4）。

表3-4　乡镇干部群众工作十项能力的具体水平（N=3 154）

项目		思想政治引领	健康积极心态	公平公正处事	共情群众忧苦	服务沟通引导	惠民政策落实	统筹规划决策	矛盾纠纷调处	危机风险应对	新知学习应用
N		3 154	3 154	3 154	3 154	3 154	3 154	3 154	3 154	3 154	3 154
均值		8.92	8.87	8.94	8.85	8.89	9.00	8.83	8.82	8.87	8.83
众数		10.00	10.00	10.00	10.00	10.00	10.00	10.00	10.00	10.00	10.00
极小值		1	1	1	1	1	1	1	1	1	1
极大值		10	10	10	10	10	10	10	10	10	10
标准差		1.649	1.651	1.647	1.690	1.645	1.590	1.685	1.663	1.630	1.665
峰度		5.943	5.278	5.673	4.798	5.460	6.663	4.470	4.627	4.941	4.377
偏度		-2.183	-2.057	-2.169	-2.013	-2.112	-2.313	-1.935	-1.939	-1.986	-1.907
百分位数	25	8.00	8.00	8.00	8.00	8.00	8.00	8.00	8.00	8.00	8.00
	50	10.00	10.00	10.00	10.00	10.00	10.00	10.00	10.00	10.00	10.00
	75	10.00	10.00	10.00	10.00	10.00	10.00	10.00	10.00	10.00	10.00
总和（%）		100	100	100	100	100	100	100	100	100	100

5. 乡镇干部共情群众忧苦能力的强化方式

在县域治理和乡村振兴过程中，各类新情况新问题会不断涌现，乡镇干部如果不能对最新发生事件进行整体把握，不能对村民群众社会心态准确了解，深度共情，群众工作处理中很难顺畅并成功。受访者认为，要缩短乡镇干部与村民群众之间的心理距离首先是"加强政治理论学习与考核，强化干部服务理念和服务意识（.87）"；其次是"拓展课程菜单体系，增设领导（管理）心理学、领导力相关理论课程（.79）"；还有"安排更多与村民群众的直接见面会或恳谈（.72）"；以及"开发共情类团辅课程（.62）和创建更多沟通小程序（.57）"（见表3-5）。

表3-5　强化乡镇干部共情群众忧苦能力的方式（N=3 154）

项目		加强政治理论学习与考核	增设心理学相关理论课程	开发共情类团辅课程	安排更多直接见面会	创建更多沟通小程序
N	有效	3 154	3 154	3 154	3 154	3 154
	缺失	0	0	0	0	0

续表

项目	加强政治理论学习与考核	增设心理学相关理论课程	开发共情类团辅课程	安排更多直接见面会	创建更多沟通小程序
平均值	.87	.79	.62	.72	.57
最小值	0	0	0	0	0
最大值	1	1	1	1	1
中位数	1.00	1.00	1.00	1.00	1.00
众数	1	1	1	1	1
标准差	.332	.406	.485	.451	.496

受访者强化方式的选择既折射出乡镇干部的为民意识和情怀与群众期待存有差距，还反映出乡镇干部在管理心理学、领导力等领域的专业理论知识急需"补课"。此外，随着信息技术的飞速发展，沟通治理服务方式日趋转向云端和线上，宁海近年来也开发了许多敏捷智治类平台和小程序，然而在村民群众的内心深处还是更偏好面对面直接交流。

6. 全面优化乡镇干部群众工作能力的路径

受访者认为，全面优化乡镇干部群众工作能力。第一，要制定干部群众工作能力提升相应政策制度（.87），推动乡镇干部在新知识、新技能、新方法，以及学历的提升。第二，拓展培训理念思路（.83），将群众心理、领导心理列为干部心理素养强化核心内容。第三，增加领导（管理）心理学理论课程、开发更多共情沟通类团辅课程（.73），形成更为健康积极的心态，同时准确把握群众的社会心理。第四，创新培训内容、方式、设计和安排（.61），以理论教学、现场教学、案例教学及沉浸式教学等多样化模式，提升工作能力、方法和技巧。第五，开发更多群众工作中短期实战机会（.59），通过实干能力变强。第六，加强全国成功案例的学习观摩与交流（.59），增加类似群众工作场景的应对经验和工作技巧（见表3-6）。

表 3-6　全面优化乡镇干部群众工作能力的路径（N=3 154）

项目	极小值	极大值	中位数	众数	均值	标准差
制定群众工作能力提升相应政策制度	0	1	1.00	1	.87	.334
拓展培训理念和培养思路	0	1	1.00	1	.83	.373
增设心理学专业理论和团辅课程	0	1	1.00	1	.73	.445
创新教学内容、方式、设计和安排	0	1	1.00	1	.61	.487
开发更多中短期实战历练	0	1	1.00	1	.59	.492
全国成功案例的学习与观摩	0	1	1.00	1	.59	.493

三、对干部群众工作能力提升的延伸思考

进入新时代，随着社会主义现代化国家建设进程的全面开启，新的工作任务、工作目标、工作情境，以及工作对象的多元、利益诉求的多样、社会心理的变化等，对县域干部的群众工作能力提出了更为严峻、高远和综合要求。在这些挑战下，宁海对干部群众工作能力的提升进行了不断实践和探索，卓有成效。

一方面，宁海县经济社会发展稳健持续。数据显示，截至 2022 年末宁海县地区生产总值达 900.72 亿元、人均地区生产总值 12.71 万元；经济结构由农业主导转向工业和服务业双轮驱动，三大产业的占比为 6.0∶48.5∶45.5；荣获中国美丽乡村建设示范县、全国文化先进县、国家可持续发展实验区、中国民间文化艺术之乡、全国科技创新百强县、第五批国家生态文明建设示范区、全国县域旅游综合实力百强县等称号。另一方面，民众对宁海县域各级干部的群众工作能力评价极高，综合评价 9.04 分，十项具体能力均在 8.8 分以上，最高 9 分。

在民众对宁海县干部群众工作能力高评价的背后，可以看到宁海极为注重对村民群众意愿和需求的调研，并将之融合到县域发展战略、发展方向和重大项目建设中，以及干部群众能力提升相应政策制度中；

可以看到宁海在干部群众工作能力提升策略上的拓展，在教学项目上从最初的"强学历"提升到"强学历+强能力"，再到"强学历+强能力+强心理"，在教学模块上从常规化理论课程到专业岗位素养提升，再到实战实干淬炼，在教学方式上从单一课堂教学模式，到案例教学模式，再到多样化教学模式。

群众工作能力提升是一项复杂的系统工程。在县域不同发展阶段，对干部群众工作能力的具体需求不一样。即使在同一发展阶段，对不同层级、不同部门、不同领域干部的群众工作能力具体要求也不一样。正因为如此，宁海县构建出新时代干部群众工作能力"思想政治引领、健康积极心态、公平公正处事、共情群众忧苦、服务沟通引导、惠民政策落实、统筹规划决策、矛盾纠纷调处、危机风险应对、新知识学习应用"的框架体系具有特别的意义和价值，更清晰了未来县域干部群众工作能力优化的对象、趋势和向度。宁海如此，全国其他县域亦如是。

知识产权服务海洋科技创新的路径研究

胡　颖　栗　楠[①]

海洋的资源和空间所蕴含的自然禀赋、固有特质和功能属性决定其在国家经济社会发展中起到至关重要的作用。中国作为一个海洋大国，经略海洋是实现中华民族伟大复兴的必由之路。海洋科技发展推动着人类探索和开发利用海洋的脚步，海洋科技水平也决定着海洋产业的发展规模和水平。从世界范围来看，各国家海洋经济的强弱很大程度上取决于海洋科技水平的高低。海洋已然成为世界各国竞争的焦点，其领域内的竞争，无论是政治的、经济的还是军事的，归根结底都是科技的竞争。如何在世界海洋竞争日趋激烈的国际环境中，在我国海洋强国战略中认识和推进海洋科技发展成为重中之重。本文立足于海洋强国战略，以科技兴海为视角，分析知识产权服务于科技创新的机制，阐释知识产权工作对企业发展的推动作用，为企业发展提出知识产权工作的实施路径。

一、科技兴海是海洋强国的核心篇章

国家高度重视海洋在国家发展中的作用，并对其作出明确指示。党的十八大报告提出"提高海洋资源开发能力，发展海洋经济，保护

[①] 胡颖，中国船舶集团有限公司第七一四研究所研究员。栗楠，中国船舶集团有限公司第七一四研究所高级工程师。

海洋生态环境，坚决维护国家海洋权益，建设海洋强国"，海洋强国战略上升至国家总体战略；习近平总书记在主持第十八届中共中央政治局第八次集体学习时强调建设海洋强国的四个方面的要求，使建设海洋强国的具体内涵和基本要求得到了充实和发展；党的十九大报告进一步指出要"坚持陆海统筹，加快建设海洋强国"；党的二十大报告强调"发展海洋经济，保护海洋生态环境，加快建设海洋强国"。此外，涉及海洋发展的规划文件相继出台，为我国的海洋强国战略作出官方引导。

在国家海洋局对建设海洋强国的文件解读中，着重强调要把握中国式现代化进程中的海洋强国的建设要求，以创新激发海洋强国建设活力是核心篇章。"建设海洋强国必须大力发展海洋高新技术"，海洋科技发达是海洋强国的重要标志。与发达国家相比，我国海洋创新能力还不足，原创性和高附加值创新成果少，核心技术与关键共性技术"卡脖子"问题较为突出。2016年，国家海洋局和科技部联合发布的《全国科技兴海规划（2016—2020年）》指出，"从全球范围看，海洋经济发展已进入全面依靠科技创新的新时代。海洋开发呈现出立体、绿色、高技术化的新趋势，主要海洋国家或地区采取一系列创新举措促进海洋科技与经济活动的深度融合，争取在海洋领域获取更大的利益"。2021年十三届全国人大四次会议表决通过了《中华人民共和国国民经济和社会发展第十四个五年规划和2035年远景目标纲要》的决议，在第三十三章《积极拓展海洋经济发展空间》章节中，要求"围绕海洋工程、海洋资源、海洋战警等领域突破一批关键核心技术"。同年，国务院发布《"十四五"海洋经济发展规划》，要求"着力提升海洋科技自主创新能力"。大力发展海洋科技，特别是新领域、新思维、新视野中的高精尖科技，已成为海洋强国战略的核心维度。

二、知识产权推动海洋科技创新

知识产权制度诞生之初是以特许权的形式维护特定的专有利益，

随着知识产权内涵的延伸，知识产权制度演变成保护创新、激励创新和平衡创新者与公众利益的专门制度。创新是人的创造性实践行为，这种实践可以实现利益总量的增加，需要通过对事物和原来认识的利用和再创造来实现，以形成新的物质形态。知识产权制度可以有效推动科技创新。

知识产权制度用权利激励创新。通过赋予创造性实践的行为人以知识产权，使其在一定期限内通过垄断收回成本并获取收益，为权利人提供了最经济、有效和持久的创新激励，从根本上调动了科技人员发明创造的积极性，知识产权制度成为天才之火的利益之薪。

知识产权制度用限制确保创新。知识产权法律制度的价值目标是在保护权利人的前提下，最终实现社会科学技术和文学艺术的进步。不可否认的是，人类取得的成就都是站在"巨人肩膀"上的成果，因此通过"合理使用""强制许可""权利用尽""保护期限"等原则和制度的设置，限制知识产权人的同时，是为了给予其他社会公众更多接触知识产品的空间，确保整个海洋科技创新的可持续性，满足开展新的创新活动的需求。

知识产权制度用保护保障创新。知识产品的"公共性""非物质性"极易带来"搭便车"行为，除了侵权，还破坏了正常的市场竞争秩序，给海洋创新文化和创新成果带来消极影响。所以，知识产权法律制度通过民事责任、行政责任、刑事责任给予创新以全方位的保障，甚至增加惩罚性赔偿制度来震慑侵权行为，为创新提供严格的保护。

三、强化企业科技创新主体地位

企业是海洋科技创新的主体，是提供高质量科技供给的主要载体。企业可以有效连接技术和市场，以最快速度和最大力度将科学发现和技术发明转化为生产力，从而更好地把科技力量转化为产业竞争优势，增强科技创新对产业发展的支撑与引领作用。党的二十届三中全会提出，要深化科技体制改革，强化企业科技创新主体地位，建立培育壮大科技领军企业机制，加强企业主导的产学研深度融合，支持企业主动牵头或参与国家科技攻关任务。

企业的研发投入是科技创新的基石。通过持续的资金和资源投入，企业能够支持新技术的研究和开发，推动产品创新和工艺改进。这种投入不仅加速了科技成果的商业化，也为企业提供了一个持续创新和改进的平台。

企业对市场导向的重视确保了科技创新与市场需求的紧密结合。企业通过市场调研和消费者反馈，能够准确把握市场趋势，开发出符合市场需求的产品和服务。这种市场导向的创新策略有助于企业快速响应市场变化，保持竞争优势。

企业在资源整合方面的能力也是其科技创新优势的体现。企业能够通过合作、并购、战略联盟等方式，整合来自不同领域的创新资源，包括人才、资金、技术等。这种资源整合不仅提高了创新效率，也增强了企业的创新能力。

企业在科技创新过程中要风险承担也是其重要角色之一。科技创新往往伴随不确定性和风险，企业通过市场机制来评估和分散这些风险，以确保创新项目能够持续进行并最终实现商业成功。

产学研合作是企业科技创新的另一个重要方面。企业与高校、研究机构等建立的合作关系，促进了知识的转移和技术的转化。这种合作不仅加速了科技成果的应用，也为企业提供了一个获取前沿科技和创新思维的渠道。

企业在科技创新中的引领作用不容忽视。通过不断的技术创新，企业能够引领行业发展，形成新的产业标准和商业模式。这种引领作用有助于企业在激烈的市场竞争中占据有利地位，推动整个行业的技术进步和产业升级。

企业通过科技创新提升自身在全球市场的竞争力，参与国际竞争。在全球化的背景下，企业需要不断创新以适应国际市场的需求和挑战，通过技术创新来增强自身的国际竞争力。

企业在科技创新中扮演着多方面的角色，从研发投入到市场导向，从资源整合到风险承担，再到产学研合作，企业都是推动科技创新和产业发展的核心力量。构建以企业为主体、市场为导向、产学研用深度融合的技术创新体系，对于促进经济高质量发展、实现产业升级和结构优化具有重要意义。

四、知识产权推动海洋企业革新发展

知识产权制度保护创造者权益和促进市场竞争，确保创造者对其原创性成果拥有合法的控制权和使用权，保护创造者的垄断性权益，是市场化竞争的有力武器。

知识产权制度的演变对企业知识产权工作策略产生了深远的影响。最初，企业对知识产权的保护主要集中在防止其创新成果的外溢，即通过法律手段防止他人未经授权使用或复制其知识产权。这种保护往往是被动的，主要目的是维护企业的合法权益，防止经济损失。

随着知识产权制度的不断完善和发展，企业开始意识到知识产权不仅仅是一种防御工具，更是一种可以积极利用的战略资源。企业开始从单纯的保护转向更加主动的管理和运用，将知识产权作为企业核心竞争力的一部分，通过专利、商标、版权等手段来构建企业的竞争优势。

在这个过程中，企业开始运用知识产权来铸造自己的"护城河"。这意味着企业通过构建专利墙、品牌壁垒、版权保护等方式，形成一种难以逾越的竞争优势。这种"护城河"不仅可以防止竞争对手的模仿和侵犯，还可以为企业带来持续的竞争优势和经济利益。

知识产权制度的变化促使企业从最初的外溢性保护转向更加主动和战略性的知识产权管理，通过构建"护城河"来增强企业的竞争优势和市场地位。

2020年《中共中央、国务院关于加快建设全国统一大市场的意见》发布，海洋产业领域企业依托国际国内市场双循环、双流通新发展格局，参与了全球同行业竞争。从近几年的实践内容看，市场竞争已从规模化竞争转向了定价权竞争、供应链竞争，知识产权制度的价值逐渐显现。从前一种竞争看，企业为了争夺同行业质量体系管理标准制定权，必须在知识产权方面进行一系列创新，通过创造实物技术、虚拟技术等改变行业标准，打破前端研发企业与供应商共同形成的垄断。从后一种竞争看，企业单打独斗式的竞争已不适用行业层面的供应链竞争，企业亟须拔高视角，精准定位自身在整条产业链条中所处的地位，并借助与其他企业之间的技术互补、分工合作等，持续提高企业知识产权管理水平，增强自身的竞争优势。

五、企业发展阶段中的知识产权策略选择

不同发展阶段的企业，知识产权策略的侧重点和规划也有所不同。企业在发展过程中，一般都会经历初创期、成长期、成熟期和衰退期四个阶段。在初创期，企业往往需要专利、技术秘密等核心知识产权来保障研发项目和产品的顺利实施；在成长期，企业会更加注重专利布局；在成熟期，企业则需要高价值的核心专利、品牌等知识产权来支撑企业的技术创新、产品推广和品牌建设；而在衰退期，由于市场竞争的激烈以及国家政策法规的变化，企业也会更加注重专利布局、商标注册、著作权等工作。

在初创阶段，企业通常都处于研发项目和产品的萌芽期，企业往往主要开展基础性的研究工作，而对其后续的生产经营等活动还未考虑太多。此时的知识产权工作主要是围绕研发项目开展，包括但不限于专利申请、商标注册和著作权登记等。对于这一阶段的企业而言，由于缺乏必要的法律知识，在专利申请和商标注册等方面往往会遇到较多问题。

当企业的研发项目进入成长期，企业也就进入了快速发展阶段。此时，企业的研发项目、产品以及市场都得到了迅速发展，企业的运营资金也得到了保障。在此阶段，企业已经具备了一定的竞争实力，同时也会面临激烈的市场竞争。因此，为了保障产品和研发项目的顺利实施、避免他人的侵权行为，以及避免与他人在市场竞争中发生冲突。此时，企业就需要进行知识产权战略规划，可以从专利布局入手。当研发项目进入成长期，企业为了巩固技术优势以及提高自身产品的竞争力，就需要对自己的技术进行专利布局。在专利申请时应将研发项目所涉及的所有技术领域进行全面布局，以实现对整个技术领域的覆盖。具体而言，在专利布局方面应考虑以下几个方面：第一，在产品的设计方面，为了避免他人侵权，企业需要在产品的各个环节进行专利申请，包括材料、零部件、机械结构以及工艺流程等方面。另外，企业还需要考虑哪些技术领域可以作为其产品的基础技术进行布局，以避免他人从这些领域进行突破。第二，在产品的制造工艺方面，企业需要考虑哪些技术领域可以作为其产品制造工艺方面的专利申请。例如，企业在进行产品加工时可能会涉及一些关键环节或者设备，此时企业就需要对这些环节或设备进行专利申请。再比如，企业可以通过专利申请来限制其他企业在不同地区销售相同类型的产品。第三，在技术服务方面，为了防止他人从这些领域进行突破并利用已有专利申请来扩大生产规模，企业就需要对这些技术领域进行专利布局。例如，企业可以通过专利申请来限制他人对某项技术领域的突破并使用已有专利申请来扩大生产规模。

进入成熟期之后，企业的发展已经较为稳定，对技术创新和产品推广的投入也相应减少，知识产权工作则需要更多地侧重于技术创新和产品推广方面。技术创新是企业发展的根本，也是知识产权战略规划的重要内容。企业只有不断地进行技术创新，才能保持自身在行业中的领先地位。在技术创新的过程中，企业可能会采用不同的方式来进行，例如与高校、科研机构合作进行研发，或者通过自主研发来获得。企业在选择合作对象时要尽量选择实力较强的机构，这样才能确保技术创新的成果能得到保障。企业在进行技术创新时，需要做好专利布局工作，并对已有专利进行改进。由于专利申请需要经过初步审查和实质审查两个阶段，而不同阶段所需要的时间和成本存在差异，因此企业可以根据自身情况选择适合自己的专利申请模式。企业在进行专利申请时要做好检索工作，避免出现重复申请和无必要申请的情况。

在进入衰退期后，企业的主要工作就是将自身的核心竞争力和优势转化为经济效益。由于企业在成熟期往往已经取得了较高的经济效益，所以在这个阶段，企业通常不会再去追求市场份额，而是希望通过提升产品质量、降低生产成本等方式来提高经济效益。在这个阶段，企业的战略目标就是减少和避免经营风险，企业的主要工作就是通过对技术的研发和创新来保证产品质量和市场份额，应注重与外部高校和科研机构的合作开发，以实现技术创新和产品研发之间的相互促进，同时注重知识产权管理体系的建设和完善工作，建立知识产权信息披露制度以及知识产权绩效考核制度。

六、结语

我国作为海洋大国，海洋科技的蓬勃发展对国家经济和社会发展具有不可替代的作用。知识产权在推进海洋强国战略中起到重要作用，其优势表现在制度优势、规则优势和资源优势，可以激发创新活力、维护创新成果的持续性，以此促进海洋科技的创新突破。因此，无论是国家层面的科技兴海，还是企业层面的创新发展，都需要深刻把握科学发展规律，充分利用知识产权的制度优势和规则优势，提升我国在海洋领域的话语权，维护国家利益，发挥知识产权的资源优势，提升企业价值，积极参与全球创新竞争。

参考文献:

[1] 陈柏强、母璇、刘畅:《科技成果转化加速新质生产力发展的内在机理及实践路径研究》,《北京理工大学学报(社会科学版)》2024年第8期。

[2] 李钢、王琦:《构建与新质生产力发展相适应的国家科技创新体系》,《行政管理改革》2024年第4期。

[3] 陈韶阳、郑清予:《美国海洋思维剖析及对中国海洋强国建设的启示》,《太平洋学报》2021年第4期。

[4] 姜南、韩琦:《美国对华知识产权战略与中国因应之策》,《科学学研究》2024年第3期。

"中国共产党人精神谱系"对科技创新体制改革的启示

王宏亮[①]

伴随经济社会全面发展,科技创新已经成为中国发展的核心动力之一。2022年我国全年研究与试验发展经费支出达30 870亿元[②],位居世界第二位。面对科技创新的蓬勃发展,传统科技创新体制机制与科技创新实际发展需求之间的矛盾日益凸显。以科技创新体制改革推动高质量发展成为当前国家和社会发展面临的重大政策问题。中国共产党在领导中国革命和建设过程中积累了丰富经验,形成众多优良传统和理论,可以指导我们在科技创新体制改革时面临的问题。

一、中国科技创新体制改革面对的环境

进入21世纪以来,随着中国经济与科技实力的不断发展,中国在国际领域日益彰显其影响力,中国的发展也冲击了西方传统大国的利益格局。中国科技创新体制改革由此也面临了更加复杂的环境。

---

① 王宏亮,中华女子学院(全国妇联干部培训学院)副教授。本文系中华女子学院(全国妇联干部培训学院)校级课题"中国共产党科技创新思想研究"(010109/ZKY201010508)、"新时代中国特色社会主义理论的渊源、发展及未来"教改课题(010107/ZJG109090113)阶段性研究成果。

② 《中华人民共和国2022年国民经济和社会发展统计公报》,国家统计局网站,http://www.stats.gov.cn/sj/zxfb/202302/t20230228_1919011.html,访问日期:2023年2月28日。

（一）美国对中国科技创新的封锁

美国对中国科技实力的飞速发展抱有强烈的敌视态度，以霸权视角看待中国的成长，视中国的发展为威胁。由此，美国多年来展开了一系列对中国科技创新的封锁。美国采取"全政府"对华策略，限制中美高科技交流，遏制中国发展①。美国对中国的情报活动日益频繁，尤其出现了一大批关乎国家科技发展与安全的重大情报事件②。我国在光刻胶、核心工业软件、航空发动机短舱等领域面临被美国"卡脖子"问题。美国的封锁使我国科技创新体制改革面临巨大压力，改革直接关系到中国科技创新能否直面美国遏制以摆脱被动局面。但体制改革涉及多年形成的传统习惯和利益链条，很难在短期内实现彻底转变。科技创新体制改革面临内外压力的共同作用，可能会出现科研经费管理失序，"卡脖子"科研项目盲目提高投入，科研人员无视研究事实、急于求成，公共部门科研机构无序扩张等情况。

（二）缺乏独立自主的科技创新国际评价环境

科技创新评价体系是激励科研人员工作热情的重要动力和手段。科研人员对科学发现、科技创新成果优先权的竞争正是科技创新评价的一个直接后果。科学发现优先权之争是人类自我中心主义的表现，是科学家对金钱、声望等收益的渴望和竞争③。科学发现的最初成果形式通常是论文或某种原型构思，最具影响力的科技创新评价体系推出的科技创新成果往往更容易确认科学发现的优先权。因此，谁掌握了最权威的科学评价体系，谁就控制了科学发现的优先权分配机制，谁

---

① 陈文鑫：《美国"全政府"对华战略探》，《现代国际关系》2020 年第 7 期。
② 陈树、李辉、西桂权等：《中美科技竞争视阈下加强国家科技情报体系建设研究》，《情报理论与实践》2023 年第 1 期。
③ 吕淑琴、陈洪：《科学发现的优先权与科学规范》，《北京工商大学学报（自然科学版）》2007 年第 4 期。

就会在无形中影响科学家的偏好、独立性乃至评价标准。

多年来，国际国内已经形成了以英语为基本载体，以美国主导的SCI、SSCI等文献收录系统为基本标准的科技创新评价体系。看似客观的科技创新评价环境实际上直接引导了中国科技创新评价的标准和路径。中国不自觉地以这些评价体系为标准对中国的科研人员、科研成果进行评价，并据此进行收益分配，失去了独立自主科技创新评价主导权。独立自主评价主导权的缺乏一方面造成了大量科研论文外流和科研经费在发表过程中大量流失[①]，另一方面也助推了人才评价"五唯"的不良风气，极大损害了中国科技创新的制度生态。

（三）科技创新体制行政化、封闭化

长期以来，管理导向的科技创新体制形成了严重的行政化倾向，科技创新管理体制相对封闭，形成了明显的条块分割、政府社会分割的基本状况。科技创新体制的行政化、封闭化造成了严重的不公平、低效率。科技创新体制的行政化首先体现在以专业技术级别衡量科研人员实际工作能力、科技创新活动资格等方面，致使评价科研人员个人过往专业技术水平的职称变成了类似官职的行政级别，高级职称者通常享有更多科技创新资源分配机会和承担国家级科研项目的机会，而初级、中级职称者实际成为高级职称者的雇员，形成了科研课题申报的职称壁垒，阻碍了科研人员工作热情和科研公平。此外，还存在年龄壁垒、身份壁垒、学历壁垒等多种形式阻碍科研资源自由流动和公平配置的制度障碍。

实际上，科技创新活动及其需要的资源只与其本身需要的知识技能以及设备材料投入有直接关系，与科研人员本身的职称并无直接联系。科研人员过去的经验只能表明其在过去研究中的有效性，而对于

---

① 刘彩娥：《把论文写在祖国大地上——国内科研论文外流现象分析》，《北京工业大学学报(社会科学版)》2018年第2期。

未来的科研创新而言则是未知数,这也正是科技创新区域于一般例行性工作的基本区别。然而,上述行政化、封闭化倾向却在国家自然科学基金、国家社会科学基金、省部级科研项目中随处可见,甚至在很多一般科研项目申报过程中也有此类现象。

另外,科技创新体制行政化、封闭化还表现在国有科研机构和大专院校占有大量科技创新资源。据统计,公共部门科研机构占有科技创新资源的90%以上[1]。从近年全社会研发经费投入来看,企业研发经费投资规模和强度都低于世界主要创新型国家,投入明显不足[2]。国家科技创新体制的行政化、封闭化很大程度上阻碍了国家科技投入对企业投入的示范效应和杠杆效应,存在明显的财政投入挤出效应。大量科研经费往往是在公共部门的科研机构中以行政经费的形式被损耗了,而不是用来引导和撬动更多的社会投资。

(四)科技创新资源管理分配缺乏成本和效率意识

科技创新投入既是科技创新的资源,同时更是科技创新的成本。国家的科技创新不能仅仅考虑科研规划的实现,更要考虑科技创新的成本收益是否高效平衡,是否有利于科技创新的可持续发展和经济社会的总体发展。在政府科技创新投入占主体的发展模式下,科研创新投入与人民生活水平、总体社会福利水平等方面的提升存在此消彼长的关系。科技创新是高风险的事业,科技创新投入过度增长可能造成公共事业投入失衡,进而扭曲科技创新领域的市场信号,造成严重的浪费、恶性竞争及粗放发展。

科技创新资源管理分配缺乏成本意识首先表现在人才政策方面。政府针对人才发展制定相应的鼓励政策是合理的,各类科研机构基于单位事业的发展对人才给予奖励也无可厚非。但各类人才奖励政策的

---

[1] 曾丽雅:《科技创新的体制障碍与改革方向》,《企业经济》2012年第11期。

[2] 朱承亮、王珺:《中国企业研发经费投入现状及国际比较》,《技术经济》2022年第1期。

经费来源是根本问题。科研机构、学校利用自有资金进行的人才奖励政策可以有效传递人才市场的价格信号从而引导科研人才的供给。由于公共部门科研机构和学校属于政府事业单位，其人才奖励的经费最终源于政府税收。科研单位只负责人才引进而不必考虑资金成本约束的情况下，人才引进和激励就可能出现支出最大化而不是收益最大化或成本最小化。

此外，科研资源管理重实物轻人员，片面强调客观性、直接性也是缺乏成本效率意识的重要表现。近年的科研经费预算已经开始明确纳入人员经费和间接费用，这是一个重大的理念转变。但上述情况并没有根本改变。科技创新本质上是科研人员的智力活动，依靠的主要是科研人员掌握的专业知识、专业直觉等，这些智力活动能力并非完全依赖实物设备或材料形成。科研设备、设施等往往只是科研人员开展工作的可选工具或手段，而科研人员本身才是不可替代的。科技创新资源管理重视对设备、实物、材料的支持而忽略对科研人员本身的支持实际上是本末倒置。其直接后果就是造成各类设备的重复投入，大量先进设备可能因无人操作或缺乏后续运行的人员支持而废弃。

二、"中国共产党人精神谱系"对科技创新体制改革的基本启示

科技创新体制改革面对诸多未知和不确定性，不同的科技创新领域各自有其科研规律和具体需要。科技创新体制改革既要服务于国家整体科技创新发展战略规划，同时更要服务于各个科技创新领域的具体需求，众口难调的困境不言而喻。因而，科技创新体制改革就是一个待开拓的领域，是一大块待开垦的荒地。如何在这个领域中拓荒前行，如何让科技创新体制改革激发每个希望从事这项事业的社会成员的热情是摆在我们面前的重大课题。体制机制改革既需要有破除陈弊的勇气，更需要有革故鼎新的原则。

"艰苦创业""奋发图强""无私奉献""开拓创新"是中国共产党人精神谱系中至关重要的核心内容，对科技创新体制改革有重要的启示意义。科技创新体制改革是我们迈入小康社会后实现经济社会可持续发展，进一步实现人民美好生活向往，确保国家长治久安的关键。破解科技创新体制改革困境，就是一次面向未来的拓荒，需要发扬党在各个时期形成的重要精神从而在多方面形成共识。

（一）要从根本上建立成本意识，发扬艰苦创业精神

艰苦创业是中国共产党在各个发展时期形成的核心精神之一，是成本意识的突出体现。在党的早期发展阶段，"艰苦奋斗"是"井冈山精神"的重要内容，它为党取得革命斗争胜利提供了巨大支持，为发展生产、丰富物质基础奠定了基础；在党领导社会主义建设过程中，它更成为经济社会发展的根本精神动力，成为"红旗渠精神""北大荒精神"等的重要内容。艰苦创业意味着要从根本上建立成本意识，要时刻考虑如何将有限的资源投入到生产活动。伴随国家的富裕，科技创新资金迅速增长，成本约束程度下降，这是对成本意识的重大考验。越是在资金宽松的情况下越能考察成本意识是否深入人心，深入到每一个具体的科研活动，深入到每一位科研人员的日常习惯，深入到科技创新管理过程，深入到经费分配、拨付、支出、审计等关键环节，深入到科技创新主体的信任机制。

2016年以来，科研经费管理改革已经日益重视简化管理、扩大科研机构经费自主权、加强绩效评估[①]。这表明成本意识正在逐渐确立，但从根本上建立成本意识还需要多方主体进一步理解艰苦创业精神的深刻内涵。艰苦创业精神是建立在创业主体以目标为导向的信任之上，因而可以激发主体自主控制成本的主动性。以监督管理为基础的成本

---

① 罗珵、杨骁：《中国科研经费政策发展历程回顾及演变逻辑分析》，《中国科技论坛》2021第7期。

绩效管理形成的是照章办事，因而无法发扬艰苦创业精神。艰苦创业精神以个体长期发展为激励而不是短期内的收益。艰苦创业精神以信念和使命感为根本动力，简单地扩大自主权、引入竞争等做法并不能激发科研主体的艰苦创业精神。因此，要从根本上建立成本意识还要从主体信任、个体长期发展、信念和使命感培养入手而不是简单地进行管理体制改革。

（二）要用合理的激励机制支持科研人员奋发图强、无私奉献

科技创新体制改革的核心不是管理，而是人，如何激励人、培养人、支持人才是根本问题。科技创新主体是科研人员，科技创新管理人员是服务员、中间人、支持者、需求传递者和陪伴者。增加科研经费投入非常重要，但更重要的是如何有效地激发科研人员为科技创新事业奋发图强、无私奉献的精神。激发这样的精神需要合理的激励机制，尤其是以人为中心的激励机制而不是以钱和事为中心的机制。

建立有利于科研人员发扬奋发图强、无私奉献精神的激励机制首先需要尊重，不仅是尊重那些取得巨大科技创新成就的专家，更是要尊重每一个科研人员和科研管理人员，要让每一个投身科技创新事业的人感受到自己与这项事业是融合为一体的。其次要让科技创新领域的每一位工作人员都有合理的职业生涯发展路径，让每位从业人员的具体工作都得到合理的认可和回报。科技创新的基本特征是不确定性，是高风险的事业，其风险超过社会平均风险[1]。而承担风险的不仅是科研人员自身，同时也包括参与某一科研活动的所有人员或机构。因此，让每一位参与科研活动的主体都获得相应的认可和回报才能激发他们奋发图强、无私奉献的精神。

---

[1] 龚传洲：《科技创新的风险收益分析》，《科技进步与对策》2012 年第 3 期。

（三）要彻底破除陈规旧制，让科技创新成为全体社会成员的使命

科技创新是在过去基础上的发展，更要突破过去的认识和习惯的束缚，因此科技创新不是某些专家的特权而是全体社会成员的事业。科技创新的根本动力是人力资本投资①，是不断涌现的各类人才。因此，发扬开拓创新精神推动科技创新体制改革必须建立一个让每一位社会成员都有机会从事这项事业的机制。"创新不问出身，英雄不论出处。"②彻底破除各种阻碍社会成员投身科技创新事业的制度约束是根本原则。

为此，我们需要在以下理念的指导下进行科技创新体制改革。首先，要坚持大众创新的理念，让每个人都可以在国家科技创新资源的支持下投身科研事业。这意味着不论年龄、性别、职称、学历、职业、身份等差异，每个人都有机会通过个人奋斗成为国家认可的科研人员，都可以获得国家科研经费的资助，获得国家对科技创新贡献的表彰等。即我们要坚持：科技创新面前人人平等！其次，要坚持学术开放、自主研究的科技创新理念，破除各种以专业、学科、理论为借口的学术封闭制度，倡导问题导向的多学科交叉研究。最后，要坚持用实践检验科技创新成果的理念，破除以所谓权威的象征性符号化指标衡量科技创新成果的制度，完全依据每一项科研成果自身的实践价值评价成果及相关的科研人员和科研工作。

---

① 袁晖光、范思凯：《人力资本驱动科技创新的动力机制研究》，《山东社会科学》2021年第6期。

② 习近平：《在中国科学院第二十次院士大会、中国工程院第十五次院士大会、中国科协第十次全国代表大会上的讲话》，中国工程院网，https://www.cae.cn/cae/html/main/col1/2021-05/28/20210528232657638687189_1.html，访问日期：2023年4月3日。

三、科技创新体制改革的基本路径

党领导科技创新的基本经验是"必须坚持科技是第一生产力、人才是第一资源、创新是第一动力"[①]。因此，发扬中国共产党人的优秀精神，将这些精神的启示贯彻落实在科技创新体制改革过程之中需要在以下路径积极探索。

（一）推广科研经费包干制、合同制、承包责任制，建立科技创新微观主体成本意识

"天下大事必作于细"，科技创新体制改革的成本意识需要从微观主体着手。充分信任科研主体，认可科研主体的科研成果收益权，建立以人员经费为核心的科研经费管理制度是建立微观主体成本意识的基本路径。目前已经开展的经费包干制、合同制、承包责任制等机制已经发挥明显作用，其中科研经费包干制对科研人员工作满意度起正向调节作用和正向激励作用显著[②]。包干制、合同制、承包责任制都是以科研主体自主成本意识为基础的科研经费管理制度，有利于逐步建立科研主体的成本意识。但同时也需要科研经费管理部门为科研主体提供更加完善的成本控制服务，帮助科研主体摆脱财务负担，将科研主体自发降低成本的各类科研活动转化为可衡量的经费项目。

（二）严格控制科技创新总体投入，加大政府对企业、民间科研机构支持

科技创新是国家发展的第一生产力，但其根本目标是实现人民福利的增长和人民对美好生活的向往。因此，要根据经济社会发展状况，

[①] 习近平：《高举中国特色社会主义伟大旗帜 为全面建设社会主义现代化国家而团结奋斗——在中国共产党第二十次全国代表大会上的报告》，人民出版社，2022年版，第33页。
[②] 赵立雨、葛蕊、孙钰：《基于PSM-DID的科研经费"包干制"政策激励效应研究》，《科技进步与对策》2022第16期。

人民生活水平提升目标，社会福利提升水平测算合理的科技创新投入规模，避免科技创新投入影响福利支出。要严格控制科技创新总体投入，避免盲目扩大投入规模和提高投入强度。同时要建立科技创新项目成本收益状况动态监测体系，根据国家社会发展和人民福祉提升需要及时调整科技创新基本方向，要坚持以人民为中心开展科技创新活动。同时应加大政府对企业、民间科研机构及科研人员的支持力度，要实现民间科研机构、科研人员与公共部门机会平等。要在政策、经费等多方面支持民间机构和企业投身科技创新事业，将其纳入国家整体科技创新团队中管理和使用。

（三）建立以科研信用体系为基础的科技创新资源分配制度

科研主体开展科技创新活动的过程及其成果可以形成客观的、持续性的、可评估的行为数据，以此为基础建立科研主体的科研活动信用体系可以帮助我们重构科技创新资源分配制度。过去，科技创新资源分配为了降低不确定性，提高项目完成率，往往会根据职称、学历、权威期刊论文、业内知名度等指标确定项目承担者，项目申报书匿名评审虽然在一定程度上可以避免以上弊端，但又容易使科研项目申报走向文本竞争而非科技创新本身。将科研主体在项目申报、经费支出、科研活动、科研成果等环节的行为及其结果形成信用记录，以此建立科研信用体系，并以信用评价为基础进行资源分配可以形成直接的激励和监管机制。科研主体只有不断维护良好的信用体系才能获得更多的科技创新资源，从而培养科研主体的信念和使命感。

科技创新体制改革关乎国家发展动力能否持续，关乎人民对美好生活的向往能否实现，关乎每个人对知识、科学的梦想能否实现。发扬垦荒精神，建立更加以人为本的科技创新体制，让科技创新为人民幸福服务，使其成为社会福祉的创造者应是我们始终坚持的理念。

第四章

推进社会建设现代化的重要任务

深化教育和培训体制改革，
促进高质量充分就业

丁元竹[①]

教育、科技、人才是中国式现代化的基础性、战略性支撑。当前和今后一个时期，完善就业优先政策，必须加速统筹推进教育科技人才体制机制一体化改革，深入实施科教兴国战略、人才强国战略、创新驱动发展战略，深化教育综合改革、科技体制改革、人才发展体制机制改革。

一、以教育和培训体制改革深化就业体制改革

2024年5月27日，习近平总书记在中共中央政治局第十四次集体学习时强调，"要坚定不移贯彻新发展理念，更加自觉地把高质量充分就业作为经济社会发展的优先目标，使高质量发展的过程成为就业提质扩容的过程，提高发展的就业带动力。要加快塑造素质优良、总量充裕、结构优化、分布合理的现代化人力资源，解决好人力资源供需不匹配这一结构性就业矛盾。要完善重点群体就业支持政策。要深化就业体制机制改革。"[②] 进一步全面深化改革，必须面对错综复杂的

[①] 丁元竹，中共中央党校（国家行政学院）社会和生态文明教研部教授，第十三届全国政协委员，中国民主同盟第十二届中央委员会委员，博士生导师。

[②]《促进高质量充分就业 不断增强广大劳动者的获得感幸福感安全感》，《人民日报》2024年5月29日。

国际国内形势和科学发展及技术创新带来的机遇与挑战，以高质量发展带动高质量充分就业。把高质量充分就业摆在经济社会发展优先位置，必须深入研究制约高质量充分就业的体制机制因素，解决好结构性就业矛盾，尤其是解决好由于科学发展、技术创新，特别是以人工智能为核心的技术应用带来的就业压力等问题，加速推进教育体制、科技体制和人才体制改革，不断完善人才和人力资源培训体制，在引导产业不断转型升级迭代的同时，实现高质量充分就业。要在实现高质量充分就业基础上，加速提高城乡居民收入，进而扩大消费，推动经济持续健康发展。经济政策要特别关注支撑社会经济发展的产业，尤其是以科学发现和技术创新引导的战略性产业、新兴产业和未来产业。社会政策要与经济政策密切配合，在产业高质量发展的同时，实现高质量充分就业。换句话说，实现高质量充分就业必须培养能够支撑高质量的产业，说到底，还是必须推动产业持续高速健康发展。

无人驾驶汽车"萝卜快跑"在武汉投入运营，对武汉出租车市场和网约车市场产生了重大冲击，引起了媒体和社会各界的热议，成为社会关注热点。人们不仅关心"萝卜快跑"对出租车和网约车司机带来的生计影响，也由此类推人工智能在其他产业的应用场景和可能带来更大规模的就业压力。毫无疑问，未来，人工智能技术在其他领域都将产生深远影响，也可能是迅雷不及掩耳之势的影响。例如，最近我去某高校参加研究生开题报告时就思考一个问题：按照现有学术规范和学科特点，研究生论文哪些部分是可以被人工智能替代的？哪些是需要研究生自己创新和深入研究的？论文选题不仅需要遵循严格学术规范，更要关注自己选题背后的价值取向，这是学生内心世界的展示，这些是人工智能暂时不能替代的，因为学生的内心世界包含世界观、人生观、价值观，带有情感和同理心色彩，是目前人工智能大模型不能具备的。但事实上，学术规范部分的内容是可以引入人工智能的参与来完成的，选题背后的价值取向则是需要学生创新的。自然科学、技术创新需要向善，社会人文科学也同样存在这样的问题。必须尽早思考和研究各个领域在人工智能大潮来临之前的潜在问题，作出分析预测，做好预案。

2024年3月5日，我在参加十四届全国人大二次会议江苏代表团审议讲话时，习近平总书记指出，"要深化科技体制、教育体制、人才体制等改革，着力打通束缚新质生产力发展的堵点卡点。"① 高质量发展依赖新质生产力的进步，高素质劳动者是新质生产力的核心要素，这是由新质生产力的本质决定的。新质生产以劳动者、劳动资料、劳动对象及其优化组合的跃升为基本内涵，以全要素生产率大幅提升为核心标志，特点是创新，关键在质优，本质是先进生产力。新质生产力的核心是人，在科技、教育和人才体制中，人才体制是核心。出租车司机、网约车司机各个个体的情况不一样，但通过专业培训是可以转入那些随着自动驾驶产生的新型工作岗位的，如学习工程师、法务工程师、云代驾安全员等。由司机参与的机器深度学习对完善人工智能大模型及其算法无疑十分关键，其他行业也可以由此类推。问题是，这些都需要政府和就业部门加强研判，提出预测方向和可能选择，制定应对可能产生问题的解决方案。这样既能推动经济社会高质量发展，也能实现高质量充分就业。关键问题在于政府、社会、企业和个人需要深度理解这场新技术革命的特点、机制、规律。人们已经看到，"人工智能夺走了太多人类的工作。尽管还有许多工作超出了机器人目前的能力，但机器人已经被广泛地用于琐碎和重复的工厂任务了，随着人工智能的发展，越来越多的这类工作可能会被自动化的机器人取代。"② 技术朝着便利、经济、舒适的方向发展是历史的必然。从历史上看，新技术带来新就业岗位是伴随着教育改革和培训创新进行的。

---

① 习近平：《全面深化改革开放，为中国式现代化持续注入强劲动力》，《求是》2024年第10期。
② 梅拉妮·米歇尔：《AI 3.0》，王飞跃、李玉珂、王晓、张慧译，四川科技出版社，2021，第129页。

二、夯实高质量充分就业的社会文化和价值基础

目前对于人工智能产生的种种争议，有其深刻的文化和社会价值根源。全体劳动者，也包括家长、老师、学生需要认识到，当前这场以人工智能为代表的科学技术革命、产业变革，正处在一个重大转型和爆发时期。全体劳动者，包括教师、学生、家长都需要对自己学过的知识进行反思，要面向未来，规划未来，自觉做出长期投资的打算，树立长期主义理念，这样才能够使自己，尤其是年轻一代在未来的发展中站在时代前列，而不被科学技术进步和产业变革淘汰。相对于以往的技术革命和产业变革，人工智能技术开发是百年未有之大变局的重要组成部分之一，需要有足够的心理准备。

教育工作者不仅要懂得自己专业领域的学科学术规范、论文写作要求，还要了解科学发现、技术发明、经济社会发展大势、世界发展格局变化及其对学术产生的深远影响，尤其是对学生未来就业可能带来的挑战，否则就会使学生成为井底之蛙，局限在自己狭窄的专业里，在狭窄专业的一片小天地里只看到自己，看不到世界，看不到社会，看不见未来，在骨子里成为精致的利己主义者，在进入现实社会之后，面对复杂的社会现实环境不知所措。这恰恰是当前教育体制的深层次问题之所在，也是大学生就业难的原因之一。高质量发展不仅是指经济的高质量发展，也是所有方面的高质量发展。没有高质量的人才，高质量的经济社会发展就无从谈起，高质量充分就业也无法落地。教师自身的通识再教育和专业有机结合已经成为教育、科技和人才体制改革的关键问题之一，这也是当代科技发展和经济社会发展的基本要求，是教育高质量发展和人才高质量发展的内在要求。因此，对教育工作者开展再教育和调整其在学生培养方式中的角色已经不可避免地被提上议事议程。

新时期教育工作者怎样引导学生的世界观、人生观、价值观是根本性问题。家长也存在同样的问题。论文选题方面出现的问题看似简

单,背后却折射了全社会、教育工作者、家长、学生的世界观、人生观和价值观,反映了短期主义的价值选择和不能坚持长期主义和耐心投资理念的短板。家长对子女教育投资要坚持长期主义理念,投资孩子读书是让他看懂和理解这个世界,以更大的视野看人生,形成新的世界观、人生观、价值观,给他(或她)创造条件,让他(或她)在漫漫人生路途中能够做出更长期主义的选择。在这个意义上,可以把家长投资教育视为一种耐心资本,而不是赚快钱的资本,要夯实耐心资本的长期主义价值基础。完善耐心资本投资体制,必须建立与之相适应的价值观,而这种价值观就是长期主义的价值观,也就是从人类经济社会发展大势和未来考虑自己的投资行为、决策、计划,使个人的发展能够与时代紧紧结合起来。无论从当前我国的人工智能技术场景应用,还是子女教育的价值选择,都是时候考虑支撑我国经济社会健康发展的教育价值和教育理念了。

三、深化教育体制改革和人力资源培训体制改革,大力提高人才和人力资源素质

当前,面对实现高质量充分就业的要求,有两个群体的未来发展和选择需要审慎考虑。一个是大学生群体,这个群体正处在社会巨大转型时期和技术变革的门槛上,如何实现从传统教育模式向新型产业要求的教育转型,这是高校和研究机构不能回避的重大问题。另一个是面对人工智能在各个领域迅速落地和应用,大量劳动力特别是重复性劳动将面临巨大失业压力。对于这类劳动力资源,如何通过培训转入新的工作岗位,适应经济转型升级和迭代发展要求,适应高质量发展和建设社会主义现代化国家的重要内容,都是不能回避的问题。

(一)对现有劳动力人力资源开展人工智能教育培训

对现有劳动力特别是大学生等受过高等教育的人力资源,开展人

工智能、当代科学技术基础知识培训和基本理论培训，使他们站在时代的科学技术前沿认识问题、认识自己、提高技能，适应当代就业市场的发展需求。

不久的将来，人工智能将与眼下的电脑、手机操作系统一样，成为人们工作生活的基本工具，成为人们认识问题、发现问题，特别是提出问题和解决问题的基本手段。把面对新技术问题解决好了，才能使劳动力在技能方面上一个台阶，适应高质量发展需要，实现高质量充分就业目标，推动新质生产力健康持续发展。在校大学生和需要转岗的劳动力资源要了解人工智能时代的就业前景，考虑影响就业市场和社会需求的各种关键因素。

认识人工智能对工作角色的影响，人工智能将使各行各业的许多常规任务自动化、智能化，某些工作不可避免被替代，同时经济社会又会创造出需要人类的工作岗位，诸如监督、创新和复杂问题解决技能。大学教育需要不断提高适应性，全社会的劳动力也都需要有提高适应性的紧迫感。大学和职业培训机构需要通过开设跨学科课程，将传统领域（如社会学、经济学、人类学）与人工智能和数据科学结合起来，以适应快速的技术变革和产业迭代，帮助劳动力掌握与新兴工作角色相关的技术技能。尽管技术技能十分重要，但在人工智能处理日常任务的现实生活里，批判性思维、沟通、同理心和适应能力等软技能将变得更加突出和重要。教育培训机构需要通过提供灵活的在线课程以及为专业人员整个职业生涯提供提升和再培训的机会，促进终身学习。

教育培训机构需要与行业和政府合作，开发符合就业市场需求的课程。政府通过投资教育和培训政策支持这种适应性培育，为人工智能相关工作培养劳动力，帮助传统的劳动力走出目前和即将到来的困境。不容置疑，正在到来的人工智能时代会产生需要人类独特技能的岗位，从而辅以人工智能的能力。各类学校通过将人工智能教育纳入现有课程、强调软技能、促进持续学习，以及通过社会学者和社会工作者的努力为理解和解决与人工智能相关的社会挑战做出有意义的贡献来适应这一深刻的变革。

（二）提高教育工作者的能力和水平

这包含两个方面的内容，一个是教育工作者本身需要打破人文社会科学与自然科学、数据科学之间的界限，掌握好这几个领域，甚至多个领域的基本知识，适应当代科学技术发展和高质量发展的要求，能够给学生讲通、讲明白现代社会的特点和趋势，尤其是技术因素对社会发展的要求。另一个是教育工作者的世界观、人生观和价值观需要随着国际格局、国家发展，特别是中国式现代化发展不断改造。为了改进人工智能时代的教学模式，满足受人工智能影响的就业市场需求，教育工作者需要不断改进自己的教学方式。

一是将人工智能相关课题、理论和应用融入现有的跨学科课程教学中，帮助学生了解人工智能的基础知识及其在各自领域的影响。教育培训机构要教授各类人力资源与人工智能驱动的就业市场相关的实用技能，如数据分析、机器学习技术、编程语言（如 Python）和人工智能伦理、法律法规，尤其要通过实践项目和案例研究提升教学和培训质量。分析人工智能技术的社会影响、伦理考虑和潜在偏见，鼓励学生提升自己的批判性思维能力。为应对面临的挑战，学生需要提出使用人工智能的创新解决方案和提升解决问题的能力。例如，社会学专业和社会工作专业师生面临新的机遇和挑战，社会学专业和社会工作专业师生可以在研究和制定与人工智能对就业、不平等、隐私和伦理的影响相关的政策方面发挥重要作用，通过对人工智能的社会影响进行研究，倡导制定促进公平获得人工智能驱动机会的政策，设计减轻对弱势群体潜在负面影响的干预措施，更好发挥社会学和社会工作的作用。

二是提供多学科研究和分析视角。教育工作者要与来自不同学科的同事合作，开设跨学科课程或教学模块，从多个角度探索人工智能

（例如，人工智能与伦理学、人工智能与经济学、人工智能与金融、人工智能与医疗保健、人工智能与就业、人工智能与监管和评估等）。这可以为学生在人工智能驱动的环境中开展跨专业合作做好准备。不断更新教学方式方法，利用主动学习技术，如翻转课堂（通过调整课堂内外时间把学习的决定权从老师转移给学生，让学生基于问题设计学习内容和合作项目拓展学习），让学生积极参与学习过程，鼓励他们在实际场景中应用人工智能概念。

三是与行业领导者和人工智能驱动的企业建立伙伴关系，提供讲座、指导机会和人工智能相关的实习机会，让学生接触到人工智能在现实世界中的应用，不断提高他们的就业能力。必须强化在快速发展的人工智能领域持续学习的重要意义，引导学生接触人工智能相关学科的在线课程、研讨会和认证资源，补充他们大学教育的不足。要设计评估方法，评价学生应用人工智能知识解决复杂问题的能力，而不是仅仅关注他们在理论上的理解，例如，基于项目评估、编码作业和演示提高技能。紧跟人工智能研究最新发展和行业发展最新趋势，把相关案例研究和研究成果纳入授课内容，为学生提供最新知识。让学生参与讨论人工智能技术的伦理影响，包括消除偏见、保护隐私和工作替代等。鼓励学生在人工智能相关项目中认真考虑伦理和社会影响。总之，教育培训机构的工作人员需要改进教学模式，帮助学生为参与人工智能主导的就业市场做好准备，确保毕业生不仅掌握理论知识，还具备在数字化转型世界中茁壮成长所需的实践技能和道德意识。

（三）加强对学生的基本素质，包括世界观、人生观和价值观教育

端正学生对自己在当代社会发展中肩负责任的认识，和对社会发展规律的认识，努力使自己的价值观与社会倡导的价值对齐，使人工智能技术与人类价值观对齐。当前这一轮经济要走出低谷，必须发展

科学技术，用最新科学技术改造传统产业，大力发展战略性新兴产业、未来产业，在精心培育高端人才的基础上，鼓励人才向产业、创新、技术、科学发现等领域转移，而不是把目光聚焦在政府部门、事业单位等。面对来势凶猛的人工智能应用，教育培训机构要引导学生，既要符合经济和社会发展的趋势，又要符合学术规范。一是鼓励学生通过阅读知名可靠的新闻来源、学术期刊和政策信息，了解当前经济和社会发展趋势。要在课堂上讨论这些趋势，激发学生们的兴趣，启发他们提出与当代发展问题相关的研究方向。鼓励学生采用跨学科视角，综合经济学、政治学、心理学或技术研究等相关领域的见解，帮助他们深刻理解经济和社会问题的多面性、不确定性。鼓励学生与行业专业人士、决策者、社区组织和受影响人群等利益相关者接触，提供针对现实世界问题的面对面交流机会。要强调使用恰当研究方法的重要性，这些方法可以有效地解决所选主攻方向的复杂性和细微差别，包括定量方法、定性方法或混合方法设计等。二是关注学习和研究中的道德因素，鼓励学生选择坚持道德标准、尊重多样性并对社会福祉做出积极贡献的发展取向，考虑自己所学专业和研究成果对经济和社会发展的长期潜在影响，促使他们选择有可能为相关部门的政策提供信息、推动创新或改善实践的专业方向。提供积极主动的监督和指导，引导学生完善研究思路，确定适当的文献资料，制定清晰连贯的研究计划。要鼓励学生参加各种会议、研讨会和讲习班，在这些活动中，他们可以展示自己的研究想法，获得专家的反馈意见，并与自己感兴趣领域的同行和专业人士建立起密切的联系，拓宽他们的视野，完善他们的专业方向。通过将这些办法融入教学方法，学校可以帮助学生选择不仅符合学术规范，而且能对经济和社会发展趋势做出有价值的专业选择，鼓励和支持学生成为积极主动的研究人员，参与解决现实世界中的问题，并致力于取得有影响力的专业研究成果。

总而言之，未来已来，时不我待。高质量充分就业必须紧紧围绕人民群众的急难愁盼问题，在努力扩大就业和创造更多就业岗位的基础上，围绕高质量发展和发展新质生产力，不断提高劳动力素质，尤其围绕大学生就业，加快教育体制改革，打造适合新质生产力要求的产业生态、科技生态、金融生态和社会生态。

我国上市公司违法违规风险分析及治理对策

吴长军　赵津雪①

上市公司作为市场的重要主体，其经营行为的规范性与合法性直接关系到资本市场的健康稳定与高质量发展。党的二十大及中央金融工作会议的召开，为资本市场监管指明了方向，强调了"强监管、防风险、促发展"的核心理念。证监会等监管部门积极响应，密集出台了一系列旨在加强上市公司监管、防控违法违规行为风险的政策措施，这些举措不仅体现了监管部门"长牙带刺""严监严管"的坚定决心，也彰显了构建规范、透明、开放、有活力、有韧性资本市场的深远考量。在此背景下，深入剖析上市公司违法违规行为的风险，对于维护市场秩序、保护投资者权益、推动资本市场高质量发展具有不可估量的价值。

一、我国上市公司违法违规行为的主要风险分析

（一）财务造假案件频发：手段动机隐秘多样、跨环节造假猖獗

财务造假案件呈现出以下特点。一是造假手段隐秘性增强。传统

---

① 吴长军，北京物资学院法学院院长、教授，中国商业法研究会副秘书长。赵津雪，北京物资学院法学院法律经济学研究生。本文系司法部法治建设与法学理论研究部级科研项目，《优化营商环境条例》实施背景下市场主体信用监管机制构造研究 [项目编号：20SFB2026] 的研究成果之一。

方式与新型手法杂糅共生。除伪造合同、虚开发票、银行和物流单据造假等传统方式外，还利用新型或复杂金融工具、跨境业务等实施造假。有的实际控制人组织上市公司高管、员工按预定目标全环节实施造假。二是造假动机呈现多样性。造假动机涵盖规避退市、掩盖资金占用、维持股价、应对业绩承诺等因素。三是造假行为涉及发行等多环节。造假模式复杂，系统性、全链条造假案件仍有发生。主要表现为虚构业务实施系统性财务造假、滥用会计处理粉饰业绩等；造假金额大、跨度时间长，且伴生资金占用、违规担保等多种违法违规。

（二）内幕交易多发且规模扩大：隐蔽非传统主体曝光

一是从涉案金额看，部分案件违法交易金额较大。有的上市公司股份收购方利用多个他人账户实施内幕交易，交易金额数亿元。有的涉案人员与内幕信息知情人存在密切联络接触，信息公开前突击买入相关股票近亿元。二是从涉案主体看，内幕信息知情人直接交易仍占近乎一半，内幕交易变得更为隐蔽，非传统类型的内幕人增多[①]。有的上市公司董事在知悉公司筹划重大重组后买入相关股票，信息披露后卖出获利。三是从交易行为看，内幕交易"窝案"时有发生。有的高管利用职务便利与他人合谋内幕交易；有的上市公司高管在公司披露巨额预亏、实际控制人被采取刑事强制措施等重要信息前卖出股票规避损失。有的上市公司的高管、股东或关联方利用内幕信息进行交易，谋取不正当利益，严重损害了其他投资者的利益。

（三）违规信息披露乱象丛生：隐瞒延迟、失实误导频发

信息披露是投资者了解上市公司的重要途径，但一些上市公司为了达到某种目的，可能会隐瞒或延迟披露重要信息，给投资者带来重

[①] 黄辉：《我国证券内幕交易的执法强度及其影响因素：实证研究与完善建议》，《法学评论》2023年第6期。

大损失。一些上市公司在信息披露方面存在不规范、不准确、不完整等问题，导致投资者无法全面了解公司的真实状况，给投资决策带来风险。上市公司违规信息披露的主要手段包括：虚假陈述、隐瞒重要信息、误导性陈述等。此类违规行为给上市公司带来的风险包括遭受监管部门的处罚、投资者信任的流失以及公司声誉的损害等。同时，这种行为还会对市场的公平、公正、公开造成影响，损害投资者的合法权益。具体而言，一是上市公司为了达到某种目的隐瞒或延迟披露重要信息，给投资者带来重大损失。二是上市公司在信息披露方面存在不规范、不准确、不完整等问题，导致投资者无法全面了解公司的真实状况，给投资决策带来风险。三是虚假陈述、隐瞒重要信息、误导性陈述等违规信息披露行为频发，严重破坏资本市场信息披露秩序。违规信息披露行为严重侵蚀市场诚信基础，损害投资者或中小股东的合法权益。

（四）操纵市场风险凸显：组织化、隐蔽化特征更趋明显

一是上市公司或其关联方基于其资金优势、持股优势，通过各种手段操纵股价，以达到其特定的目的。通过发布虚假消息、制造供求关系等方式来操纵股价，这种行为严重损害投资者利益及扰乱市场的正常秩序，减损证券市场效率。二是上市公司内部人员联手操纵团伙炒作本公司股价现象仍然存在，上市公司实际控制人及高管内外勾结操纵市场。三是操纵行为通过利用新模式、新技术增加了行为隐蔽性。有的上市公司与股市"黑嘴"串通，通过直播间、微信群等方式诱骗投资者集中买入，借机反向卖出获利；有的上市公司利用云服务器、虚拟服务器等互联网新技术隐藏交易主体，干扰案件调查。

（五）违规融资问题时有发生：动因复杂、监管亟须加强

一些上市公司通过违规手段进行融资，如违规发行股票、债券等，给市场带来不稳定因素。随着中国资本市场的不断深化，上市公司融

资活动日益频繁，但其中不乏违规融资行为，给公司和投资者带来较大的风险。因此，对上市公司违规融资风险与监管对策进行研究，有助于规范上市公司融资行为，保护投资者利益，维护市场秩序。上市公司违规融资往往源于资金需求、利益输送等动机。而公司治理结构、内部控制不完善、外部监管缺失等因素为违规融资提供了温床。违规融资给公司带来诸如财务危机、声誉损失等风险，也损害了投资者利益。

二、防控上市公司违法违规风险的综合治理对策

监管部门应加大对上市公司的监管力度，完善监管制度，提高违法成本，切实保护投资者的利益，发挥证监会和证券交易所的监管合力；实施多层次监管、过程性监管和分类监管，为上市公司治理监管工作奠定制度基础[①]。

（一）加大对财务造假行为的惩治力度

强化监管与执法，立体追责、持续稽查、严惩造假。一是全面强化对上市公司的机构监管、行为监管、功能监管、穿透式监管、持续监管。加强执法司法协同，坚持"一案双查"，重拳打击财务造假、欺诈发行等恶性违法行为，坚决追究相关机构和人员的违法责任，健全行政执法、民事追偿和刑事惩戒的立体式追责体系；提高上市公司的治理水平，明确财务造假的法律责任，完善相关法律法规。二是加大监管力度，坚持对违规企业的持续稽查监管。强化日常监管与稽查执法的衔接配合，提高线索发现的及时性、有效性，强化稽查执法办案资源的集中调配，保障重大案件的高效查处。三是强化行政执法与刑事司法的紧密协作，加大证券违法成本，严厉打击财务造假违法活动。

---

① 艾博：《监管介入上市公司治理问题研究》，《证券市场导报》2021年第12期。

四是加强严厉处罚措施的实施比例，提高罚款力度、合理灵活地加大没收非法所得比例，对企业违规起到有力震慑作用。五是提升监管信息公开水平，显著抑制公司及大股东的违规行为，减少公司的违规行为①。

（二）加大对内幕交易行为的监管力度

科技赋能监管与法治，强化内幕交易防控与投资者保护。金融监管科技的快速发展，使证券监管机构能够运用多种算法技术联合支撑多类监管服务场景，快速精确识别和查处内幕交易等异常交易行为②。监管部门应加强对内幕交易的监管力度，通过技术手段及时发现和查处内幕交易行为。同时，应加强投资者教育，提高投资者的风险意识。一是监管部门应加强对内幕交易的机构监管、行为监管、功能监管、穿透式监管、持续监管力度，持续探索并不断完善算法嵌入证券违法活动监管的法治化路径。上市公司并购重组仍是内幕交易多发领域，监管部门持续加大监管执法力度，防止内幕交易行为。二是应加强法律法规建设。明确内幕交易的法律责任，加大对内幕交易的处罚力度及刑事追责力度。三是上市公司也应加强内部控制和信息披露制度建设，从源头上防止内幕信息的泄露和内幕交易的发生。四是应加强投资者教育，有效保护投资者合法权益。为了更好地保护投资者的利益，应该引入集体诉讼制度，使投资者可以集体维权，加大对违法违规行为的惩戒力度③。

---

① 李文贵、邵毅平：《监管信息公开与上市公司违规》，《经济管理》2022 年第 2 期。
② 陈来瑶：《算法嵌入监管的法治化路径研究——以证券违法活动的算法监管为例》，《金融监管研究》2023 年第 11 期。
③ 余怒涛、张华玉、秦清：《非控股大股东与企业违规行为：治理抑或合谋》，《财务研究》2021 年第 6 期。

（三）完善上市公司信息披露制度

强化信息披露监管，保障投资者知情权与监督权。投资者知情权是投资者进行投资决策、参与公司治理的前提和关键，此外它也能发挥投资者对上市公司的监督作用，防范各类违法违规行为的发生[1]。因此应该完善信息披露制度，加强对信息披露的监管和规范，防止上市公司隐瞒或延迟披露重要信息。监管部门应加强对上市公司信息披露的监管力度，对不规范的行为进行及时纠正和处罚。上市公司也应自觉履行信息披露的义务，保证信息的真实、准确、完整。中介机构在上市公司的信息披露中扮演着重要的角色，因此应该强化其责任和义务，使其能够更加认真地履行职责，防止上市公司进行违法违规行为。当前会计师事务所等中介机构市场竞争激烈，中介机构为了弥补降低收费带来的损失，往往降低人力投入、减少审计流程等，加之上市公司的刻意隐瞒，导致财务舞弊行为愈发难以被中介机构发现[2]。具体而言，一是完善全面注册制下的信息披露制度。规范公司治理和信息披露，强化信息披露一致性监管，提高信息披露质量，打造更加公开、透明、可信的上市公司。二是加强对上市公司信息披露行为的机构监管、行为监管、功能监管、穿透式监管、持续监管力度。严肃查处重大信息披露违法案件，督促依法履行信息披露义务，维护市场信息披露秩序，保护投资者合法权益。严肃处置信息披露违规，推动上市公司规范治理、提升信息披露质量。加强对信息披露的监管和规范，对不规范的行为进行及时纠正和处罚，防止上市公司隐瞒或延迟披露重要信息。三是实施穿透式监管。监督上市公司公开发布的信息必须严格遵守证券法律法规，不得有虚假记载、误导性陈述或者重大遗漏。

---

[1] 曹凡：《权益披露规则违法行为之民事责任构建》，《大连理工大学学报（社会科学版）》2023 年第 2 期。

[2] 郑丽萍、赵杨：《上市公司财务舞弊的成因与治理研究——以瑞幸咖啡公司为例》，《管理现代化》2020 年第 4 期。

（四）提升操纵股价行为的监管有效性

构建多维监管体系，严惩股价操纵，护航资本市场健康。上市公司操纵股价的主要手段包括虚假陈述、内幕交易、市场操纵等。操纵股价的行为可能给上市公司带来一系列风险，这些风险包括遭受监管部门的处罚、投资者信任的流失以及公司声誉的损害等。上市公司操纵股价行为是一种严重的违法违规行为，必须得到有效监管，需进一步完善信息披露制度法律法规和监管制度，提高上市公司的治理水平，保护投资者的合法权益，促进资本市场的健康发展。具体而言，一是完善法律法规制度，加强对投资者的保护。完善投资者对违规企业追偿机制，设立长期追诉模式，加强对违规企业的集体诉讼模式，增强对市场内中小投资者的保护力度。二是强化对市场主体的机构监管、行为监管、功能监管、穿透式监管、持续监管。三是加强自律监管以及市场在抑制违规中的作用，加强我国交易所的监管作用，发挥行业自律协会的协调作用。

（五）加强对上市公司融资违规行为的监管

完善融资监管体系，强化上市公司治理与风险防范。监管部门应完善上市公司的融资制度，规范融资行为。同时，应引导上市公司通过多元化渠道进行融资，避免过度依赖单一融资渠道。上市公司违规融资的主要手段包括虚假陈述、违规担保、操纵股价等。上市公司违规融资是一种严重的违法违规行为，必须得到有效监管。相关职能部门在加强法律法规建设、加大监管力度、完善融资制度、加强投资者教育等的同时，还应注重提高上市公司的治理水平，鼓励其建立健全内部控制体系和风险防范机制。未来，应进一步完善法律法规和监管制度，提高上市公司的治理水平，巩固并强化投资者保护机制，加强监管执法，构建具有中国特色的证券集体诉讼制度，促进资本市场的健康发展①。具体而言,一是依法将所有上市公司金融活动全部纳入监管,全面强化机构监管、行为监管、功能监管、穿透式监管、持续监管。消除监管空白和盲区,严格执法、敢于亮剑,严厉打击非法融资活动。二是防范化解上市公司金融风险,健全"权责一致、激励约束相容"的风险处置责任机制。扎实稳妥化解上市公司违法违规风险,坚决惩治上市公司违法违规行为。健全具有硬约束的金融风险早期纠正机制,对上市公司违法违规风险早识别、早预警、早发现、早处置。监督指导上市公司建立健全内部控制体系和风险防范机制,提高上市公司的治理水平。三是完善市场分层、发行、交易、投资者适当性和监管等差异化制度安排,促进形成制度多元、功能互补的多层次资本市场监管体系。

综上,为了维护市场的公平、公正和透明,必须加强对上市公司的监管和规范,从提高违法成本和加强投资者的风险意识等方面入手,切实保护投资者的利益和规范市场秩序。防范和打击上市公司违法违规行为是一项长期而艰巨的任务,需要监管部门、上市公司和社会各方的共同努力。只有通过建立起完善的法律法规体系、加大监管力度、提高上市公司质量、加强投资者教育等多方面的措施,才能有效遏制违法违规行为的发生,保护投资者的合法权益,促进市场的健康稳定发展。此外,随着监管政策的不断完善和市场环境的不断变化,上市公司违法违规行为也将呈现出新的特点。因此,应持续关注市场动态,加强监管力度,提高上市公司的治理水平,以遏制违法违规行为的发生。进一步完善法律法规和监管制度,提高上市公司的治理水平,保护投资者的合法权益,促进资本市场的健康发展。

---

① 李东方、李耕坤:《全面注册制背景下股票发行制度的完善与风险防范》,《新疆师范大学学报(哲学社会科学版)》2023年第6期。

县域社会治理的发展现状、挑战与建议

朱 瑞 孙明阳[①]

一、引言

党的二十届三中全会明确提出要健全社会治理体系，县域社会治理是社会治理体系重要组成部分，是国家治理体系和治理能力现代化的主要内容和基础性工程。在党的二十届三中全会公报全文中出现了3次"县"字；在2024年"两会"政府工作报告中出现了7次"县"字；今年的中央"一号文件"《中共中央国务院关于做好2024年全面推进乡村振兴重点工作的意见》中"县"字出现频数多达31次。这些都强调了将县或县域作为国家治理基本单元的重要价值和意义。目前，在我国现代化进程和数字技术迭代升级的"双加速"环境下，通过对全国百余个案例[②]研究发现，县域社会治理在主体关系、城乡关系、治理架构和政策偏向等方面发生了较大转向，现有的城乡二元结构、"强政府—弱社会"的政社关系理论主张已经无法解释当下中国县域社会治理发展实际，实践恰恰呈现出县乡融合和政社共建等与既有主张不相符的局面。那么，围绕中国式现代化进一步深化全面改革开

[①] 朱瑞，北京师范大学中国社会管理研究院副院长。孙明阳，北京师范大学社会学院博士研究生。

[②] 案例来自北京师范大学中国社会管理研究院与中国社会工作联合会联合发起的"首届社会工作和社会治理创新"典型案例征集活动。本活动征集到来自25个省市自治区、直辖市的近600个案例，与本研究主题相关的案例超百个。

放的政策背景下，如何应对实践转向带来的新挑战并助推其高质量发展是迫切需要回答的现实问题。

二、县域社会治理的内涵特征

县域涵盖城镇和乡村，是承上启下、沟通条块、连接城乡的枢纽，是我国经济发展和社会治理的基本单元。近年来也出现了一些概念，如"市域社会治理""基层治理"等，这些概念备受学界关注，但也容易混淆。"市域"不同于一般意义上的城市，主要指设区的城市或地级市及其下辖县乡地区[①]。"基层"主要是指乡镇（街道）和城乡社区治理[②]。因此从这些定义来看，县域与市域在空间上有交叉，但空间上"市域"下辖着"基层"。

从1989年世界银行使用"治理危机"一词来描述当时非洲形势之后，"治理"一词被广泛用于国家或社会处理矛盾关系中，治理理论在20世纪90年代在全球兴起[③]。2013年，党的十八届三中全会首次提出要"推进国家治理体系和治理能力现代化"的战略部署，同时提出"创新社会治理体制"的改革新思路，之后"社会治理"受到各界热议。作为一个中国独创的政策概念，从历届党和国家全会文件来看，"社会治理"常被纳入"民生保障"或"国家安全"板块。如党的二十届三中全会将健全社会治理体系纳入总体国家安全体系和治理能力现代化架构中，以体系建设为重点将国家安全与社会治理紧密凝结起来。

理解"县域社会治理"要先厘清"县域"和"社会治理"，进而再从多角度来看待其特殊性。从横向上来看，县域包括县城及其下辖区

[①] 朱瑞，刘静：《我国市域社会治理发展的特征、挑战与路径》，《行政管理改革》2023年第10期。

[②] 魏礼群主编：《中国特色社会主义社会学》，北京师范大学出版集团，2023，第460页。

[③] 魏礼群主编：《中国社会治理通论》，北京师范大学出版集团，2019，第2页。

域，突出县城带动辐射乡村和周边；从纵向上来看，"县域治理最大的特点是既'接天线'又'接地气'"①。县域层面作为国家指令的执行层，突出承上启下的作用，全国纵向层级可以分为中央、省域、市域、县域、基层，县域作为第四个层级，上接市域，下联基层城乡社区，对上落实决策部署，对下分类指导实践。从内部来看，聚焦"社会"领域，关注的是县域范围内的社会问题解决、社会秩序维护以及社会发展进步，结合县域特点具体来看包括县域社会治理政策供给、县域政府社会治理，下辖乡村社会治理以及社会治理数字化转型等重点问题。

三、县域社会治理的发展现状

关于治理的研究都离不开三个基本问题，即"谁来治理"（who）"治理什么"（what）以及"如何治理"（how）②，这些涉及治理的主体及其关系、内容、方式、结构等基本要素的讨论。因此对于县域社会治理这个较为宏观的议题，可在"主体—关系—结构"的框架下进行分析。与此同时，在对全国百余个县域社会治理案例的研究发现，我国县域经济社会面貌在党和国家举全国之力推进实现社会主义现代化强国的征途上正在发生快速而巨大的变化，包括治理主体关系、城乡关系、治理架构和政策偏向等，这些变化让学术理论与现实实践之间出现了明显的间隙和张力。

（一）从"强弱有别"逐渐转向"共商共治"

一直以来，大家论及国家和社会关系常常用"强弱"来判断，虽然我们国家革命、改革和建设具有一定阶段性，但长期以来基本保持

---

① 习近平：《在河南省兰考县委常委扩大会议上的讲话（2014年3月18日）》，《做焦裕禄式的县委书记》，中央文献出版社，2015，第52页。
② 朱瑞：《迈向市域社会治理现代化：精细网格的行动方案》，中国言实出版社，2020，第15页。

着"强政府—弱社会"的政社关系，这样的关系进而也衍生出政强社弱的治理模式，如全能控制模式、政府主导模式等①。对于县域及其下辖乡而言，由于我国乡村社会自古以来就有自治属性，具有较好的自我组织、自我管理和自我监督的能力，乡村自组织能够有序有效地管理好自身事务。从这个角度来看，县域理论上应该具有较强的社会性。那么从近年来的实践来看，在多元主体共治的政策推动下，县域政府与社会的关系也不能简单地用"谁强谁弱"来判断，政府和社会正发挥着各自优势，呈现出平等协商合作，共同建设共同治理"家园"的样态。如有些县乡开展"积分治理"，乡村中的党员、村监会、村民、新居民、返乡客等多元主体共同协商制定积分的标准、测评积分实施、监督实施结果等，有力地推动了乡村新型共同体建设和乡村发展。又如，有些地方积极培育"治理型社会组织"，政府通过购买服务，建立孵化基地，公益创投等形式，鼓励这些社会组织发挥专业力量参与到共同治理中来，以满足社会多样化需求。

（二）从"城乡二元"逐渐转向"城乡融合"

以县城为重要载体推动城镇化建设是我国城乡融合发展的重要战略部署。党的十六大以后，我们国家真正从全局的角度正视城乡二元结构，系统破除城乡二元体制②。目前我国城镇化率已经达到67%，根据相关研究，预计到2025年和2030年，我国城市化率将分别达到68%和72%③。在国家相关政策的大力推动下，我国城乡融合发展取得了很大进展，虽然也存在地区差异，但城乡基础设施建设、产业融合发展、公共服务公平性、治理一体化等逐渐提升。比如，有些地方将

---

① 朱仁显，邬文英：《从网格管理到合作共治——转型期我国社区治理模式路径演进分析》，《厦门大学学报（哲学社会科学版）》2014第1期。

② 韩俊等：《中国农村改革（2002—2012）》，上海远东出版社，2012，第4页。

③ 漆云兰：《进一步释放新型城镇化内需潜力》，2024年1月16日，https://www.drc.gov.cn/DocView.aspx?chnid=379&leafid=1338&docid=2907526，访问时间：2024年8月10日。

农业与第二、第三产业协调共同发展,打造现代观光农业示范园,组建电商销售平台,培育植入村庄商业业态,建设蔬菜分拣交易中心等,把乡村产业体系建设放在全县整体产业布局规划中,以产业融合撬动城乡全方面发展。有些地方积极打造县镇村三级医疗体系,特别是构建了县镇村一体化急救体系,使急救医疗城乡无差别,以此满足偏远农村地区群众急救需求。2024 年 8 月,国务院印发《深入实施以人为本的新型城镇化战略五年行动计划》,特别强调要"实施新一轮农业转移人口市民化行动",更加人性化和深度的城乡融合将持续推进。

(三)数字化倒逼治理架构逐渐变革

县域社会治理内容丰富、范围广泛,部门多元,需要借助数字化技术手段促进部门协同。政府需要改变自身并以新的形态来适应技术变革,工具论认为技术能够改进政府组织运行和提升效率,也有学者认为技术与政府结构之间兼具本体论和工具论[①]。从实际来看,老百姓的需求是个人整体的,政府组织架构是职能分工的,以人民为本是我国开展各项事业之根本原则,因此只有改变政府自身结构才能回应老百姓需求,这也就催生了"最多跑一次""接诉即办"等政务服务改革。数字技术为构建整体政府或服务政府提供了条件和工具,数字技术与业务深度融合,让科层政府在数字技术的加持下更加扁平和协同,技术作为工具推动着政府结构革新。和城市相比,虽然县域层面的数字化转型和革新相对缓慢一些,但是数字化应用和创新对政府结构的影响也是较大的。以覆盖全国县域的网格化为例,有些地方开展"网格智治",利用数字技术划分网格,在此基础上构建网格平台,依托平台围绕事项将各层级和各部门纳入系统闭环中,从而实现了结构层级纵向一体化以及横向部门协同化,打破了传统职能部门林立和层级过多

---

① 李文钊:《界面理论范式:信息时代政府和治理变革的统一分析框架建构》,《行政论坛》2020 年第 3 期。

过高的结构局限。

（四）可行的"经验性"政策内容逐渐增多

县域作为我们国家政策制度执行的前端，其工作具体而细碎，需要上级颁布具有直接指导意义的政策文件，尤其是需要直观的、可行的治理经验以及"手把手"步骤式的政策文本内容。这些"范式"和"模本"便于效仿、复制和应用，方便县域既快又好的开展社会治理活动。近年来，党和国家面向县域和基层发布的政策文件，已经从"宏观设计"转向了"以点带面"，即将优秀地方经验直接纳入政策文本。比如被誉为政法战线一面旗帜的"枫桥经验"，多次被写入党和国家重要文件，特别是党的二十大报告进一步强调要在社会基层坚持和发展新时代"枫桥经验"，完善正确处理新形势下人民内部矛盾的机制，及时把矛盾纠纷化解在基层、化解在萌芽状态。又如，2024年，中央"一号文件"《中共中央 国务院关于学习运用"千村示范、万村整治"工程经验有力有效推进乡村全面振兴的意见》，明确指出要学习运用"千万工程"蕴含的发展理念、工作方法和推进机制，推进乡村全面振兴。"千万工程"实际上就是浙江省践行"绿水青山就是金山银山"理念的一项基层实践，被上升到国家政策要求各地推广实施。再如，今年国家发改委面向全国发布的嘉善县的13条治理经验，直接列出治理清单，为全国各地县域"打样"。

四、实践进展带来的挑战

（一）实践丰富多样迫切需要理论指导

在党和国家关于"社会治理"的政策部署推动下，多年来各地创新体制机制，形成了丰富多彩的治理实践成果。2024年5月，北京师范大学中国社会管理研究院面向全国征集"社会工作和社会治理创新"案例，一个半月的时间收到了来自全国的600余个案例，几乎覆盖12个主题领域，其丰富性可见一斑。然而，实践的丰富多彩与理论阐释及其构建形成了鲜明对比，特别是关于县域社会治理的中国自主知识体系的构建目前还比较匮乏。很多地方表示，工作"只会干不会写""只管做不知道做得对与错""只知道自己做，不知道创新与否"等。我们国家曾经从政策层面对"市域社会治理"进行过部署安排，在党的十九大提出乡村振兴的战略布局下，乡村治理也得到了学界较多关注，但是关于"县域社会治理"无论是政策界还是理论界，其关注度远不及前两者。然而，县域社会治理实践繁荣发展，而且在新的经济社会环境下出现了新的亟待解决的问题，如我们国家体制创新建立了社会工作部，目前县乡对标也在建设。但是如何划分与政法、民政、信访、组织部的职能权限以及在乡镇层面如何设置等问题很多县域还未厘清。县域迫切需要理论指导，也迫切需要理论界深入县域一线进行经验研究，总结提炼并构建出中国县域社会治理理论体系。

（二）双重高速发展迫切需要能力提升

县域目前处在"双加速"环境中，这样双轮高速前进的外部环境对县域社会治理及其主体提出了挑战。首先，对主导主体，即县域政府提出了挑战，特别是对被誉为"一根针"的乡镇政府提出了许多挑战。在社会高速运转下，乡村社会矛盾复杂多变，生产问题、经济纠纷、拆迁安置、家庭矛盾层出不穷，这些发展中的问题令乡镇干部应接不暇。与此同时，除了按时完成上级党委、政府及其职能部门安排的各项工作，还要应对各种检查、验收、考核，这些干部普遍感到任务重、压力大。其次，对治理主体县域社会组织提出了挑战。活跃在县域里的社会组织，多为草根自发形成的民众自治组织，其资源整合能力、专业服务意识和能力、对政策把握和理解能力，组织动员能力、协商沟通能力、运用技术工具能力以及管理能力等还存在不足。最后，对治理主体公民个人也提出了挑战。随着现代化进程加快，"大城市病"也逐渐出现在了县乡地区。与此同时，随着县域经济社会发展，城镇化进程不断推进,原来的"熟人社会"也逐渐变成"陌生人社会",如何适应并在快速变化中保持内心的安宁?这不仅是大城市人的心理诉求,也是现在相对宁和的县乡人内心的渴望。反观之,这些都对人们身心及其应对能力提出了新的挑战。

(三)重塑与重构迫切需要制度保障

"每个社会都需要创造适合于自己的治理方式,社会的演变要求更新每个时代的治理模式。这一更新的必要性在 21 世纪初尤为迫切,因为我们这个时代的治理模式没有跟上社会发展的步伐[①]。"政社关系和城乡关系正在重塑,结构正在重构,这些重塑和重构既是社会发展的阶段性表现,对于我们国家而言也是实现现代化的必经之路。那么为了保障这些转向能够安全顺利进行,就需要发挥治理主体的能动性以及科学合理地使用治理工具,同时要充分发挥我们国家的制度优势,加强外在制度供给和保障。而对于县域而言,不仅需要地方层面的政策支持和保护,更需要上级层面,特别是国家层面科学合理的制度及与时俱进的供给。然而,很多地方表示,"不是做不好,不是不想做,而是做不到",究其原因是"上面不顺""没有政策"等。反观县域社会治理成绩显著的地区,其制度供给和保障是充分且全方位的。如在区县开展"乡镇吹哨,部门报到"专项行动并取得成效后,市级层面立即出台实施方案并作为市委 2018 年度 1 号改革课题在全市范围内试点推广,一方面保障改革成果,另一方面为其他区县实施提供制度保障。

五、县域社会治理的发展建议

(一)革新观念并营造良好环境

改革是发展的动力,然而从这些年来县域建设和发展实际来看,

[①] 皮埃尔·卡蓝默:《治理的忧思》,陈立川译,三辰影库音像出版社,2011,第 1 页。

改革创新工作方式或工作机制相对容易，而涉及组织或制度层面的深层次改革是不容易的，特别是在利益联系紧密的"熟人社会"，其改革更是难上加难。这个"不容易"或"难"，一方面是外部自上而下的"条块"体制及其带来的部门分割，权责不统一等瓶颈，另一方面来自内部的思想观念认识和治理环境的局限，即是否敢于直面发展中的真问题，并以实事求是的态度解决问题，以及全域上下是否有一个风清气正的政治和制度环境来维护"破"局者。反观能够破立并举推进改革并取得实效的县域，常常是从自身内部开始做起，即改变自身观念和改革环境，由内而外地寻求突破。因此，对于县域而言，虽然存在"上面不顺""没有政策"的改革难题，但是可以先从自身及其内部抓起，做深做细提升观念认识和营造良好环境等基础性工作。另外要具有开放性，要善于"走出去，请进来"，即向有优秀经验的地区学习并结合自身实际学以致用，聚合众智把政策理论专家学者请进来指导实践。与此同时，县域社会治理不仅要有良好制度环境，而且制度要先行，优先发布政策文件才能为后续实践提供保障，使改革者有据可依，保障改革有序推进。

（二）以县域为界面渐进式革新

"界面"是自然科学领域的一个概念，作为计算机术语，常常有"操作界面""用户界面"一说。近年来学界把界面"理论建构型隐喻"[1]到公共管理领域研究中，尝试解释中国治理现象和问题，如果把县域整体看作一个改革界面，那么就需要以其为核心变量，关注其外部环境、内部结构和目标功能这些影响因素。渐进式改革是一种增量式的"体制外"改革，主张在原有基础上循序渐进、量力而行、均衡改革。在国家整体改革路径选择上和县乡改革历史过程中可以看出，

---

① 张桐、孔繁斌：《"界面"及其隐喻：理解公众—政府交互的一种新视角》，《江苏行政学院学报》2022年第3期。

面向未来的改革还可能将是渐进式的，那么就需要厘清目标，特别关照外部的政策制度、经济社会环境等，以县域事业单位改革为重点，逐步推动自身的文化、技术、制度等革新发展使之与外部建设发展和改革的大环境相匹配。比如在县乡以网格化建设撬动街乡社区治理体制改革时，就要兼顾"块"左右，协同"条"上下，多措并举有序推进。与此同时，还要特别以县域为载体渐进式推进城乡深度融合发展。党的二十届三中全会报告把推进城乡融合作为进一步全面深化改革的重要任务之一。推进城乡融合是一个系统性长期性工程，但总体来看仍然需要依靠"县"的辐射带动作用，将政策、权力、资源、资金持续投放到乡村，与此同时增强乡村内生发展力。

（三）从数字技术汲取革新能动

数字技术及数据已经成为获取竞争优势的最佳选择，是组织在竞争中充满生机和活力的基本条件，也是现代化的主要标志。我们已经进入"数智时代"，数字技术与基层社会治理业务场景广泛融合，开拓出了与物理世界不一样的数字世界，创造出了新的社会交往形态及其组织形式。同时数字技术与传统业务深度融合，推动了各行各业结构转型和业务升级改造，如"城市大脑""互联网医疗"等。数字技术作为推进改革的"利器"，不仅可以提供新动能直接加持改革创新，而且可以弯道超车让一些传统落后的行业实现"质变"和跨越式发展。虽然县域的数字资源不如城市地区丰富，但也可以围绕需加强和解决的问题，基于自身条件创新创造。例如，有些地方运用数字技术手段解决执法力量下沉问题，探索警网融合机制，采取"警格＋网格"的工作模式，下沉执法力量到网格。有些地方将"三网"（网格、网红、网络）融入"三治"（自治、法治、德治），运用数字化技术增强矛盾调解处置能力等。因此，要充分认识到数字技术及其数据资源对于改革创新的能动价值，科学而谨慎地使用好数字技术工具，充分论证和试验试点地去推动数字技术与县域实践场景有机结合。

（四）依靠多元主体智慧创新创造

俗话说"智慧在民间"，我们国家多年来的治理经验表明人民群众的聪明智慧是创新发展和改革前进的重要力量。随着治国理政模式逐步从管理过渡到治理，以人民为中心的内涵也在不断扩展。党的十九大报告首次提出打造共建共治共享的社会治理格局，党委、政府、社会组织以及公民个体等主体分别发挥"引领""主导""协同""参与"的功能作用。而在县乡层面，在传统与现代的交织环境下，在权责不统一的"条块"体制条件下，即在有限的条件和更加复杂的环境下，只有动脑筋想办法才能把政策制度落实到位，把复杂难题解决妥善。也正是这样艰难的环境造就了一批创新创业型治理主体，即乡村经济产业发展带头人和一批勇于改革创新乡镇干部。这些带头人或负责人饱含乡土情怀、充满创业激情、富有奉献精神，是县乡治理、改革和发展的核心力量。众所周知，县乡工作向来繁重和辛苦，因此，作为上级政府要把"向基层一线倾斜""向艰苦边远地方倾斜"的政策落到实处，要让县乡经济社会发展带头人和乡镇干部及时"充电补钙"，提高他们源头治理、系统治理、综合治理、依法治理的能力。与此同时，要建立容错试错机制，建立健全相关工作制度，营造干事创业的良好氛围，创造风清气正的治理环境。

关于社会治理现代化的几点认识

李振锋　王翔君[①]

一、对于"共建共治共享"的认识

学界针对共建共治共享开展了一系列成果丰硕的研究，这些研究随着我国社会治理进程的转型发展也在持续深入，主要围绕为什么共建共治共享、什么是共建共治共享，以及如何共建共治共享等问题展开探讨。

首先，社会治理推进共建共治共享具有重大的现实意义及理论的科学性。其现实意义在于，随着改革开放和市场经济的不断发展打破了我国原有的国家统揽政治、经济和社会等重大事务的格局，在政府、市场和社会三重体系下以政府或市场为主的一元治理模式不再能满足经济和社会发展需要。与此同时，从社会管理迈向社会治理的历史必然性，使具体的社会问题更具复杂、多变和突发特性[②]，亟须构建全民参与的共建、共治、共享的社会治理体系与治理制度。对于共建共治共享的理论阐释方面，有学者总结并强调了其来自治理理论、公共性理论和价值共享理论，契合新公共治理理论要求，且具有共治性、公共性和价值共享性等特征。

---

① 李振锋，中国人民解放军战略支援部队信息工程大学讲师。王翔君，清华大学社会科学学院博士后。

② 郁建兴：《社会治理共同体及其建设路径》，《公共管理评论》2019 年第 1 期。

其次，在共建共治共享的概念方面，已有研究阐述了共建共治共享的含义及三者之间关系，其是指以合作性、公共性和多元性为基本内涵的多元共治理念；以"共建"为基础，强调党委、政府、企业、社会组织的功能、定位及相应的治理工具；以"共治"为关键，强调有为政府、有效市场、畅通多元渠道社会参与，明确各主体责任；以"共享"为目标，强调共享主体广泛性、共享过程公平性与共享成果全民性。

最后，对于如何构建共建共治共享的社会治理格局，有学者提出基于治理主体的多元网络、基于治理过程的良性运作和基于治理内容的高效互动的治理转型。也有学者从可持续的治理方式视角，通过多方面形塑社会治理共同体，进而构建一套社会治理的行动体系。还有学者以系统思维阐述了对于治理实践在管理、技术和法律层面的推进对策，强化以信息化治理为基础的技术支撑、推进以精细化治理为手段的管理深化、完善以法治化治理为保障的法规体系。

二、理解社会治理中的多元主体参与

学界关于多元主体参与社会治理的研究主要围绕社会治理主体、治理结构、治理模式及治理机制等方面进行了深入探讨。

（一）治理主体

国外学界普遍将治理的主体概括为公共机构、私人机构和非营利组织，用我国的话语体系表达则是指政府、市场与社会组织。针对这样的主体分类，有研究者认为这种概括聚焦于三个主要层面但并不全面，于是提出社会各方面包括五个层面的治理主体，即中央政府、地方政府、企业和各种市场主体、社会组织、公民和各种形式的公民自组织。关于治理参与主体及主体间关系的界定，社会治理的主体包括政府、社会组织、公众等公共事务的所有利益关联方，政府与社会组织、公众不是治理与被治理、管理与被管理的主客体关系，而是主体间关系。随着治理主体间由领导和被领导逐步转变为契约关系、协同关系与合作关系，使得治理主体间的关系日益复杂，引发了对各类治理主体的地位、角色及功能的探讨，其中尤为重要的是对党委与政府领导地位和角色的探讨。各级党委与政府是"元治理"主体，是"自组织的组织"，对于"元治理"不可混同于建立一个至高无上、一切治理安排都要服从的政府。"元治理"本质上要在制度上提供各种机制，促进各主体的内在关系，要在战略上促进建立共同的远景。在政府的治道逻辑之下，"元治理"模式认为政府应是制度的制定者、目标的协调者和责任承担者。政府治理能力提升需要从国家治理层面进行总体的制度安排，通过制度、规则和策略划分政府、市场和社会的界限。对于政党组织发挥治理统领作用的认同，需要更多的对话、商谈和理解，需要能够把一切积极的、对治理有益的因素都吸纳到治理活动中，从而在社会互动的过程之中实现良善的合作治理。在社会治理的宏观层面，党政结构是当代中国治理的主要组织依托，体现在党的集中统一领导地位和党政关系之间的复合结构[①]。在社会治理的微观层面，基层党组织领导的逻辑既是基于政党与社会或国家（政府）与社会关系视角的治理研究，也是对公民参与视角下基层群众自治制度的创新。

（二）治理结构

治理不同具体问题，形成的多元主体结构也存在差异，表现为由各级政府构成，也可以由政府、市场和社会等跨界主体构成。也有学者以治理主体的二元性、三元性、多元性特征作为分类依据，对治理结构做了三种归纳：第一种类型是从国家与社会的关系角度出发，认

---

① 王浦劬、汤彬：《当代中国治理的党政结构与功能机制分析》，《中国社会科学》2019年第9期。

为中国社会存在"强政弱社"的二元治理结构。第二种类型是在"国家—社会"的二元分析框架基础上加入市场因素，构成"国家—市场—社会"的三元治理结构，或是基于治理的多层主体及其等级划分，形成"核心层（政府）—枢纽层（经济/社会组织或团体）—自主层（城市社区居民或村民）"的治理结构。第三种类型是突破以上传统分析框架，以治理思想为指导，强调多元主体、去中心化与自组织治理，并形成以多元化治理权力为基础，以多元化治理主体为核心，以多元化治理资源为桥梁，以多元化治理手段为途径的社会治理模式。

（三）治理模式

因为有不同的治理结构，所以会产生不同的治理模式，治理模式回应的是"谁来治理"的议题，并在此基础上研究治理主体的权责划分与相互关系。为了解决公地悲剧、囚徒困境及集体行动逻辑等公共事物治理的困境，曾产生过利维坦式的政府一元治理模式与私有化的市场一元治理模式，但随着政府失灵与市场失灵，以上治理模式出现了难以为继的情况。20世纪70年代以来，西方开展了"新公共管理运动"，以企业家、政府为特色的新公共管理理论成为社会管理的新兴主导范式。随着管理的关注点聚焦于服务，美国公共行政学家罗伯特·B.登哈特（Robert B. Denhardt）等学者提出了新公共服务理论。20世纪90年代后，出现对新公共管理理论与新公共服务理论的整合与发展，形成了以埃莉诺·奥斯特罗姆多中心治理理论以及以罗茨、皮埃尔等为代表的网络治理理论。以多元主体参与为特征的多元治理理论在西方国家广泛应用于实践，并形成多元治理模式。

治理模式从类型划分上来看，主要有四种，第一种是法团主义模式，将公民社会中组织化利益联合到国家的决策结构中从而寻求在社会团体和国家之间建立制度化的联系通道和常规性互动体系[①]。第二种是合作治理模式，将包括政府在内的多个利益相关者聚集在一个公共舆论空间，公共和私人部门的界限变得模糊，通过协商达成共识形成决策[②]。第三种是第三方治理模式，强调公共与非营利机构的共享责任、公共资金和公共权威，是政府与非营利部门基于共同目标的联合行动[③]。第四种是契约关系模式，通过委托或购买等契约方式将公共服务外包给其他机构、私人部门或非营利组织[④]，实现方式主要有竞争、谈判和合作三种形式。

（四）治理机制

多元治理的机制是指基于多元治理结构而产生的对多元主体行为与互动加以协调的制度安排。从广义的社会机制论讲，社会机制包括环境机制、认知机制以及关系机制。从具体的治理机制而言，包括信息沟通机制、互动协调机制、信任合作机制。在全面深化改革的大发展背景下，多元治理机制亦应包括人力资源互动机制、金融资源互动机制、公共资源互动机制和多元利益协调机制等方面。对于不同的研究者而言，形成不同的治理机制的归纳，主要是源于对宏观微观的观察视角，以及对层次间关系的把握与理解角度的区分。结合不同的理论框架和实践案例，综合考虑社会环境、治理目标和多元主体的特性，有的研究者倾向于从制度设计的角度出发，强调制度结构和法制保障

---

① Pilippe C. Schmitter. Still the Century of Corporation? In P. C. Schmitter and G. Lehmbruch, eds. Trends Toward Corporatist Intermediation. Sage, 1979, pp.7–52.

② Ansell, C. and A. Gash. Collaborative Governance in Theory and Practice. Journal of Public Administration Research and Theory, 2008,18(4).

③ 莱斯特·M.萨拉蒙：《公共服务中的伙伴》，田凯译，商务印书馆，2008，第43页。

④ Van Slyke, D. M. Agents or Stewards: Using Theory to Understand the Government-nonprofit Social Service Contracting Relationship. Journal of Public Administration Research and Theory, 2007, 17(2).

的重要性；而有的则更注重社会网络和文化背景对多元主体互动方式的影响。

三、社会治理制度的发展脉络

治理国家、安定民生，需有完善的制度保障。对于社会的持续进步，制度建设起到基础性、全局性和长远性的作用。党的十八大以来，以习近平同志为核心的党中央高度重视制度建设，党的十九大报告中首次提出"社会治理制度"概念，强调"加强社会治理制度建设，完善党委领导、政府负责、社会协同、公众参与、法治保障的社会治理体制，提高社会治理社会化、法治化、智能化、专业化水平"[1]。在庆祝改革开放40周年大会上明确提出"改革改什么、怎么改必须以是否符合完善和发展中国特色社会主义制度、推进国家治理体系和治理能力现代化的总目标为根本尺度"，并强调"要加强社会治理制度建设，不断促进社会公平正义，保持社会安定有序"[2]。党的十九届四中全会《决定》进一步明确了"社会治理制度"作为中国特色社会主义制度体系中的重要组成部分，需要不断发展和完善。"社会治理制度"这一概念的提出及其理论阐释，拓展了社会治理理论的深度与广度，为社会治理现代化指明了"制度化"的方向。这一方向将推动各地党委、人大、政府及社会组织将优秀的治理理念、经验和做法上升为制度层面，实现社会治理体系的制度化和法治化，增加社会治理的制度资源，巩固其制度优势，并有效融入中国特色社会主义制度体系。

研究者从理论与实践层面对社会共治制度做了初步梳理和探讨，指出建立社会共治制度是一个长期复杂的过程，涉及改革思路的转换、

---

[1] 习近平：《决胜全面建成小康社会 夺取新时代中国特色社会主义伟大胜利——在中国共产党第十九次全国代表大会上的报告》，人民出版社，2017，第49页。

[2] 习近平：《在庆祝改革开放40周年大会上的讲话》，《人民日报》2018年12月19日。

政府自身的角色再塑、双向互动的路径选择以及多样化治理手段的运用。而目前，社会治理领域中许多好经验、好做法尚未提炼为科学理论、更缺乏制度化建构，难以科学有效地推广和传播。基于当前的实践经验总结和前瞻性理论研究，社会治理制度化的发展仍需持续深入推进，正如习近平总书记在总结新时代全面深化改革取得历史性伟大成就时所指出的，推进我国的改革和发展本身就"是一场国家制度和治理体系的深刻变革"。

四、对于推进社会治理研究的思考

习近平总书记强调"我们的改革开放是有方向、有立场、有原则的"，明确提出"全面深化改革的总目标，就是完善和发展中国特色社会主义制度、推进国家治理体系和治理能力现代化"，这为推进社会治理做了方向性的指引。结合现有的研究成果和相关文献资料，身处社会治理的转型发展进程之中，研究者能够看到社会治理的变革、社会治理创新、多元主体协同治理将重构社会治理的结构、过程以及方法，这也意味着需要进一步加强对社会治理研究的广度与深度，并且将实践与理论研究相融合，从而解释并构建有效有益的社会治理制度。国内相关基层社会治理的研究，在治理主体、治理模式、治理机制、治理目标、治理方式、实现路径等方面均作出了有益探讨，并对多元主体参与社会治理形成了以治理理论、公共价值理论等为基础的理论支持与解释，刻画了多元共治与社会治理共同体的理想样态，基本形成了对共建共治共享治理格局和治理制度的框架体系认知。

已有研究仍存在诸如理论与实践脱节、研究较为宏观、形而上等问题。首先，已有研究的视角和选题，有问题意识但缺少理论自觉与价值自觉，而捕捉到新发展趋势的多元治理研究基本处于初期阶段，有理论自觉和话语建构能力，但缺少经验研究支撑，不能将多元治理研究落到基层问题的实处。在目前这一特殊的历史阶段，回顾既有研究、明确具有新时代导向的基层多元治理研究框架尤显重要。其次，对社会治理制度方面的研究相对薄弱，存在规范研究深度不够，实证研究体量不够，具体构建方法和路径过于宏观，各类主体参与社会治理的基本制度分析框架仍缺少"四梁八柱"，这也将成为接下来理论研究与实践探索的重点关注领域。

老龄化社会公共服务如何实现价值共创

——以X市T社区老年志愿服务为例

曹鸣玉[①]

一、"范围—过程—要素"三维框架

（一）从服务生产到价值共创：老龄化社会公共服务的理念转型

服务生产理念是基于使用者作为福利配给对象对服务的完全依赖或作为消费者对服务的象征性选择而形成的服务主导关系，价值共创理念则是基于使用者作为协同生产者和价值创造者对服务供给及其价值实现产生实质性影响的深度交互关系。从理论基础来看，前者植根于新公共行政、新公共管理范式下的公共服务主导逻辑，后者植根于新公共治理范式下的公共服务逻辑。

价值共创的公共服务理念超越了以服务提供者为主导的、线性逻辑的服务生产概念，发展为服务使用者与服务提供者以互动性和动态性关系为基础，在供需双方的相互作用中协同生产与价值共创的概念，公共服务的价值不是在服务提供者的线性化生产中创造的，而是由服务使用者与其所拥有的更为广泛的生活经历进行交互而产生的[②]。这对

[①] 曹鸣玉，民政职业大学讲师。本文系中央高校基本科研业务费资助项目（项目编号：JBKYZCLL2024-7）阶段性成果。

[②] Grönroos C. Value Co-Creation in Service Logic: A Critical Analysis. *Marketing Theory*, 2011,11(3).

于理解公共服务供给中供需双方的关系,以及这种关系对公共服务如何在社会中创造价值有着重要意义。

在老龄化社会公共服务中,老年人与提供服务的专业人士之间建构协同生产关系,在生产和使用服务过程中,结合自身的经历和能力所达到不同的参与程度和范围,以创造出不同层次价值的政策目标。在价值共创理念影响下,老年人有权对影响其自身的社会政策与服务做出选择,反对针对老年人和老龄化的歧视性观点,积极在创造"老年友好型"社会中贡献力量。老年人的参与根植于"所有公民都有选择自己生活的权利"的理念,其价值基础是"尊严""赋权"与"平等"。

(二)"范围—过程—要素":协同生产与价值共创的三维框架

奥斯本从公共服务设计与递送的方式及其产生的影响两个层面建构"协同生产"与"价值共创"的概念框架,以服务使用者有意识或无意识参与的"协同生产特点"与影响范围为单一服务或服务系统的"协同生产范围"两个维度,建构协同设计、协同生产、协同经历、协同建构等协同生产与价值共创的类型,通过服务提供者与使用者的资源整合以及双方之间的交互作用,在满足个人或社区需求、解决现实或未来问题中创造价值,不但从"福祉"的角度改善现实服务效果,而且从"潜能"的角度增强个人与社区能力以独立应对未来社会需求[1]。奥斯本进一步对价值共创的过程与要素进行概念化,认为价值共创是服务生产与消费(或使用)过程中的交互集群,其中生产过程包括协同设计与协同生产,由公共服务的各利益相关方以显性方式积极参与其中,消费过程包括协同经历与协同建构,往往在服务使用者没有主观意志的情况下无意识地发生,所创造的价值可以分为体验或满

---

① Osborne, S. P., Radnor, Z., Strokosch. K. Co-Production and the Co-Creation of Value in Public Services: A Suitable Case for Treatment?. *Public Management Review*, 2016,18(5).

足、服务效果、人生经验、能力塑造、社会价值等要素层次[①]。由此，协同生产在个人、社会、服务系统三个核心层面实现价值创造，形成了生产中的价值、使用中的价值以及环境中的价值[②]。

综上所述，公共服务协同生产与价值共创的概念框架由三个范围（个人、社会、服务系统）、四个过程（协同设计、协同生产、协同经历、协同建构）、五个要素（满足感、效果、生活体验、能力塑造、社会价值）构成，形成"范围—过程—要素"三者相互作用的统一整体。

二、X 市 T 社区老年志愿服务

（一）T 社区基本情况

T 社区成立于 2011 年 1 月，是一个综合型社区。社区内共有 9 个居民小区，共 25 栋住宅，住户达 2 080 户，常住人口为 4 800 余人。辖区内共有 35 个工商企业单位、1 个事业单位、1 个党政机关以及 5 个民间机构（群团组织）。此外，社区还拥有 8 支志愿者队伍，总人数超过 300 人。社区办公用房面积为 480 平方米，室外活动场所面积为 3 000 平方米。社区配备了党委办公室、居委会办公室、党员服务站、居家养老服务站、阳光议事厅、图书室、抖音工作室等，为社区居民提供多样化的服务和活动空间。

社区一直秉承"立足社区、服务群众"的宗旨，旨在建设"文明、和谐、环保、稳定"的先进示范社区。为实现这一目标，社区充分利用现有资源，促进居民共享共建，建立社区服务网络，引导居民实行

[①] Osborne, S. P., Nasi, G., Powell, M. Beyond Co-Production: Value Creation and Public Services. *Public Administration*, 2021, 99(4).

[②] Osborne, S. P., *Public Service Logic: Creating Value for Public Service Users, Citizens, and Society Through Public Service Delivery*. Abingdon, Oxon; New York: Routledge, 2020, pp.93–134.

自我管理，着力培育居民的自治意识，并致力于发展民间组织，在建设和谐社区和文明社区中发挥了积极作用。自成立以来，社区先后荣获了多项荣誉称号，包括"X市最佳志愿服务组织""X市'五化'标杆社区党组织""X市最美社区""X市文明社区""S省慈善示范社区""S省最美志愿服务社区"等。这些荣誉是对社区在服务居民、促进社区和谐和文明建设方面积极贡献的认可。

（二）T社区老年志愿服务

2021年，T社区组建了一支由党员带头、平均年龄67岁的老年志愿者队。志愿者们身体力行，从身边的每一件小事、实事做起，致力于维护小区改造成果，在全国运动会的精细化管理、疫苗接种等多项全市重点工作中发挥着热情和能量。

志愿服务队以"帮帮团"形式开展"五个一"活动，为辖区居民提供探访老人、关怀陪伴、文艺表演、司法调解等志愿服务，持续提供"一直陪伴"服务，开设"一人观众"剧场，开展"一次调解"业务，举办"一夏清凉"活动，带去"一堂理论"课堂，全心全意为居民服务，为辖区建设贡献力量。

老年志愿者队的日常工作包括：在夏季每日为户外高温下的工作人员准备绿豆汤，为他们送上"一夏清凉"；主动入户为高龄空巢老人带去党史书籍、报纸等学习读物，陪伴他们唠嗑聊天，为他们带去欢声笑语，实现"一直陪伴"的服务目标；关注居民身边的民生小事、家长里短，通过"社区书记特邀调解工作室"开设的"一次调解"业务，真正解决居民的烦心事；看望参加抗美援朝、淮海战役的老兵，为老人送上"一人观众"剧场文艺表演，共同歌颂党和祖国；向辖区居民群众开展习近平总书记"七一"重要讲话精神，带去"一堂理论"课堂。老年志愿服务队以实际行动践行社区宗旨，为居民提供温暖关怀和实际帮助，成为社区建设和发展的积极力量。

通过开展"五个一"活动，老年志愿者与网格员、党员以及社区工作人员一起深入到居民家中，倾听居民的建议和意见。例如，志愿者们在了解居民群众意见时，深入一名支援大西北的老人家中，他们提到日常购买天然气需要多跑路，很不方便，于是社区工作人员联系了天然气公司，配置了一台天然气多功能自助终端，此后，在社区内购买天然气变得十分方便。志愿者们坚持从小事做起，深入居民生活，搭建起社区与居民之间联系的桥梁，增进了彼此间的了解与沟通。

在迎接重大赛事活动和新冠疫情防治中，老年志愿者担当院落美容师，合力共筑免疫屏障。为做好全国运动会精细化管理工作，老年志愿服务队开展百日活动，充分发挥网格优势，在所属网格内组织垃圾清理、共享单车摆放等志愿活动，以实际行动为全国运动会的顺利举办贡献力量。在疫苗接种工作中，老年志愿者扎根一线，不畏高温，驻扎在客运站、接种点，为居民宣传疫苗接种注意事项，积极动员辖区居民应接尽接。截至目前，共有20余名老年志愿服务队成员参与了80余次志愿服务活动，切实提升了辖区居民的幸福感和获得感。

（三）志愿服务促进社区自治

T社区以党建引领社区治理，将老年志愿服务作为核心要素，融入社区自治各环节，通过"5432"工作法提升社区自治能力。该工作法包括五项策略、四种服务模式、三类小区创建及两项常态化服务，旨在提升社区治理效率和居民参与度。

"打好五张牌"指的是五种社区治理策略："和谐牌"通过微笑服务和协警联动维护社区和谐安定；"民生牌"通过设立"阳光议事厅"平台，推动居民议事协商，解决诸如绿化维护、消防通道等20余项实际问题；"责任牌"通过网格全覆盖，明确分工，确保责任落实；"激励牌"通过志愿者积分制度和社区管家等模式激励居民参与社区建设，自2020年以来开展了10次积分兑换活动，吸引百余名志愿者参与；"民情牌"发挥退伍军人、退休党员干部的余热，参与社区志愿服务，推动居民互动交流与情感联系。这些策略有效提升了社区治理的效率和居民的参与感，构建了和谐、稳定的社区环境。

"用好四道门"是社区治理中的四种上门服务形式。"常敲门"是社区工作人员、党员和网格员每月至少四次上门为特殊群体提供爱心服务；"常串门"是网格员倾听民意、送去贴心服务；"常守门"指志愿者参与疫情防控，守护社区安全；"常开门"则是通过多元化渠道收集民意，促进居民参与社区事务。

"打造三型小区"是根据不同小区的特点，通过民主自治机制推动小区建设。T社区致力于打造"家园型小区"，通过居民间的互帮互助，建立和谐邻里关系；"花园型小区"则通过10余次绿化活动，提升社区环境，志愿者组成园丁小分队参与花卉种植；"服务型小区"通过多元共建机制，动员居民参与社区事务，确保社区事务"件件有着落，事事有回音"。

在常态化服务方面，T社区共创了两项便民服务，依托社区能人和热心居民，为社区居民提供代购、修理、政策宣讲等服务，确保居民需求得到及时回应；同时，通过微笑服务和到户服务，社区干部为居民提供情感关怀与实际帮助。这些服务进一步加强了社区的凝聚力与自治能力。

通过党建引领的社区治理模式，T社区成功整合多方资源，提升居民参与度，改善了社区环境与服务质量，形成了居民自治、共建共治共享的良性循环。这一治理模式不仅促进了社区公共服务水平的提升，也为基层社区治理提供了可借鉴的实践经验。

（四）社区志愿服务成效

通过"志愿者积分兑换"等举措，T社区成功调动了居民参与社区治理的积极性，"阳光议事厅"确保了社区事务的公开透明，老年志愿者队拉近了社区与居民的距离。这些措施不仅提升了社区治理的精细化程度，也是推进社区自治、德治、法治"三治"融合的具体实践，从而提高了社会治理能力。

近年来，T社区相继荣获了"X市五花标杆社区""X市最美社区""S省慈善社区"等荣誉。《人民日报》和《古都先锋》等报刊先后报道了T社区老年志愿服务队的工作以及社区在防疫工作中取得的成效。社区环境得到了明显的改善，社区服务更加贴心，邻里关系更加和谐。总体而言，T社区通过多种举措和努力，提升了社区治理水平，社区成了居民喜爱的家园，展现出了积极向上的发展态势，为社区治理与建设树立了良好的榜样。

三、老年志愿服务推动多层次价值创造

（一）志愿服务提升社区凝聚力

志愿服务是社区治理的一种重要方法，可以由内而外改变社区的面貌。在社区治理面临困难，小区硬件环境和管理服务需要大幅提升，同时居民之间存在着内在的疏离且矛盾重重的情况下，组织志愿服务可以将社区中的正能量凝聚起来，共同为社区中最需要帮助的人提供支持。一方面，志愿服务可以从内在修复居民之间的关系，重塑关爱邻里、友好互助的关系，为外在环境的改善提供思想和情感支持；另一方面，在这样的基础上，当社区的人气逐渐旺盛，志愿精神得到弘扬，由此形成的志愿服务力量就可以为社区的发展提供支持，大家共同努力改善社区硬件环境，提升社区生活质量。

志愿服务不仅能够从内在拉近居民之间的距离，还能凝聚力量，使居民团结一致，共同改善社区环境，创造美好生活。在志愿服务的推动下，社区逐渐改头换面，形成积极向上的生活氛围，让每位居民都感受到社区的温暖与互助精神，从而共同建设更加美好的社区。

"从成立至今，我们社区经历了不少困难。最初，这个小区里都是烂尾楼，开发商老板去世，政府接管了项目并将其建设完成。然而，

由于一些遗留问题，房产证办理存在问题，各项设施都没有建设完善，导致居民上访和闹事的情况频发。在这个关键时刻，我们决定成立社区，把居民集中起来。社区内部存在很多矛盾，每个家庭都有自己的问题和需求，立场和想法都不一样。为了化解这些矛盾，我提议从志愿服务工作入手，比如帮助贫困家庭筹款等，在对邻里的关爱中，让大家忘记过去的矛盾。于是，我慢慢地把居民们聚集在一起，让大家成为志愿者，一同参加志愿服务活动，逐渐改善社区状况，拉近了大家心的距离。我们见证了社区从一个问题严重的上访大户到如今'X市文明社区''X市最美社区'的转变，我们还获得了'S省慈善社区'的荣誉，'最美社区'在全市只有10个，我们就是其中之一。通过志愿者的努力和社区居民的共同参与，我们成功让社区走出艰难困苦，把它建设成了一个充满温暖和关爱的家园，这是我们共同的成就，也展现了志愿服务的力量和社区凝聚力的重要性。"X市T社区书记说道。

（二）志愿服务增加老年人获得感

参与志愿服务对老年人的生活有着积极的影响。老年人通常面临着退休后生活上空闲和空虚的状态，这可能导致心理上的不适和孤独感。通过为老年人提供正确的指引和参与志愿服务等有益活动的机会，让他们有新任务、新目标，能够让老年人感受到参与社会生活的价值，有利于保持积极向上的心态。一方面老年人通过自己的付出为社区做出贡献，另一方面在志愿服务中感受到友谊和关怀，这对于老年人的身心健康有着积极作用，有助于缓解孤独情绪，增进社会融入，提高生活质量，提升幸福感与获得感。

"通过正确的引导，让老年人有事干，真正实现老有所为，他们的状态也会更好。你看我们社区的那些大妈们，每天脸上笑得像一朵花，状态特别好。"X市T社区书记说道。

（三）志愿服务弘扬社会正能量

在社区志愿服务精神长期浸润和广泛传播的影响下，社区的正能量不断增强，激励更多居民以多种形式为社区和社会贡献力量。特别是在疫情期间，社区居民和老党员积极捐款捐物，踊跃参与志愿服务，迎难而上，展现了社区居民的社会责任意识、爱心与凝聚力。这种正能量的形成源于志愿精神的长期熏陶，而社区居民不断加入志愿服务的行列，也持续将这种积极向上、奉献社会的正能量传递下去，激励更多的人参与社会公益事业，共同建设美好社区和国家。

X 市 T 社区书记说："在疫情期间，一位老党员自发捐钱支持国家抗疫，他追着我说要捐出 1 000 元，说他作为党员应该在国家有难时挺身而出。这种行为感动了周围的人，也鼓舞了更多人积极参与疫情防控，通过帮助社区送菜、消杀等实际行动，为抗疫工作贡献自己的力量。这种志愿服务传递了正能量，加深了居民之间的情感纽带，让社区在抗击疫情中更加团结。"

四、结论

本文选取 X 市 T 社区老年志愿服务作为案例，考察老龄化社会中"老年志愿服务"这一公共服务供给模式如何实现价值共创。研究发现，老年志愿服务作为社区治理的重要工具和抓手，可充分发挥老年人力资源的潜力，推动多层次价值创造，这种模式不仅能够增强社区凝聚力，提升老年人的获得感，还能够在实际效果上为社区带来积极变化，使社区焕发出新的生机。从价值共创范围看，老年人在社区治理中的主体性作用得到充分发挥，不仅提升了自身获得感和归属感，还切实改变了所属社区的面貌，提升了公共服务供给效能；从价值共创过程看，老年志愿服务是老年人自主能动参与协同生产与价值共创的过程，老年人从被动的服务使用者变为主动的服务提供者，进入公共服务的协同设计和协同生产的实质性参与阶段；从价值共创要素看，老年人真正成为社区的主人，以内在的驱动力和外在的治理能力为社区居民提供志愿服务，在个体层面提升了老年人的满足感、服务效果和生活体验，从服务系统层面培育了作为服务提供者的老年人力资源能力，从制度层面形塑了积极老龄化与老年友好型社会价值观。

"新国风"赋能文旅产业：误区及建议

余 佳[①]

疫情后，文旅消费发展势头强劲，文旅产业日益成为拉动整体消费增长、提振市场信心的重要引擎和实现人民美好生活向往、建设社会主义文化强国的重要支撑。"新国风"是传统文化创新的时代样本，具有重要的社会文化功能。以"新国风"带动传统文化的复兴，不仅可以为文旅产业提供底蕴深厚的丰富内容与资源，增强文旅产业吸引力，还可以规避、纠正文旅产业发展的一些问题和误区，扫清思想障碍，激发文旅产业转型的无限潜能。深刻理解"新国风"，就能把握传统文化与中国文旅结合的新质生产力。本文以"新国风"三个维度的特征为理论参考系，梳理国风热背景下文旅产业的趋势及误区，并就以"新国风"赋能文旅产业提出相关建议。

一、"新国风"作为意识形态的三个维度特征

"新国风"是传统文化当代显像化的趋势潮流，是一种包含中华优秀传统文化元素、风格、神韵、旨趣的精神趋向，也是一种具有时代特点的大众文化。"新国风"当下风靡，不仅彰显着Z世代年轻群体个性化的生活态度，也逐渐被不同年龄段的人群所接受，推动文化潮

---

① 余佳，武汉理工大学马克思主义学院副教授。本文系中央高校基本科研业务费专项资金资助阶段性成果。

流的同时也向世界不断展现中国魅力。意识形态在文化方面具有显著的社会凝聚功能,葛兰西将其比喻成"社会水泥"。"新国风"作为意识形态,可以从三个维度上呈现它的特征。

(一)典范性内含阶级性

意识形态通过树立不同的典范来表达它的阶级诉求并具有社会示范作用,典范不仅在形式上启发和引领着追随者,其背后凝结的精神性内涵如明灯推动着文化和趣味的进展。国风典范之所以具有强大的感召力、引导力,是因为它一方面融合了中华民族关于美的重要语汇、经典意象、共同记忆,是集体无意识的产物;另一方面,它表达了当代中国人的精神追求和情感价值。典范天然内含着阶级性,是特定阶级的"话语"。国风的阶级属性随着时代而变化,其内涵也随阶级属性的变迁历经变革。当下作为大众流行文化的"新国风"来自人民,也要服务人民,体现这种阶级性和典范性。"亲国风"以爱国主义精神为核心,是国粹的凝练,是国魂的载体,集中体现着中华民族的凝聚力与创造力。

(二)内在性兼具情感性

"新国风"可以在无意识的情况下对人的思想和行为产生影响。这种润物无声、不断渗透的社会影响,源于其内在性的同时兼具了丰富的情感性。这种情感性,既有人基于生存繁衍物质性需要的感性冲动满足——即所谓的"低级感性",也有摆脱了物质束缚基础上为人所独有的"高阶感性"——即对美好的感受力和创造力,是对人精神世界的理解,最终会指向道德性。"新国风"的精神趋向中可能包含了仁爱、忠恕、信义、中道等传统精神内涵及其变体,但首要体现的是对中国、对中华文化传统的认同。它天然包含着对"国"的归属感,为当代中国人提供精神慰藉与文化认同。这种内在的情感性是有层次的,有个人与群体的不同,有风靡时间及范围的差别,也有烙印深浅浓淡之迥异。

（三）现实性内含超越性

"新国风"思想源头可以追溯到《诗经·国风》，自其产生起就带有明显的意识形态色彩，反映民众的现实精神需求，并成为"文章合为时而著，歌诗合为事而作"的中国诗文现实主义传统的源头。新国风在时代浪潮中自发产生，体现时代的社会现实，延续着它的现实关切。这种现实关切也是新国风能够根植传统、立足现实而复兴，并可能对社会文化与经济发展产生正面、积极的反作用，成为引领、超越时代潮流的生命之源。比如一方面带动民族自信，另一方面促进国潮等相关产业。此外，新国风的现实性还内含了超越性，它深厚的文化积淀不止表征东方文脉、中国精神，也能触及人类共同的内在情感，最终通向人类共通的价值观，成为世界精神的组成部分。

典范性内含阶级性、内在性兼具情感性、现实性内含超越性，这三个维度的特征之间是相互支撑并互为证明的。现实性是典范性的基础，典范是凝练的内容，抓住内在性和情感性则是典范的形式塑造的关键。下面将以"新国风"这三个维度的特征为理论参考系，梳理国风热背景下文旅产业的三大趋势及误区。

二、国风热背景下文旅产业的三个趋势及误区

（一）趋势一：国风元素的利用和开发百花齐放、层出不穷

如今，国风成了流量密码，在文旅产业中广泛应用，涵盖了景区设计与装修、文创产品开发、全景展示沉浸式体验、文化节活动、数字化应用等多个层面和领域，创造出全新文旅业态。媒体持续开发新国风优质节目，推波助澜。河南卫视极富感染力的《端午奇妙游》系列备受观众好评，也让河南成为全国最热门的旅游省份之一。央视出品《国宝档案》《国家宝藏》《诗画中国》等专题，掀起全国的博物馆

参观狂潮,热门博物馆预约爆满,甚至遭到门票黄牛"围猎"。"绿马"(甘肃省博物馆藏铜奔马"马踏飞燕")、"愤怒的小鸟"(山西省博物院藏晋侯墓出土鸮卣)、"无语菩萨"(江西景德镇中国陶瓷博物馆藏深思罗汉)等网红文物引爆网络,受到大批年轻人追捧。跨领域媒介创作的国风作品,也会有意外联动作用。比如2014年8月上线的首部国产3A游戏《黑神话:悟空》,以其精良质感和浓厚国风迅速火爆全网并征服大量海内外网友,游戏中以隰县小西天、晋城玉皇庙等为原型设计的古建筑场景①备受赞誉,为山西文旅上了大分,山西旅游热度暴增,全国网友喊着山西文旅要接住这"泼天的富贵"。

但与此同时,国风元素堆砌、滥用的现象也不在少数。国风元素并不同于国风典范。典范往往由一整套有意义的元素有机组合,并最终升华而成,具有历史积淀、象征内涵,具有持久、正面的影响力,能够激励和指导人。元素则是零散的、片段的,其组合的立场、过程、效果皆相去甚远。为了追求短期效果、缺乏创新,或盲目、过度使用某一元素,或不明就里地对元素进行拼凑,甚至用错元素,可能会导致视觉饱和、审美疲劳、失去吸引力,甚至颠覆典范。比如各地风情街的纪念品、伴手礼如此雷同,让游客们忍不住吐槽都是义乌小商品市场出来的批发货。有些颇具特色的国风文旅作品,既有中华优秀传统文化的精髓,也可能掺杂封建时代的糟粕。比如全国沉浸式文旅新业态示范案例之一的大型实景演艺项目《又见平遥》,歌颂平遥人的仁德、道义,传承晋商精神,但也有不少观众诟病"镖师洗浴""大院选妻"等片段存在观念陈旧、物化女性等不良价值倾向。

(二)趋势二:强调情绪价值,各出奇招推动情绪经济消费

而今,情绪消费成为热门"虚拟商品",情绪价值成为新生代文

---

① 据不完全统计,《黑神话:悟空》在国内有36个取景地,其中27个来自山西,绝大部都是主创人员实景扫描而来。

旅消费的重要诱因。这种新旅游趋势深刻契合了现代人对个性化、情感化体验的追求，成为文旅行业的新风口。不论是疗愈式漫游还是特种兵旅游，都有情绪驱动因。近两年兴起的研学游、老年游、躺平游等，也都有照顾不同人群的情绪需求打造文旅细分消费的影子。越来越多的商家瞄准让人"上头"的情绪旅游，各地文旅街区铺排主题化文化体验项目。比较有代表性的，比如旅企"卷王"曲江文旅，挖掘城市文化底蕴，先后建设大唐不夜城、西安曲江大雁塔、大唐芙蓉园、大明宫国家遗址公园等知名网红景点，推出了"丝路长歌""盛唐密盒""旋转的胡旋""乐舞长安"等精彩国风演出，相继推出"不倒翁小姐姐""李白对唐诗""长安十二时辰杨贵妃"等各种爆款，引流效果惊人。国风洗礼过的文旅产品本身就有"噱头"，就具有强大的情绪力量。以文旅新产业国风旅拍为例，游客们穿上唐装、汉服、旗袍等传统民族服饰，置身于历史背景中拍照留念，"入乡随服"不仅挑逗了游客的情绪，还带来了新的消费热点，2023年中国旅拍市场近400亿元[①]，规模还在继续扩大。

然而情绪不同于情感。当今时代，泛化的媒介携带海量碎片化的片面信息扑面袭来，不间断迎合以及强化感觉、渲染情绪，短期内"洗脑"效果显著，特别容易"上头"。但这些情绪来得快去得也快，一旦重复过多、过猛，就会麻木、失去兴趣。相应地，情绪消费也只是短视效应，实际"赏味期限"短暂，不如情感共鸣长尾余音。比如刚热起来的旅拍赛道，由于技术壁垒低，短时间内大量非专业中小玩家入局，以致不断低价内卷，沦为流水线生产，定点、定时、定妆、定pose，让原本超级出片的"晋商少奶奶""敦煌飞天女"千人一面，北京也沦为三步一"嬷嬷"、五步一"格格"……行业乱象丛生，一方面被宰后崩溃破防的游客诉诸投诉，另一方面店家生死难料掀起了

---

① 数据来源：智研咨询，《2023—2029年中国旅拍行业发展动态及投资前景规划报告》，预计2023年中国旅拍行业市场规模将达到395.3亿元。

"转让潮"。

（三）趋势三：流量为王、疯狂内卷，各地打响"眼球争夺战"

融媒体时代，流量[①]为王已成共识。社交媒体的"病毒式"传播，可以让某个原本名不见经传的地方在短时间内因为一篇帖子或一个短视频获得极高社会关注，线上流量转化为线下客流形成规模效应后，成为新的"网红"打卡地。2023年，淄博、哈尔滨、开封相继爆火，抖音巨量指数关键词搜索峰值超千万[②]，都是成功范例。各地文旅上演激烈的网络"眼球争夺战"。

但高流量、高关注并不意味着高商业价值，也不见得一定带来高收益。网络流量不等于旅游"留量"，不一定转化成经济增量，更不一定成为"文化容量"。比如看似轻资产运营的全国各地的不夜城项目[③]，目前不少正深陷亏损的漩涡。曲江文旅财报显示，仅2024年上半年，预计净利润亏损便达1.5亿至1.8亿元，接近2023全年1.95亿元的亏损。像曲江文旅这类爆红却业绩亏损的网红景区并非个例。亏损的原因尽管并非唯一，但归结而言，就是一个"卷"字。全国数千个古镇项目同时投入建设，项目推进与市场脱节，盲目投资资源浪费，收入模式单一、经营失利，产品和服务创新不足等，文化城、风情街同质化和商业化成通病。成都的锦里、北京的南锣鼓巷、上海的田子坊、桂林的阳朔西街……看似各具风情，实则千街一面。很多改造后的历史文化街区失去了本身的文化传承也失去了魅力。在火爆的造势

---

① 流量本质上是网络与人的关注度结合所形成的规模，互联网上所有的点赞、关注、加好友的现象，一样是人们的现实需求，实质是认同、情感、利益为核心的社会网络关系。

② 数据来源：抖音巨量指数（https://trendinsight.oceanengine.com/arithmetic-index）淄博、哈尔滨、开封三城具体数据分别为1 105.8万、216.0万、1 071.3万。

③ 如西安"大唐不夜城"、浙江嘉兴"平湖山海几千重"不夜城、天津武清"运河不夜城"、太原"清源水城商城不夜城"、河北武安"邯郸不夜城"、江西赣州"龙南不夜城"、杭州余杭"良渚不夜城"等。

和曝光之下，好不容易出圈成为"网红"，却无法跟上用户消费需求的时代变化，无法形成流量正循环。

以上的三个趋势及误区，实际上也对应了作为意识形态的"新国风"三个维度的特征：首先，国风元素不同于国风典范，着力于拼凑元素而忽略典范塑造，其内含的阶级性立场也可能摇摆不坚定；其次，情绪不同于情感，过分强调以及肤浅化处理情绪，是对内在情感的伤害，也无法持续情感共鸣；最后，片面追逐短期流量，脱离具体地方现实，也不可能积蓄"文化容量"，不可能实现超越性。

三、以"新国风"赋能文旅产业的几点建议

文旅业是满足"人民对美好幸福生活的需求"最重要的产业之一，看见美好、拥有美好，已经成为普罗大众自发性的需求，甚至成为人民群众生活的刚需。新国风的流行也是这种需求的投射。大众感受力、鉴赏力、评价力、创造力不断提高，对文旅产业的要求自然也更高。而现实中，情绪战胜专业，流量战胜质量，出圈实则内卷……这些客观存在的问题亟须解决。以下几点建议供参考。

（一）有效组合国风元素，精心塑造国风典范

第一，重视主体性话语建构，警惕核心价值观偏移。文旅产业利用国风元素、塑造国风典范，要特别留意背后的阶级立场、价值倾向，准确把握人民性本质。文旅产品是大众喜闻乐见的精神食粮而非彰显少数人品味爱好的奢侈品，应该站在人民的立场上，澄沙汰砾、披沙拣金，打造形式与内容、外在与精神契合的、雅俗共赏的经典。还要注意避免错误审美观的误导、"畸形审美"的陷阱，避免商品化、娱乐化带来的负面效应。

第二，创新数字技术应用，拓展文化传播更多可能。一是利用AR、VR技术文化遗产数字化保护、研究、展示，开发衍生产品"让

文物活起来";二是结合大数据和云计算,实现景区的智能管理;三是借助 5G 的高速连接网络平台、社交媒体,实时直播、云旅游等;四是利用 AI 技术,提供如智能导览、多语言翻译、个性化服务;五是应用物联网 IoT 技术开展智能导览、环境监测;六是应用全息投影技术,开办全息演出、全息展览等。

第三,传统与现代互融,文化遗产保护与开发互促。将非遗旅游与旅游展览及传习、旅游演艺及节庆、旅游文创等相融合,与其他常规旅游商业业态如"吃""住"等融合,展现不同风貌。如以地方美食串接其所承载的味觉记忆、饮食习俗、文化样态与家常情感,展示鲜明厚重的地域文化特质、流变及其影响,呈现独特人文气质和精神基因。又如打造非遗民宿,除了满足功能性之上的感知,还让入住旅客有"在地文化"的特殊体验。

(二)提高开发宣传专业性,激发广泛情感共鸣

第一,规范全媒体引导力,合理开发情绪经济。更多元化、个性化,更注重文化和情感价值,是文旅的未来方向。依靠优质内容获得流量,回归"深度"与"专业",要在流量至上的喧嚣中保持定力和洞见,展现媒体的规范力、引导力。还要关注自媒体、国际媒体等的信息传播与价值渗透,抵御负面文化的入侵。合理开发情绪经济,还要注意:一是多维度、跨领域发展,增强消费者的情感体验和记忆点,提供更有深度的体验;二是确保情绪产品和服务的合法性、安全性,保护消费者隐私;三是注重可持续发展,确保情绪产品和服务的质量,维护消费者权益。

第二,创新体验式文旅消费,培育文化共通感。尊重情感而非仅仅撬动情绪,要重视游客的反馈。"自媒体"可能成为"景点开发者"和"网红推手"反哺景点,这也是情绪经济的正面效应。文旅产业要想打动人,激发广泛情感共鸣,还要加深对社会性感情的认识。以特定的文化场景与叙事,让个体的文化身份、价值观念与社会的文化记

忆相连，个人由此获得社会认同和集体归属感。可以积极鼓励开展譬如传统的"百兽率舞"（《尚书·舜典》）、上巳"曲水流觞"、元宵猜灯谜、龙抬头祭社神、寒食秋千节、端午赛龙舟等这类具有仪式性、氛围感的国风文旅活动，在潜移默化中培养集体意识和社会性情感。

第三，重视资源专业性开发，提供人性化服务。情绪经济最忌同质化，最怕粗制滥造、千篇一律。创新是"情绪消费"背后的底层方法论。深度挖掘各地具有独特性和代表性的文化元素，设计具有辨识度和吸引力的形象，构建具有情感共鸣的故事线等，打造具有地域特色和文化深度的文旅产品。真正的专业性，最终体现于人性化。文旅产业切实满足不同类型游客需求，就要尽可能提供个性化和差异化的服务、产品及体验。此外，还要考虑、顾及不同人群的感受，对文旅事业进行评价的不仅有外地游客，还有当地居民。比如假期网红城市游客扎堆，可能影响老城区或者景点周围的居民生活。

（三）不内卷、不空耗，着力提升民族特色文旅

第一，实事求是、因地制宜，打造专属文旅IP[①]。塑造鲜明的主题化、特色化文旅 IP 是克服同质化的良方。各地旅游资源有差异，开发程度、受关注度、交通、住宿配套的完备程度也不一样，这些基础条件必然制约文旅项目的投入规模和投入形式。这就需要地方文旅实事求是、因地制宜，深耕特点，寻求创新。可以参考的措施包括但不限于：一是要深入挖掘和提炼地域文化元素，明确文化特色、品位定位和差异化优势，并将其融入旅游项目的规划、设计、运营等各个环节；二是走出同质化误区，合理开发历史街区，促进街区文商旅融合发展，保留当地人文历史、建筑特色、生活风味，让历史文化街区精炼地呈现出其本来的韵味，平衡商业和文化；三是重视非物质文化遗产传承，

---

① IP（Intellectual Property），本意为知识产权，后引申网络文化中能带来效应的"梗"或者"现象"。文旅行业中的"IP"，一般指具有一定知名度和影响力的文化产品或形象，能够吸引游客并带来经济效益。

精心扶植和培育式微的民间工艺和艺术，用心打造真正具有地方特色的新文创；四是积极推动文旅产业与其他产业融合，跨界合作等。

第二，不局限于经济指标，同时关注社会效应。文旅产业的成效不能只看某一个、两个文旅项目的效绩。譬如前文提到连续亏损的曲江文旅，项目亏损了，但通过有独特魅力项目引流，对整个文旅市场产生了显著的带动作用，也不完全是亏钱赚吆喝。如不少业界人士指出的，文旅收入的关键在于其对区域的整体引流与提振效应，不能指望它变现。文旅产业发展，以国风为载体开发各类文旅产品，不能仅算经济账，还要关注文化影响和社会效应，需要做到以下几点：一是关注地方文化遗产的保护和修复、传统文化的传播和普及，推动文化传承创新；二是鼓励文化创意和创新，促进文化产品的多样化和个性化发展；三是丰富精神文化生活，提高居民的生活质量；四是加深人们对不同文化传统的理解和尊重，增进文化认同感和民族凝聚力；五是关注文旅活动对"新国风"拥趸主力青少年群体的教育意义等。

第三，立足现实着眼未来，从民族性到世界性。只有根植于丰富、立体、深厚的现实土壤之上，才能将经济增量转化为"文化容量"，创造出有生命力、有超越性、有未来的文旅。文旅产业的可持续发展是一个长期而复杂的过程，需要科学的规划和系统的管理。地方文旅要充分考虑资源禀赋、生态环境容量、市场需求等因素，杜绝盲目上马，尽量规避资源浪费、生态破坏、文化传承中断等问题，合理利用资源，确保文旅资源的长期价值，保证项目的长远发展。创新是推动可持续发展的动力，各种创新手段的最终，还要指向文旅产业的"初心"和目标：满足新时代"人民群众日益增长的美好生活需要"。美从东方来，国风正当时。新时代亦古亦今、更具生命力的国风文旅，展现中华民族精神和风貌，沉淀中国历史、集聚家国情怀，不仅面向中国，也是面向世界的。从理解新国风，到把握传统文化与中国文旅结合的新质生产力，最终也必将激活中华文化的生命力。在全球化的背景下，抓住144小时免签政策的"流量密码"，在美好的自然风光和文化古迹中通向人类共通情感及价值观，与世界各国人民彼此共情、和谐共生。从"让中国被世界看见"到"中国和世界在一起"，期待中国文旅从呈现中国精神到东方文脉、从民族性到世界性的高质量转型。

公众慈善参与：制约因素与提升路径

苗 芃[①]

慈善事业是党领导下的崇高事业，是实施第三次分配、促进共同富裕的重要途径，对助力保障民生、促进社会和谐具有重要意义。进入新时代，党和国家对慈善事业给予前所未有的重视，不仅将其作为我国多层次社会保障体系的重要组成部分、国家社会治理体系的重要内容，还将其作为我国基本经济制度，特别是收入分配制度的重要组成部分，列入协调配套的基础性制度安排。党的二十届三中全会强调"支持发展公益慈善事业"。党的十九届四中全会强调"重视发挥第三次分配作用，发展慈善等社会公益事业""统筹完善社会救助、社会福利、慈善事业、优抚安置等制度"。党的十九届五中全会强调"发挥第三次分配作用，发展慈善事业，改善收入和财富分配格局"。党的二十大明确强调"引导、支持有意愿有能力的企业、社会组织和个人积极参与公益慈善事业"。慈善事业是一项全民的事业，必须充分激发全民的爱心、调动全社会的热情，使全社会共同关心、支持和参与慈善事业。然而，公众慈善意识薄弱、慈善动机不强已成为当前我国慈善事业发展过程中的突出问题。本文重点关注公众慈善参与的制约因素与提升路径，以期为有效激发公众慈善动机、提升慈善综合质效提供思路。

---

① 苗芃，北京师范大学社会学院副教授。

一、公众慈善参与现状与不足

经过多年不懈努力，我国慈善制度建设取得重要进展，慈善组织逐步规范，慈善创新不断涌现，取得一系列显著成效。《中国慈善发展报告（2023）》显示，2022年全国社会公益资源总量已达4 505亿元，其中社会捐赠总量占比约31%，彩票公益金总量占比约26%，全国志愿服务贡献价值折现占比约43%。全国登记认定慈善组织超过1.3万个，备案慈善信托超1500单；2020年全国慈善捐赠总额突破2 000亿元。近年来，随着我国公众捐赠意识的增强与网络捐助形式的兴起，个人捐赠已成为推动中国慈善事业发展的重要力量[①]。社区慈善与网络慈善蓬勃发展，社区与网络成了公众参与慈善活动的重要渠道，我国慈善事业发展已具有一定群众基础。调研发现，城镇社区小微型慈善组织与志愿服务协会不断涌现，立足社区组织开展的慈善活动得到了高度认同，越来越多的社区成员参与其中[②]。

然而，我国公众自愿参与慈善的意识不强、动力不足，尚未形成"人人可慈善、处处可慈善"的浓厚氛围。改革开放40多年来，我国民生水平产生了质的飞跃，这为慈善事业发展奠定了丰厚的物质基础。然而，我国慈善事业所筹集款物占GDP之比、人均捐赠额占居民人均可支配收入额之比、人均捐赠额占居民人均消费支出额之比及扣除企业捐赠后的个人捐赠额等一系列数据表明，慈善组织动员的慈善资源规模有限、个人捐献的款物有限、个人捐赠意识有待进一步加强。《中国慈善发展报告》发布数据显示，近年来全国社会捐赠总量有增有减、徘徊不前。2020—2022年，全国社会捐赠总量分别比上年增长10.14%、减少5.48%、减少4.63%。从个人捐赠额占总捐赠额比例

---

① 陈斯允、卫海英、孟陆：《社会知觉视角下道德诉求方式如何提升劝捐效果》，《心理学报》2019年第12期。

② 郑功成：《中国慈善事业发展：成效、问题与制度完善》，《中共中央党校（国家行政学院）学报》2020年第6期。

来看，根据中国慈善联合会发布的历年《中国慈善捐助报告》，企业捐赠占比达 60%，而有统计的个人捐赠仅占 25% 左右。《2023 胡润慈善榜》显示，2023 年上榜慈善家总捐赠额仅有 191 亿元，比 2022 年锐减 74%。公众慈善动机不强，即使是作为慈善捐赠主力军的企业家，社会责任感也有待提升。增强公众慈善参与意愿，已是当务之急、重中之重。

二、公众慈善参与的制约因素

公众参与慈善的积极性不够高，原因是什么？公众关心慈善的热情，如何激发？理解问题是解决问题的前提。本文认为慈善主观认知不到位、慈善组织公信力不佳、慈善工作机制不畅、慈善事业主客体间互动不良等是制约公众慈善参与的重要因素。

（一）慈善主观认知不到位

人们往往认为对于捐赠者而言，帮助他人常伴随着自我资源的消耗。慈善行为仅仅利他吗？事实上，助人行为不仅仅利他，对助人者本人也有裨益，"赠人玫瑰，手有余香"效应确实存在。发表在《美国科学院院报》上的一项心理学研究发现，自愿献血、志愿服务等能有效缓解助人者的生理疼痛、降低不愉悦体验[1]。一系列实证研究表明，于个体内部，助人是一种自激励过程，能够促进身心两系统的正性互动，在某些特定时刻提高助人者自身在当时环境中的适应性[2][3]；于个

---

[1] Wang, Y., Ge, J., Zhang, H., et al. Altruistic Behaviors Relieve Physical Pain. *Proceedings of the National Academy of Sciences of the United States of America*, 2020, 117.

[2] Hu, T. Y., Li, J. Y., Jia, H. Y., et al. Helping Others, Warming Yourself: Altruistic Behaviors Increase Warmth Feelings of the Ambient Environment. *Frontiers in Psychology*, 2016, 7.

[3] Li, X., Xie, X. The Helping Behavior Helps Lighten Physical Burden. *Basic and Applied Social Psychology*, 2017, 39(4).

体外部，助人能够成为展现助人者积极品质，促进群体内他人的选择与合作、在群体中获得地位和资源、赢得认可和尊重[①②③]。在群体和社会层面上，慈善等助人行为对群体和社会的积极作用也显而易见，成员之间互帮互助有利于增强群体的功能性，维系族群的延续，利他的民族在危机之下有更大概率存活，更有可能发展[④]。然而，社会各界未充分认识到慈善对构建和谐社会、增进民生福祉的重要性，也未充分认识到慈善对助人者的利己价值，视慈善为金钱、时间、精力等客观资源的损失，忽略了慈善伴随的生理、感知觉和社会层面收益。

（二）慈善组织公信力不佳

公众慈善态度和慈善行为的养成，不仅取决于对慈善事业客观情况的了解，更被价值观、情绪及对外界环境、社会制度的信任等因素影响，这些因素往往更为普遍和稳定。公众由于缺少专业背景和时间，为简化判断的复杂性，往往基于信任水平对慈善项目、慈善机构形成认知。主观层面上，随着公众对慈善管理的知情权、参与权要求日益提升，慈善组织声誉的信任燃点不断降低，一些公众对所捐赠物品能否精准到人、真正发挥作用持怀疑态度。客观层面上，我国各类慈善组织总体来说规范性、透明度和公信力不强，在慈善资源的分配管理和使用上存在短板。特别是"互联网＋慈善"逐渐兴起，线上平台的虚拟性和开放性特点使得捐赠信息更加真假难辨，平台审核机制存在

---

① Bereczkei, T., Birkas, B., Kerekes, Z. Altruism Towards Strangers in Need: Costly Signaling in an Industrial Society. *Evolution and Human Behavior*, 2010, 31.

② Fehrler, S., Przepiorka, W. Charitable Giving as a Signal of Trustworthiness: Disentangling the Signaling Benefits of Altruistic Acts. *Evolution and Human Behavior*, 2013, 34.

③ Moore, D., Wigby, S., English, S., et al. Selflessness is Sexy: Reported Helping Behaviour Increases Desirability of Men and Women as Long-Term Sexual Partners. *BMC Evolutionary Biology*, 2013, 13.

④ 谢晓非、王逸璐、顾思义等：《利他仅仅利他吗——进化视角的双路径模型》，《心理科学进展》2017年第9期。

漏洞。加上 2011 年郭美美事件、2020 年湖北省红十字会口罩风波、2023 年中华少年儿童慈善救助基金会"9958 儿童大病紧急救助项目"风波等失信失序事件时有发生，且未能进行积极有效的风险沟通，未能对公众的认知和情绪进行精准充分引导，导致慈善组织公信力偏弱，公众捐赠热情消退，甚至产生"想捐也不敢捐"现象。

（三）慈善工作机制不畅

慈善事业覆盖经济社会各个领域，涉及民政、教育、卫健、人社、财政、税务等多个部门，是一项纷繁复杂的系统工程。根据《中华人民共和国慈善法》，县级以上人民政府应当统筹、协调、督促和指导有关部门在各自职责范围内做好慈善事业的扶持发展和规范管理工作，民政部及地方各级民政部门主管区域内的慈善工作。然而，实践证明，单靠民政"小马拉大车"很难协调推进慈善事业的系统性、可持续、高质量发展。当前，除扶贫、济困、恤病、助残及救灾等传统慈善事业外，教育、卫生、科技、文化、体育及环境保护等社会普遍关注领域的慈善事业发展缓慢。民政与其他部门及慈善组织在信息互通、数据共享、资源整合上也存在难以有效协同的缺憾。比如，对于互联网慈善这一交叉领域，理应由民政、市场监管、网信等多部门联合监管，但实践中基本由民政部门独自承担，影响了监管效能。此外，基层民政部门信息化建设水平不高，专业评估和数据分析比较粗放，对帮扶对象的画像有待精准，对帮扶对象需求的难点堵点识别速度缓慢，导致在发现救助需求、提供明确信息、有效链接资源、促进供需对接上效能不足。

（四）慈善事业主客体间互动不良

慈善是一种互动性极强的社会活动，其价值在于将个体连接起来，增进社会成员间的联系和信任。但是目前慈善事业主客体间沟通互动不够充分，一些捐赠者注重钱款物资帮扶，忽视情感和心理激励，只扶口袋、不扶脑袋，只扶钱物、不扶志向；一些受益人对捐赠者存在偏见，认为捐赠是一种施舍和恩赐，所捐钱物不过是九牛一毛，不值得感激，甚至扭曲捐赠者动机，认为慈善行为是捐赠者自求心理安定，而非真情实意扶弱济困；捐赠者与受益人缺乏持续稳定的信息互通互动，双方难以构建良好的情感联结和信任桥梁，慈善提升幸福感和传播正能量的作用尚未充分发挥。

三、提升公众慈善参与的现实路径

为引导公众关心、支持和参与慈善事业，助力营造良好慈善氛围，本文提出以下建议。

（一）加强教育引导

激发捐赠者内在动机是慈善事业高质量发展的根本，首先要解决"愿意捐"的问题。慈善是一种基于人性光辉的选择，不仅靠外界环境和制度的"外塑"，也要靠心理和认知层面的"内化"。要把握"利他"与"自利"最佳结合点，通过学校教育、企业培训、媒体报道等多种途径，引导公众了解慈善对助人者产生的积极影响。比如，以通俗易懂的语言告诉公众，在个体心理层面，慈善行为有利于促进幸福感，增强自我效能感，提升心理健康水平，缓解焦虑和压力；在个体生理层面，慈善行为能带来内部效用增益，缓解急性与慢性疼痛，降低心血管疾病罹患和死亡风险；在群体价值层面，慈善行为能增强群体适应性，乐善助人的群体更可能在危机下存活和发展。通过认知和心理层面的循循善诱，增强公众参与慈善的主动性和积极性，更好践行社会主义核心价值观，弘扬中华民族传统美德，汇聚崇德向善、扶弱济困的慈善力量。

（二）改善宣传沟通

积极开展宣传沟通，引导社会各界关心慈善、信任慈善、参与慈善，是慈善事业高质量发展的"助推剂"。要通过全方位、多渠道的手段，强化对慈善定位、政策法规、办法渠道、成果经验、典型事例等的宣传，积极引导社会舆论。比如，对慈善企业实现社会福利和企业利润"双赢"事迹进行宣传，树立为富且仁的形象；将慈善教育纳入中小学德育工作计划，纳入高校相关课程，培养各年龄段学生的慈善意识；通过老年大学、社区老年活动中心等开展宣传，引导"银发族"在慈善事业中发光发热。又比如，公众通常将慈善视为非常态应急手段，要通过潜移默化、日积月累的宣传，提升公众对慈善常态化的认知，将慈善融入日常行为和社会责任，绵绵用力、久久为功。要注意把握信息传播和公众心理规律，在听得进、易接受上下功夫，增强慈善宣传的针对性和感染力，汇聚各界共识，激发共情共鸣，构建乐善好施的共同价值取向，营造全民慈善的浓厚氛围。要及时响应、妥善处置慈善风险事件及相关舆情，利用互联网和大数据技术快速捕捉慈善风险事件中公众的关注点，积极、优先、重点回应公众对责任归属、影响范围、补救措施等的关切，避免推诿塞责，增加公众对信息的接纳度和信任度；站在公众视角理解其感受，对公众情绪进行安抚引导、共情宽慰，让公众感知到同心同向，以"疏"治"堵"，避免小事拖大、大事拖炸；督促指导慈善组织展现透明诚信的价值取向，高效规范运转，主动接受监督；严厉打击欺诈贪占等违规违法行为，守护好每一笔慈善款物。通过充分考虑公众认知特征和现实需求的宣传沟通，提升公众对政府和慈善组织的信任感，厚植慈善的社会基础，让公众不仅愿意捐，更能放心捐。

（三）强化组织领导

强有力的组织领导是慈善事业高质量发展的保障。一是坚持党的领导。充分发挥各级党组织的领导核心作用和广大党员干部的模范带头作用，因时因地提出慈善工作的政策取向、思路目标和重点任务，并督促落实见效。要充分发挥基层党组织战斗堡垒作用，把推动开拓社会慈善资源融入基层社会治理，将其作为一项重要任务来抓。二是坚持政府推动。在尊重慈善事业发展规律的条件下，统筹协调、督促指导慈善事业健康可持续发展。民政、人社、卫健、教育、财政、税务等部门应立足自身职责，加强调查研究，优化政策措施，加强协调配合，切实拧成一股绳。要积极探究慈善事业与思想政治工作、社会心理服务、应急管理体系等的互动路径，实现与社会治理体系其他部分的有效融合和相互促进。三是坚持各方协同。充分发挥政府救助与市场机制、行业组织、社会公众等多方面的职能作用，广泛动员引导有意愿、有能力的公民、企业和组织积极参与慈善事业，倡导社会力量兴办公益性医疗、教育、养老、残障康复、文化体育等机构和设施，为慈善事业提供资金支持和服务载体，合力发挥第三次分配的积极作用。乡镇（街道）、村（居）民委员会等各类基层组织，要对重点人群需求广泛摸底、精准掌握、及时上报、妥善处置。各类老年人服务机构要鼓励组织老干部、老专家、老教师、老职工、老模范等开展扶贫济困慈善活动，发挥老年人德高望重、乐善好施的示范引领作用。四是推动慈善数字化转型。运用现代信息技术，提供便捷的线上慈善平台，增强慈善工作透明度、参与度和精准度，提高质量和效率，减少积压和浪费。五是强化法治保障。严格执行新修订的慈善法，优化完善相关政策法规，依法规范捐赠受赠等慈善行为，为传播慈善正能量保驾护航。

（四）促进良性互动

建立良好的捐赠者与受益人关系，是保持慈善事业连续性、稳定性、可持续性的重要条件。一是要保障捐赠者的权利与需求，建立信息反馈机制，定期将款物去向、项目进展、实施效果等向捐助者反馈，让捐赠者知情并受到激励，避免"一捐了之"甚至捐后反悔。二是在尊重意愿和隐私基础上，建立健全捐赠者与受益人沟通机制，以形成心理共振和情感共鸣，既让捐赠者体验到积德行善的快乐，也让受益人体验到人间的温暖，增强自强不息的奋斗精神，更好造福社会、回馈善意。比如组织爱心人士到福利院、养老机构等实地参观交流，切身体验慈善带来的成效，进一步提升慈善责任感和荣誉感。三是注意避免因过度沟通和过度捐赠产生"受助者恶意"现象，重视受益人对平等和自尊的基本需求，防止嫉妒和相对剥夺感等心理的产生。还要鼓励受益人在条件具备时从"受助者"向"施助者"转变，让爱心传递下去，真正实现"人人为我、我为人人"友好相处、和谐共生的社会氛围。

中部县域推进新型城镇化的路径探索

谢梅婕　刘绪明[①]

党的十八大以来，在以习近平同志为核心的党中央坚强领导下，我国的新型城镇化建设取得重大成就，城镇化率和质量大幅提升，城镇人口比重从2010年的49.68%上升为2020年的63.89%。中国的社会结构发生了根本性变化，从以农为本、以土为生的"乡土中国"进入城乡融合发展的"城乡中国"[②]。在此进程中，随着农民收入的增长，在地方政府的推动和教育城镇化等因素的共同作用下，大量农民进入县城购房，县域新型城镇化成为一种新型城镇化模式[③]。2020年4月，习近平总书记在中央财经委员会第七次会议上指出："我国现有1881个县市，农民到县城买房子、向县城集聚的现象很普遍，要选择一批条件好的县城重点发展，加强政策引导，使之成为扩大内需的重要支撑点。"[④] 2022年5月，中共中央办公厅、国务院办公厅印发了

[①] 谢梅婕，北京师范大学社会学院博士生。刘绪明，中国井冈山干部学院教学科研部副教授。本文系中国井冈山干部学院2024年度院级课题"新时代中国共产党提升社会号召力的路径与经验研究"（24zd01）阶段性成果。

[②] 刘守英、王一鸽：《从乡土中国到城乡中国——中国转型的乡村变迁视角》，《管理世界》2018年第10期。

[③] 朱战辉：《欠发达地区县域城镇化对农民家庭生计的影响机制研究》，《华中农业大学学报》（社会科学版）2021年第6期。许加明：《新生代农民工返乡购房的动力机制及其社会影响》，《山东青年政治学院学报》2022年第3期。

[④] 中共中央党史和文献研究院编：《十九大以来重要文献选编》（中），中央文献出版社，2021，第499页。

《关于推进以县城为重要载体的城镇化建设的意见》。党的二十届三中全会也提出，必须统筹新型工业化、新型城镇化和乡村全面振兴，要健全推进新型城镇化体制机制。一系列政策的鼓励、支持、引导使我国县域新型城镇化取得了极大的进展，江西省九江市修水县的城镇化发展即是这一进展的体现。

一、修水县推进新型城镇化的路径

江西省九江市修水县地处湘鄂赣交界地区，是江西省面积最大、九江市人口最多的县。总面积4 504平方千米，2022年常住人口是70.253 6万，户籍人口是89.255 9万人。作为"十三五"时期九江市唯一的国家贫困县，2020年4月脱贫摘帽。修水县是著名的革命老区县，是秋收起义的主要策源地之一，是工农革命军第一面军旗设计、制作并率先升起的地方，同时也是湘鄂赣革命根据地的中心。境内四周群山环绕，素有"八山半水一分田，半分道路和庄园"的说法，森林覆盖率达75.24%。党的十八大以来，修水县采取主攻中心城区、做强重点集镇、扮靓秀美乡村的方针，截至2022年，中心城区面积拓展到28.5平方公里，常住人口增长到30万左右，常住人口城镇化率提高到48%，成功在湘鄂赣交界地区打造了一座区域性中等城市。

（一）以易地扶贫搬迁为引擎，加速推进城镇化发展

易地扶贫搬迁是修水县脱贫攻坚战中的"头号工程"和标志性工程。受限于地理位置等因素，修水县的贫困状况严重，截至2012年底，还有14.5万人处于贫困状态，特别是8.2万人分散居住在缺乏基本生存条件的深山区，处于"五不通"(即不通公路、不通电、不通邮、不通广播电视、不通电话)的困境中。"十三五"期间，修水县累计搬迁安置4 285户16 742人（其中建档立卡脱贫户2 953户10 844人），为推动城镇化提供了最大引擎。

修水县的易地扶贫搬迁采取的是"易地扶贫搬迁＋城镇化＋土地增减挂钩"形成的组合拳模式。在迁出地，坚持"先定范围再定人"的原则，锁定地处边远、交通出行不便、就医就学困难、不具备基本发展条件的深山区、库区、地质灾害区、生态保护区和水源涵养区。按"户主申请、村组申报、乡镇审核、县级审批"的原则，采取整村、整自然村、整组搬迁的形式。在移民迁出地实行"一个必须、两个不安排、三个不变"。即原有旧房必须拆除（传统古村落和历史文物除外）；原则上不再安排基础设施、村庄整治和危房重建等项目；原承包土地、林地等承包经营权等不变，原有集体资产的收益权不变，各种强农惠农政策不变。

在迁入地，实行梯段安置和城乡一体化政策。修水县在江西省率先开展推进整体移民搬迁扶贫、加快城乡发展一体化试点工作。《修水县城乡发展一体化规划（2013年—2015年）》按照全县农村人口"三分之一进县城、三分之一到集镇、三分之一在农村"原则进行规划，实行以县城和园区公寓房安置为主，中心集镇和中心村安置为辅的方式。构建以县城为核心、2个全国重点镇为副中心、4个县级示范镇为节点、28个一般集镇为补充、134个中心村为网格的城乡一体梯度安置空间体系，力求城乡规划、产业布局、基础设施、生态环境、公共服务、社会管理六个一体化，从而有效吸引移民搬迁。

（二）从城市扩张到城市更新，推动城市功能与品质提档升级

经过改革开放以来40多年的高速度增长，我国的城市发展已经进入到提质增效的重要时期。2013年12月，在中央城镇化工作会议上，习近平总书记即指出，粗放扩张、人地失衡、举债度日、破坏环境的老路不能再走了，也走不通了。《中华人民共和国国民经济和社会发展第十四个五年规划和2035年远景目标纲要》也提出：加快转变城市发展方式，统筹城市规划建设管理，实施城市更新行动，推动城市空间结构优化和品质提升。

修水县的城市发展也经历了从城市扩张到城市更新的转变。修水县城位于山间谷地,形成了多组团的城市空间形态,主要包含四个组团即城北老城区、城南区、良塘新区及工业园区。城北老城区仅1.7平方千米,在2000年前后,常住人口7万余人,人口密度极大。2000年随着宁红大桥建成通车,采取政府机关搬迁的形式疏散人口,拉动城南区的发展,2008年城南区基本成熟,面积3.6平方千米。2009年启动了良塘新区建设,面积约8平方千米,修水县正式进入了土地财政和农民大规模进城的阶段,约2019年良塘新区基本定型。此阶段,城镇化主要以外延型方式快速发展,空间、人口、资金、技术等资源要素不断向县城集聚,也出现了"车位、学位、园位、床位、厕位、梯位"短缺等"城市病"的兆头。

为解决这些问题,修水县在城北老城区探索了"适度疏解人口+人居品质提升+文旅产业导入"的城市更新模式,"依老城区造新景区",以"保护历史文化遗产、延续千年古城风貌"为目标,致力于正确处理老城保护、建设与利用的关系。一方面保留原有的商贸和居住功能,完善道路系统建设,完善环卫、停车场等市政基础设施,拆除和改造过密建筑,健全教育、医疗、养老、幼托、文化、体育、商贸等公共服务体系,提高城市综合服务能力;另一方面实施宁州古城文旅项目,以清代"宁州古城"的繁华景象为基底,累计改造保护古建筑57处、革命遗址100余处,打造秋收起义广场、军旗广场、花灯广场、八贤祠、鹦鹉街历史文化街区等。在全面展示修水的红色、祠堂、书院、民俗、非遗等文化的同时,引进国内一线消费品牌签约入驻。2022年,修水县全县累计接待游客936.5万人次,同比增长13.8%;旅游收入达80.5亿元,同比增长20.1%。同年,修水县成功创建省级历史文化名城。

通过城市更新,修水县在保护城市痕迹和历史记忆的基础上,增强了县城的可持续发展承载力,创造了更宜居、宜业、宜游的城市环境,城市功能与品质提档升级,"都市作为一种生活方式"真正成形,县城因此成为农民进城的主要选择。

（三）坚持产城融合，进一步做旺城区人气、繁荣城市经济

推进县城新型城镇化，实现县域经济高质量发展，产业发展是基础动力，没有产业作为支撑，就是一座空城。习近平总书记指出："人要在城市落得住，关键是要根据城市资源禀赋，培育发展各具特色的城市产业体系。""城镇扩大了，但产业空心化是不行的。"[①] 修水县的城镇化即走的是产城融合发展道路。

修水县不沿江、不临湖、不靠铁路，产业发展的劣势明显。但与此同时，作为交界县和面积、人口大县，劳动力资源充足，发展腹地广阔，国贫县的优惠政策亦对企业有一定的吸引力。立足自身特点，修水县坚持深入实施工业强县战略，着力打造承接长三角产业梯度转移的示范基地，着力培育机械制造、绿色食品、矿产品精深加工三大主导产业，先后签约落户了一批龙头企业。规上工业主营业务收入从2012年的67.87亿元增长到2022年的434.5亿元，产业工人规模达到2万人左右，有力地推动了城镇化进程。

"以人为纽带"的"归雁经济"是修水县工业发展的社会基础。修水是劳务输出大县，常年在外务工人员达20余万，其中有很多在外创业成功人士，"同乡同业"现象普遍。这些创业者既有返乡兴业、反哺家乡的情怀，又面临着企业进一步发展的困境与机遇。修水县深入实施"引老乡、回故乡、建家乡"工程，通过政策招引、环境吸引、乡情牵引，促进"人才回归、资金回流、企业回迁"，吸引了一大批龙头企业回乡落户，逐渐形成三大主导产业。返乡者利用自身的技术、资本、社会关系网络等向县域内输入经济资源、项目资源等，实现反哺，成为促进县域产业发展的重要活力源泉。

县域乡村特色农业产业的转型升级也是产城融合的重要内容。修

---

① 中共中央党史和文献研究院编：《十八大以来重要文献选编》（上），中央文献出版社，2018，第593页。

水县坚持以抓工业的理念发展农业，按照"产城融合"的发展思路，集镇及周边大力发展蚕桑、茶叶、菊花、油茶、花卉苗木等特色生态农业，构建"一镇一业、一村一品"的农业发展格局，强化龙头企业的发展和带动作用，实现城乡产业的良性互动。如九江国家农业科技园即以城区、竹坪乡、杭口镇为核心区，以何市、马坳、黄沙、征村、漫江等乡镇为示范区，成了集农业种植、农业观光、农业科技为一体的田园综合体。

通过布局于县城、集镇及"城郊接合部"的工业和乡村特色农业产业的发展，修水县的经济社会发展不断迈上新台阶，常住人口城镇化率不断提升，城镇化有序推进。

（四）坚持走城乡融合发展之路，城乡生产生活方式日趋一致

从城镇化历程来看，我国的城镇化经历了从工业城镇化到土地城镇化再到以人为核心的城镇化的变迁，在未来很长一段时间，中国城镇化将经历"下半程"，即农民工重新在家乡所在的城乡空间体系中沉淀下来，最典型的就是在以县城为中心的县域社会落地安家[①]。农民家庭一方面可以保留村庄的生产资料和社会关系网络，另一方面又积极嵌到城市生活系统中，践行新生活方式。因此，坚持城乡融合发展，让农民可以同时享有乡村和城市生活的便利，对吸引农民进城有着极其重要的意义。

在基础设施建设上，"十三五"期间，修水县实施了建制村优先通达路线拓宽项目里程 207 千米，完成自然村公路建设里程约 1 200 千米，建设通自然村公路 671 千米，全县非贫困村中达 25 户以上的自然村、贫困村达 15 户以上的自然村均已通硬化路，使全县绝大部分村民家门口"最后一公里"公路得以硬化，彻底解决了村民的出行难问题。

---

① 焦长权：《从乡土中国到城乡中国：上半程与下半程》，《中国农业大学学报（社会科学版）》2022 年第 2 期。

在教育上，采取做大乡镇中心小学、做强乡镇规模中学、做多城区学校策略。一方面是将高中及中职教育全部集中到县城，通过学校的城乡空间布局的调整，既满足教育城镇化的需求，同时也加速了父母陪读的县域内"人口城镇化"。另一方面是学位分配的调整，如在修水一中设置中考均衡生指标，促进城乡之间的教育公平。尤其突出的是，在修水县，教育城镇化虽然成为拉动县域新型城镇化的引擎，但教育城镇化的速度略微落后于人口城镇化，其典型的体现是县城学校所能供给的学位总量小于需求，这一积极稳妥推进城镇化的策略成效显著。

在乡村，大力推进秀美乡村建设和农村人居环境整治。按照"培育中心村、整治自然村、提升特色村"的要求，以中心村建设为重点，着力抓好以"房屋乱建、垃圾乱倒、污水乱排、杆线乱拉、土地乱挖、坟墓乱葬"为重点的农村环境"六乱"治理工程，全面推进"七改三网"（改路、改水、改厕、改房、改栏、改塘、改沟和电力、广电、电信网络建设）工作。按照户保洁、村收集、乡转运，集中焚烧发电的模式，构建了城乡一体的农村生活垃圾收运和处理体系。

随着城乡的融合发展，农民的生产生活逐渐铺陈于横跨城乡的新社会空间。城市的各种资源要素繁荣逐渐渗透至乡村，人们可以足不出村地享受和大城市生活类似的服务、商品、娱乐、信息等，农村的生产方式、生活方式、消费方式、闲暇各个方面都出现了一些城镇化的韵味，"在乡村过城市生活"也越来越成为现实[①]。

二、修水县推进新型城镇化的经验启示

（一）充分尊重农民意愿，发挥农民的主体作用

当前中国的城镇化是在城乡融合的城乡关系背景下发生的，城乡

---

① 董磊明等著：《故乡可安身：扎根型城镇化中的古源村》，中国人民大学出版社，2024，第4页。

融合一方面依赖于国家精准扶贫、乡村振兴等大政方针以及国家产业结构的改善等，另一方面也依赖于农民以"城乡两栖"家庭形态为载体的"转移支付"。从修水县城镇化的历程来看，20世纪90年代以来兴起的"离土又离乡"打工经济虽然促进了修水县农民收入的增长，但自发的城镇化程度极低，家庭层面的"转移支付"是在城（打工地）—乡之间展开，县城并未成为一个关键节点。党的十八大以来，随着农民生产生活方式的转型和县域经济社会的发展，县城逐渐成为满足农民家庭再生产的可行性节点。农民出于获得教育机会、婚姻竞争、就业机会、改善生活水平等目的进城购房，县域范围内形成了大量城乡两栖家庭，城乡之间的要素互通也越来越密切。在此过程中，修水县逐渐采取积极稳妥的政策顺应了这一城镇化的发展趋势，从而取得了良好成效。

（二）破除城乡二元结构，推动城乡关系"一元化"

改革开放以来，我国的城乡关系也由二元结构的形成与固化、互动发展、统筹发展逐步走向融合发展。在县域，在城乡融合情境下，城乡资源的双向流动和工农互促使得城乡关系由过去的二元走向一元。城市与农村不再是相互区隔的两个地域空间和两类不同属性的社会总体，农民家庭城乡两栖，积极利用城乡两类资源推进家庭再生产，保持着对城乡的双重依赖。农民的城镇化是渐进式、接力式的，在职业上依旧是"半城市化"状态，其具体反映在户籍人口城镇化率与常住人口城镇化率的差距。尽管修水县的城镇落户已基本完全放开，尽管修水县在实施整体移民搬迁工程时通过以宅基地换住房，以耕地承包权和山林经营权换保障等举措力图加快推进城乡户籍转换，但户籍城镇化率始终维持在一个较低的水平，2021年户籍城镇化率仅有25.8%。在县域新型城镇化中，人口流动与户籍状态分割的情况会在一段时间内维持。因此，必须正确看待"半城市化"等问题，积极稳妥推进人口市民化。

(三)加强县域社会建构,进一步推动"返城不返乡"

县域社会的建构是县域新型城镇化最为重要的动力之一。在改革开放以前,城乡二元体制、交通基础设施等的落后以及农耕经济的封闭性和自给自足性导致县城是一个孤立的"点",县域也并不是一个联结紧密的系统。伴随着"打工经济"的兴起,县域逐渐开始突破封闭性,更加发挥联系乡村与城市、乡村与外部社会的作用。而随着城乡融合时代的到来,一方面教育、卫生、社会保障、基础设施建设、土地管理、社会治安等越来越多的由县域统筹,县级政府对县域社会的影响和建构能力越来越强;另一方面由于"城乡两栖"越来越普遍,县域社会成为一个融合传统与现代、乡村与城市的社会系统。县城真正成为县域经济、社会、文化的中心,在县域内也形成了政治、社会、经济、文化等共同体以县域为中心的新社会空间和社会形态即县域社会逐渐成形①。这一新社会形态为"离土又离乡"的农民工群体提供了新的可能性,故乡不再是村庄,而是县域,返乡不再是单纯意义上的返回村庄,而是在以县城为中心的县域社会落地安家,这种"返城不返乡"的现象为县域新型城镇化的推进提供了重要的动力。

三、结语

习近平总书记指出:"推进城镇化,要更加注重以人为核心。推进城镇化要回归到推动更多人口融入城镇这个本源上来,促进有能力在城镇稳定就业和生活的农业转移人口举家进城落户,这既可以增加和稳定劳动供给、减轻人工成本上涨压力,又可以扩大房地产等消费。这也是缩小城乡差距、改变城乡二元结构、推进农业现代化的根本之

---

① 王春光:《对作为基层社会的县域社会的社会学思考》,《北京工业大学学报(社会科学版)》2016年第1期。

策。"① 从实践来看，修水县以易地扶贫搬迁为引擎，从城市扩张逐渐向城市更新转向，同时坚持"产城融合"和"城乡融合"发展，成功打造了一座区域性中等城市，为推动经济社会高质量发展提供了坚实支撑。这一实践探索对于我们探讨产业基础相对薄弱的湘鄂赣交界地区以及更大范围的中部地区城镇化进程的具体路径具有重要的参考意义。

---

① 中共中央党史和文献研究院编：《十八大以来重要文献选编》(下)，中央文献出版社，2018，第75页。

后 记

"中国改革与发展热点问题研究"是反映和研究中国改革发展进程与成就的系列丛书，自 2013 年始，已连续出版 12 年。12 年来，该系列丛书获得了各界好评，形成了良好的品牌效应，产生了很好的社会反响。

2024 年，该系列丛书的主题为"全面深化改革与中国式现代化"。全书坚持以习近平新时代中国特色社会主义思想为指引，围绕党的二十届三中全会战略部署，重点研究全面深化改革及中国式现代化关系，对经济、政治、社会、生态等领域中需要解决的重要问题及应对举措进行前瞻性探索，内容涵盖"全面深化改革与推进中国式现代化""深化经济领域改革的重点难点""推进行政体制改革的重要领域""推进社会建设现代化的重要任务"四部分内容。

本系列丛书自出版以来，一直得到相关专家学者的大力支持。2024 年，马建堂、龚维斌、王一鸣、刘伟、高培勇、张占斌、迟福林、丁元竹等专家在百忙之中为本书撰文，贡献了高水平的思想与智慧。中国行政体制改革研究会作为国内知名智库，已连续多年支持"中国改革与发展热点问题研究"并为出版提供资助。乔卫兵先生、于宇编辑和薛宇编辑为本书出版提供了大力支持，他们的专业水准和严谨负责的工作态度，保证了本书的出版质量和如期面世。在此一并致谢！

"中国改革与发展热点问题研究"系列文集一直是集体智慧的结晶和协同工作的成果。2024年，在主编魏礼群教授的亲切关怀和悉心指导下，刘青松、冯俏彬、蒲实承担了全书的统筹工作，朱瑞担任执行副主编，吴长军、李娣、安森东分别负责各专题的编务工作，何奎、石伟、刘磊、邱一鸣等在全书编撰和出版过程中均承担了大量工作，朱玉、杨华锋、李芳、余佳、巢小丽、艾永梅、王宏亮、张文杰、李振锋、曹鸣玉、苗芃、谢梅婕、胡颖、黎娟娟等对本书的出版都给予了大力支持。在此一并致谢！

编者

2024年9月